知识服务的现在与未来

《图书情报工作》杂志社　编

图书在版编目（CIP）数据

知识服务的现在与未来/图书情报工作杂志社编著. —北京：海洋出版社，2013.10

（名家视点. 第4辑）
ISBN 978-7-5027-8652-6

Ⅰ.①知… Ⅱ.①图… Ⅲ.①图书馆服务-文集 Ⅳ.①G252-53

中国版本图书馆CIP数据核字（2013）第215118号

责任编辑：杨海萍
责任印制：赵麟苏

海洋出版社 出版发行

http://www.oceanpress.com.cn
北京市海淀区大慧寺路8号 邮编：100081
北京旺都印务有限公司印刷 新华书店北京发行所经销
2013年10月第1版 2013年10月第1次印刷
开本：787 mm×1092 mm 1/16 印张：19.25
字数：453千字 定价：45.00元
发行部：62132549 邮购部：68038093 总编室：62114335

海洋版图书印、装错误可随时退换

《名家视点丛书》编委会

主　任：初景利

委　员：易　飞　　杜杏叶　　徐　健　　王传清
　　　　王善军　　刘远颖　　魏　蕊　　胡　芳
　　　　袁贺菊　　王　瑜　　邹中才　　贾　茹
　　　　刘　超

序

由《图书情报工作》杂志社编辑、海洋出版社出版的《名家视点：图书馆学情报学档案学理论与实践系列丛书》第4辑即将付梓问世。作为我担任《图书情报工作》杂志社社长、主编后经手策划的第一套丛书，我很高兴看到，经过相当长时间的讨论、选题、编辑、加工、出版等一系列环节，第4辑共5本书，就要正式出版。我有种释然的感觉，又觉得有必要多说几句话。

近些年，我们所处的信息环境和文献情报领域发生了非常重大的变化。大英图书馆2008—2011年的战略规划指出：我们所处的环境在过去的二十年里发生的变化超过了过去两百年的变化（初景利、吴冬曼. 国际图书馆发展趋势调研报告（一）：环境分析与主要战略. 国家图书馆学刊，2010年第1期）；美国一位学者 Scott Nicholson 也曾提出：图书馆界在过去五年的变化超过了前面一百年的变化，而未来五年的变化将使过去五年的变化微不足道（张晓林. 颠覆数字图书馆的大趋势. 中国图书馆学报，2011第5期）。

我们需要敏感地认识到这种变化，并积极地应对变化，直面变化所带来的挑战。变化是永恒的（change is constant），但变化也是机会。没有一个学科、一个领域不受快速发展的信息技术所影响，不受快速变化的信息环境所影响。文献情报工作在这种大变革的环境下很可能受到的冲击最大，但也可能是孕育的机会最多的领域。关键是，我们能不能抓住变化的机会，寻求新的业务生长点和自我创新发展的路径。

图书馆学、情报学、档案学的研究者、从业人员、教师、学生和管理者，必须从自身业务上的例行事务中跳出来，睁大眼睛看世界，跟踪和了解国际国内学界业界正在思考的问题，正在发生的变化，正在设计的未来路线。近年来文献情报及相关领域发生的变化可以从《图书情报工作》每年发表的众多文章中感受到这种律动，也可从我们精选的部分文章编辑出版的这套丛书可见一斑。无论是作为图书馆服务的热点的学科服务、知识服务，还是与文献情报有密切关系信息环境和信息化的微博、电子政务、电子商务，都在经历着变革与创新，而正是这种变革与创新不断地推动着文献情报工作及相关领域工作的不断深化和不断向前发展。

我们编辑的这套丛书共5本，分别为《知识服务的现在与未来》、《学科服务进展与创新》、《微博与信息传播》、《电子政务研究与实践进展》、《电子商务研究与实践进展》，基本都是从《图书情报工作》2009年到2013年初所正式发表的文章精选出来的。5个主题所研究的问题各有侧重，但都注重理论与实践的结合，体现了作者对相关问题的理论思考和实践探索，反映了当前业界学界对这些问题的研究水平和业务进展。相信会对广大读者有一定的帮助，或具有一定的启示作用。他山之石，可以攻玉。我们也都需要通过学习、交流和借鉴，相互沟通，取长补短，共同成长，共同提高。《图书情报工作》是严谨的学术期刊。作为半月刊，每年发文在700篇左右（来稿有7000篇左右），同时我们还创办了纯网络的电子期刊《知识管理论坛》（原名《图书情报工作网刊》）。这么多的文章全部阅读完，还是有些困难的。为此，我们选择了5个专题，从大量的发表的文章中筛选出一些质量好、有特色的文章，编辑了一个专辑5本书。读者可以选择其中感兴趣的主题阅读相关的文章，并追踪阅读和利用该领域更多的研究成果与实践进展。

这是自2009年《图书情报工作》杂志社与海洋出版社首次合作出版第1辑（4本）、2011年出版第2辑（5本）、2012年出版第3辑（4本）之后的再度合作。我们希望通过对《图书情报工作》所发表的文章的精华部分以书的形式出版，形成对这些研究成果的再利用，更充分地发挥这些研究成果的价值和影响力，为读者提供增值的服务，使这些论文的学术思想、理论创新、实践经验、专业成就得到最大限度地利用。

感谢本丛书的多位作者为丛书所提供的重要的科研成果与实践创新案例，这些成果尽管只是《图书情报工作》发表的，但也一定程度上代表了国内这些领域最新的研究成果和取得的学术成就，为读者了解、学习、借鉴和应用这些成果提供了有价值的参考源，并在此基础上进行深入的研究与探索，不断深化所研究的问题，不断创造出更多更好的成果。

丛书的出版，是《图书情报工作》杂志社、海洋出版社和广大作者共同努力的结果，是我们三方共同奉献给业内广大读者的一份礼物。感谢本专辑的作者，感谢海洋出版社。但愿本专辑的出版，能对图书馆学情报学档案学的相关理论研究与实践创新有所裨益、有所推动，体现出其应有的社会价值，为人们的学习、研究、实践提供必要的支持，为发展壮大我们的学科，为图书情报服务的持续创新，做出应有的贡献。

初景利

《图书情报工作》杂志社社长、主编

2013年7月3日于中关村

目　次

总　论　篇

构建适应21世纪科研需要的新型文献情报服务模式……………李静海(3)
发展知识服务　推动全面转型……………………………………潘教峰(16)
重新认识知识过程和知识服务……………………………………张晓林(25)
知识服务推动图书馆转型——"2012知识服务专家论坛"
……………………………………………………………《图书情报工作》(29)

基　础　篇

知识生产服务与知识消费服务——关于"知识服务"概念的哲学解析
………………………………………………………………………张彬(43)
知识服务及其特征分析………………………………张红丽　吴新年(52)
数字图书馆知识服务能力及建设研究……………刘佳　沈旺　李贺(61)
图书情报机构知识服务三维构架的探索性研究
……………………………………………王曰芬　张蓓倍　吴婷婷(71)
国内图书馆知识服务研究综述(1999—2011)……………………任萍萍(81)
图书情报界的知识服务研究………………………………………张昕宇(92)
国内外知识服务研究现状、趋势与主要学术观点
………………………………………………李晓鹏　颜瑞武　陈祖香(100)

基于共词分析的国内知识服务研究 …………… 张凌　周春雷　寇广增(110)

技 术 篇

知识服务技术研发与实践 ……………………………… 王胜海　钟瑛(123)
基于 CSSCI 本体的知识服务模式研究 …………………………… 韩静娴(131)
基于 Web 资源的组织知识服务研究
　　…………………… 潘旭伟　李娜　沈铁伟　吴益民　傅丽君(142)
基于知识载体通信能力的知识服务模式分析 ………… 杨延铮　肖燕(155)
基于 SECI 模型的高校图书馆知识服务型信息共享空间(KSIC)研究
　　……………………………………………………… 魏辅轶　周凤飞(163)
基于 Web Service 的敏捷供应链知识服务系统设计
　　………………………………………………… 王道平　贾洁　郝玫(171)
基于知识构建的数字图书馆知识服务优化研究 ……… 李贺　刘佳(179)

实 务 篇

国外文献信息服务机构知识服务实践研究——以 LANL 研究图书馆、CISTI、
MPDL 为例 …………………………………………… 李麟　初景利(191)
中国科学院研究所文献情报机构的知识服务探索与实践
　　………………………………… 刘细文　吴鸣　张冬荣　迟培娟(198)
知识供应链模型在图书馆知识服务的应用 …… 胥伟岚　易菲　龙朝阳(208)
论高校图书馆区域知识服务 ……………………………………… 练晓琪(216)
面向知识服务的专业图书馆人员结构差距分析 ………… 唐美灵　靳茜(224)
基于语义路径的个性化知识服务 ………………………………… 陈祖琴(233)
基于相关反馈的个性化知识服务模型研究 … 廖开际　叶东海　席运江(242)

基于产业吸引力评估的上海知识服务外包产业发展对策研究
.... 丁波涛　李昶(252)
公共服务管理平台知识服务内容解析 .... 马捷　吴琼　亓莉莉(262)
基于数据的中医药知识服务研究
.... 高博　崔蒙　杨硕　贾李蓉　董燕　朱玲(271)
卫生政策知识服务平台信息过滤理论与实践 ... 代涛　胡红濮　郭珉江(280)
中美虚拟咨询企业知识服务中的运作机制比较
——以 InnoCentive 公司和疑客中国为例 .... 尚珊　苗菁(289)

总 论 篇

编者按：2011 年 11 月 16 - 17 日，中国科学院第六次文献情报工作会议在北京召开。中国科学院副院长李静海院士出席会议并发表重要讲话，中国科学院副秘书长潘教峰研究员作了大会总结。会议总结了实施知识创新工程以来全院文献情报工作取得的巨大成绩，分析了文献情报工作面临的机遇和挑战，部署了全院文献情报系统在"创新 2020"中的重点发展任务，并表彰了在文献情报创新服务中成绩突出的优秀团队和优秀个人。会议对《中国科学院文献情报工作条例》（修订稿）等文件进行了讨论，邀请三名国外专家作了关于改革发展的专题报告。中国科学院国家科学图书馆和部分研究所图书馆分别介绍了创新发展经验。

此次会议是面向"创新 2020"中国科学院文献情报系统改革发展的一次全面动员会，是前瞻未来、谋划发展的大会，是鼓舞斗志、锐意创新的大会，必将有力地促进全院文献情报服务模式的全面转型。为更好地贯彻会议精神，继续深入推进文献情报工作的创新发展，本刊本期全文发表李静海副院长的讲话和潘教峰副秘书长的总结，后续将设立"知识服务大讨论"栏目，就图书馆知识服务的模式、机制、工具和最佳实践等进行系统的研究和探讨，理论结合实际，推动图书馆服务的变革与转型。

构建适应 21 世纪科研需要的新型文献情报服务模式*

李静海

文献情报工作是科技创新非常重要的基础性工作。中国科学院实施知识创新工程以来，在院党组的领导下，在各研究所领导和科研人员的支持下，在全院文献情报系统同志们的共同努力下，全院文献情报工作发生了根本性变革，实现了从传统图书馆到数字图书馆的转型，支撑科技创新的文献情报服务能力大幅度提高。

在中国科学院全面实施"创新 2020"的关键时期，我们组织召开中国科

---

* *本文系中国科学院副院长李静海院士在 2011 年 11 月 16 - 17 日召开的中国科学院第六次文献情报工作会议上所作的主旨报告。

学院第六次文献情报工作会议。会议将系统总结知识创新工程以来的经验，全面分析面临的形势，共同探讨如何在文献情报工作的改革、创新和发展中攻坚克难，系统部署"十二五"期间文献情报工作的重要任务，所以这次会议也是全院文献情报工作在"十二五"期间实现全面转型的动员会。会议期间，还将讨论《中国科学院文献情报工作条例》（修订稿）、《中国科学院科技文献资源保障规范》、《中国科学院文献情报专业技术岗位任职能力认证方案》和《中国科学院一线文献情报服务水平评价与监测办法》，进一步健全制度规范，为文献情报工作创新发展打下坚实基础。

我这里先就全院文献情报工作的发展变化、所面临的挑战，以及"十二五"期间的目标任务谈几点意见，供大家讨论。

1 推动服务转型，实现全院文献情报工作跨越发展

院党组一直把提升文献情报服务能力作为提升全院科技创新能力的重要内容。"十五"期间，院党组部署了知识创新工程重大专项"国家科学数字图书馆"专项。"十一五"期间，院党组果断整合4个院级文献情报机构，组建国家科学图书馆，全面深化全院文献情报服务统筹协调、共建共享机制，推动建设嵌入科研一线和决策一线的知识化服务模式，推动研究所文献情报服务的转型发展，显著提高了文献情报工作对科技创新的支撑力度，在我国科技信息服务体系中发挥了骨干和引领作用。

1.1 文献情报工作模式和运行机制发生重大转变

知识创新工程以来，中国科学院主动适应信息环境的变化和科技创新的需要，开展观念、服务模式和运行机制体制的创新，推动文献情报服务模式和运行机制的转变与发展。

"十五"期间，以"国家科学数字图书馆"专项为契机，按照网络时代的信息服务规律，以数字文献资源集团采购和全院联合文献服务系统建设为杠杆，打破当时仍存在的多个院级文献情报机构并存、院所文献情报机构独立运行的局限，初步形成了全院统筹组织数字文献资源建设和数字文献联合服务的格局，形成了全院集成化网络化文献保障与服务系统，初步建立了"资源到所、服务到人"的服务模式，加强了全院文献情报人员的数字文献服务能力培训，不仅快速提升了全院科技文献保障能力，而且为服务模式和管理体制的进一步改革创新打下了坚实的基础。

"十一五"伊始，院党组审时度势，将4个院级文献情报机构整合组建为国家科学图书馆，改革体制，转变机制，釜底抽薪式地促进观念转变和服务

模式转变，从源头上打破自给自足、自我完善的发展模式，凝聚全院力量，保证统筹规划，优化资源配置，保障协同服务，使全院科技文献资源共建共享成为文献信息服务的基础。在此基础上，文献情报系统进一步打破了"本地本馆"格局和"到馆文献服务"的模式，建立了嵌入科技创新一线的学科馆员服务模式和嵌入科技决策一线的情报研究服务模式，启动了研究所文献情报服务向知识化信息服务的转变，全院各级文献情报机构开始在个性化培训咨询、学科情报分析服务和课题组知识环境建设上形成协同服务机制。全院建立了院所共同参加的文献资源建设、一线学科化服务、情报研究服务、文献信息服务等协调工作组，进一步调动了整个体系的创新智慧和发展积极性，逐步开始了新一轮的服务模式变革。

1.2 支撑科技创新和科技决策的文献情报服务能力大幅提升

中国科学院全面实现了以数字文献资源为主、资源到所、服务到人的文献服务模式。截至 2011 年 10 月底，全院以多种形式开通商业出版的外文电子期刊 7 816 种，集成开放学术期刊 7 293 种，外文电子专著和会议录 5 万多卷（册），外文电子学位论文近 26 万篇，中文电子期刊 11 582 种，中文电子图书近 20 万种，中文电子学位论文 129 万篇。主要数字文献资源全面实行全院集团采购、多元投入、联合保障的机制。普及全院文献传递服务，加大与国家科技文献平台、国家图书馆、高校社科外文资源系统、国防科技信息中心等的互联共享，大幅提高资源保障能力。建立嵌入科研过程和用户桌面的文献查询、获取和咨询服务的集成服务系统，支持全院用户在任何有互联网的地方随时获取所需文献。从 2006 年到 2010 年，年度论文下载量从 1 492 万篇增加到 3 196 万篇，年度文献传递量从不足 4 万篇增加到近 14 万篇。

"十一五"期间，以国家科学图书馆为主，重点加强了支持国家和院宏观科技决策、支撑重要领域科技创新的战略情报服务，建立了与科技战略决策需求刚性绑定、主动服务、长期跟踪、深入分析的多层次战略情报研究服务格局，组建了一系列战略情报研究服务团队，提供了包括《国际重要科技信息专报》系列及其特刊报告、国际国内创新体系发展态势分析研究、重要领域发展动态监测系列快报、重要领域国际发展态势调研与年度分析评价等重点服务。情报研究人员建制化参加院组织的中国至 2050 年重要领域科技发展路线图研究，多个情报团队建制化承担院先导专项、国家重大科技专项、有关部门重大决策工作的情报研究任务。情报研究方法和分析工具也不断发展，推动情报研究服务向计算化知识化服务转变，由被动服务向主动服务转变。

"十一五"期间，国家科学图书馆全面建立"责任到所、服务到所、创新到所"的学科馆员服务机制,覆盖全院所有研究单元。国家科学图书馆学科馆员和研究所文献情报人员协同服务,深入实验室和办公室,设计、组织和推广个性化知识化信息服务,开展多种形式的科技文献检索利用培训和随时随地的咨询服务,普及建立所级文献信息门户,大规模建设研究所机构知识库,开展实验室个性化信息平台建设服务,开展研究所及其重大领域的学科情报分析研究服务,累计组织科技文献检索利用培训近 6 000 场次,协同开展文献情报咨询服务 10 多万件次,协同开展超过 100 多个课题的所级学科情报分析服务。

我们特别高兴地看到,研究所文献情报服务的转型发展全面加速。在全院科技文献资源联合保障体系的支持下,各研究所的文献获取能力大幅提升,所均可全文获取的商业出版的外文科技期刊已超过 5 221 种,可通过文献传递快速获取的外文科技期刊超过 2 万种,可全文获取的中文期刊超过 1 万种。多数研究所都全面开展培训和咨询服务,63 个研究所建立机构知识库,全院研究所超过 300 人次参加了学科信息专员和学科情报专员培训班,26 个研究所加入全院科技检索引证与查新的联合服务体系,75 个研究所与国家科学图书馆联合开展创新到所研究服务项目 114 次,有近一半研究所文献情报部门试验开展竞争力分析、产出分析、学科态势分析等服务,有近三分之一的研究所文献情报部门参加了研究所学科发展规划的跟踪调研和决策支持工作,4 个研究所参加了国家科学图书馆特色分馆试点建设。2011 年,又有 30 个研究所分别参加了所级学科情报可持续服务能力和所级群组集成知识平台可持续服务能力的建设。

知识创新工程以来,全院文献情报系统在国家科技文献服务体系中发挥了骨干和引领作用。一方面,国家科学图书馆作为核心成员之一,承担了国家科技文献平台的文献资源与文献服务工作,成为国家在基础科学、交叉科学和战略高技术领域的科技文献资源基地,成为面向国家科技创新体系的文献服务基地。国家科学图书馆总分馆、上海生命科学信息中心、广东科技图书馆以及部分研究所文献情报机构在支撑地方和区域重大科技信息服务发展方面发挥了重要作用。另一方面,全院文献情报系统全面发挥在国家文献情报事业发展中的引领示范作用,牵头承担国家科技文献服务体系的发展战略研究,牵头开展数字图书馆标准规范、科技文献知识组织体系等重大关键技术研究,牵头组织数字化时代知识获取权和科技信息开放获取等重大政策研究,牵头建设数字科技文献资源长期保存体系,牵头组织与国际文献情报前沿机构的高层交流和与多个国际科技信息服务体系的深度合作。在国际科技信息服务领域,嵌入式学科化服务、情报研究服务和文献联合保障服务产生了重大影响，在推进科技信息开放获取、数字文献资源长期保存等方面也做出建设性贡献，与康奈尔大学、耶鲁大学、马普学会等著名科研机构的图书馆建立了长期合作关系。

知识创新工程以来，全院文献情报工作实现了从纸本文献服务为主到数字文献网络化集成服务为主的全面转变，实现了从本馆本地保障为主到全院共建共享、联合保障为主的全面转变，开始从文献管理利用为主到以知识化信息服务为主的大踏步转变，开始全面建立嵌入科技创新和科技决策一线的知识化信息服务的新模式、新机制，开辟了全院文献情报系统甚至我国文献情报事业的一个重要新阶段。更为可喜的是，全院文献情报工作"需求驱动、统筹规划、协同服务、持续发展"的机制初步形成，全院有关同志充分认识到这一基础性工作的重要性，全院文献情报工作者进一步意识到肩上的使命和面临的挑战，创新发展的热情和信心普遍高涨。

2 认清发展挑战，增强创新文献情报服务的使命感和责任感

当前形势下，文献情报工作服务模式正在发生日新月异的变化，可以大胆地预言，深刻的变化还在继续，究竟变化到什么程度还很难预料，但文献情报工作必将进入新的发展阶段，在知识经济和信息社会中起到更为关键的作用。总体而言，目前文献情报工作机遇与挑战并存，但机遇大于挑战。

2.1 科技创新的信息服务需求继续扩展和深化

科技创新的信息需求不断扩展。我国科技创新已开始向自主创新转变，这不仅需要继续加强对学术信息资源的保障，而且还要满足技术、产业、社会、经济等对信息的迫切需求，满足科技战略与决策对信息及其分析研究的迫切需求。

新型数字科技信息环境已经出现。科技信息的出版和交流已经全面数字化，日益增长和可计算的海量科技数据和其他丰富形式的知识内容也正在成为科技创新的坚实基础，互联网已成为科技创新的重要基础设施。在这种新环境内，网络化协同化科研不断扩展，开放式科研、集群化协同科研等多种模式不断涌现。

科技创新的信息服务需求出现新的内涵和形式。在信息需求方面，人们不再单纯局限于对科技文献的检索，而是越来越关注科技发展的新态势、新思维、新方法、新机制，越来越需要对跨不同问题、跨不同学科、跨越基础研究到应用研究到市场开发整个创新价值链的各类创新信息的集成发现和综合分析，越来越需要把握研究进展、结构、演变趋势和竞争合作态势，越来

越希望能根据自己的需要组织个性化信息体系并嵌入到自己的科研或决策环境中,并且充分利用网络与通信技术支持随时随地的信息发现、分析和处理。因此,要用新的科技信息服务能力来提升科研的知识生产率和竞争力。

2.2 信息技术发展提出了巨大的挑战

知识的组织与利用始终与最先进的信息技术密切相关,我们要清醒地认识到信息技术发展对文献情报工作的根本性促进和变革作用。知识的加工和传递依靠信息技术的支持,同时信息技术的发展又不断地改变知识传播和利用模式。伴随信息技术的进步,文献资源的形式、用户利用信息与知识的行为方式、文献情报的服务模式,乃至文献情报服务机构的组织方式,都在发生革命性的变化,这些变化无疑会对文献情报系统带来巨大的冲击。从古到今,从造纸和印刷技术的发明,到计算机的发明和网络的普及,我们都看到了技术发展对知识的传播与利用所起的巨大作用。而且,信息技术还在迅速发展,知识传播与利用形式还将不断变化,例如知识加工技术、知识组织技术、泛在智能技术、数据挖掘技术、情报分析技术、数据关联技术、网络信息可视化技术等不断涌现,在云计算和物联网基础上,各种各样的感知器源源不断地收集信息,各种各样的社会网络系统不断地创造知识,颠覆性的信息技术不断出现,新的信息技术格局和新的信息服务基础环境正在孕育和发展。未来知识的组织与利用模式,一方面依赖于信息技术的发展,另一方面要看我们能不能提出新的需求、新的服务、新的机制体制模式来充分利用信息技术的变化,迅速提升对科技创新的支撑能力。如果我们不能主动、及时挖掘各种先进知识和技术来武装我们自己,我们的能力不可能得到提升,工作很难深入,效率很难提高。如果这样,我们怎么去为信息环境下的数字科研提供文献情报服务?怎样去最大限度地拓展文献情报的服务疆域?

2.3 信息服务市场格局不断变化

各种市场化信息服务机制有效支持了科技创新。数字信息网络的发展和学术出版模式的变革,打破了文献情报机构在文献信息服务上"一统天下"的局面。出版商、数据库商、检索服务商、学术团体全方位进入文献服务和知识服务市场,所提供的服务不仅覆盖文献检索和文献提供等基本服务,还直指个性化定题选报、科学计量分析、机构或团队竞争力分析、文献资源长期保存等高知识含量和高附加值的服务。Google 和百度等搜索引擎纷纷推进数字图书库建设,依靠强大的检索工具提供内容检索服务。汤森路透、施普林格、爱思唯尔等出版商开始提供信息检索与分析功能,还有一些软件商直接与出版社合作推出能在网络上、社交网络中或通过手机阅读的电子出版物,个人博客、微博、开放论坛等也在信息发布上发挥越来越大的作用。整个信息服务市场变得更复杂，竞争越来越激烈。

科技信息开放获取和科学数据资源正重新塑造科技创新的信息环境。开放学术信息已经逐步在世界范围内发挥着越来越重要的作用，全球科技界也在不断推进科技数据的发布、共享和长期保存，努力形成全球的通过网络可发现、可获得、可复用的科学数据基础，部分领域形成了支持科技创新的综合数据基础设施。各类科技信息的关联发现和综合分析利用迅速成为科技信息服务的现实能力，支持科研人员个性化地挖掘、组织和利用综合科技信息资源的服务机制也迅速成为科技信息服务的有机内容，而且许多市场化信息服务商已经在积极进入这个领域。

2.4 中国科学院文献情报服务面临着严峻的挑战

全院文献情报系统在过去几年发生了很大变化，形成了院所协同服务的新局面。但应对未来需求，我们还存在着明显差距。

在信息资源保障方面，科技文献保障能力还需继续加强，而且还需要建立广泛挖掘、组织和提供综合科技信息资源的服务能力，还需要建立数字科技文献的长期保存体系，还需要探索对综合科技信息资源进行关联发现、集成组织和综合分析利用的服务机制，还需要探索建立支持科研人员建立个性化地挖掘、组织和利用综合科技信息资源的服务能力。

在信息服务方面，在广泛的网络空间挖掘和发现科技信息的服务能力还需继续加强，而且还需要进一步发展能够战略性、前瞻性支撑科技决策的情报研究能力，还需要深化科技态势监测分析的能力，还需要建立基于计算化、平台化的协同情报研究能力，还需要加强面向科技决策的战略与政策分析能力。

研究所文献情报工作模式需要全面转型发展。相当一部分研究所的文献情报工作还停留在传统的文献管理或文献服务机制上，有的研究所还在被动维持传统图书馆，研究所的文献情报服务能力还很不平衡，院所协同开展文献情报服务和推动创新发展的机制还有待深化，面向国家和区域引领推动科技信息服务发展的能力还未充分发挥，面向国际资源、服务与发展的科技信息合作机制还没有可靠建立，文献情报系统人才队伍尚不适应新的服务模式与能力的要求。

2.5 必须进一步增强创新发展的紧迫感、使命感和责任感

我们面临的情形是，原来所熟悉和掌握甚至好不容易才熟悉和掌握的文献信息服务方式已经逐渐被数字化网络化信息服务系统所取代，我们尚不能

有效提供用户迫切要求的新信息、新服务，面临着被动地抱残守缺、逐步地被边缘化的境地，面临着核心竞争力和贡献力持续退化的挑战。

在这种形势下，我们面临两种选择。一种是加强文献情报服务的转型发展，下大决心，下大力气，使之与科研能力同步发展，甚至前瞻性发展，具备适应数字科研和网络信息环境的先进的知识服务能力，更贴近和更有力地支持科技创新和科技决策。另一种是忽略文献情报服务，或者口头重视但不投入、不加强，那么文献情报服务就会迅速萎缩和退化，很快就会严重地拖科技创新的后腿。

要提高科技创新能力，必须抓住当前难得的机遇，把"十二五"作为重点突破和全面锻造新型知识服务体系的关键机遇期，主动创新，才能驾驭变化；被动拖延，就会落后，甚至步步落后。因此，我希望全院有关同志要从提升文献情报工作对科技创新的支撑能力的高度，进一步增强紧迫感、使命感、责任感，增强信心，鼓足干劲，实现全院文献情报服务能力的全面转型和再次跃升。

3 发展知识服务，建设支撑"创新2020"的新型文献情报服务体系

实现全院文献情报服务能力的全面转型和再次跃升，是中国科学院全院的任务，是各位研究所领导的任务，更是全院文献情报系统全体同志的光荣职责。下面，我重点谈谈对院文献情报工作"十二五"发展的几点要求。

3.1 要从国家创新体系角度，进一步认识文献情报工作的重要性

要认识文献情报工作的重要性，首先要深入了解国家创新体系的内涵。创新体系就是从已有的知识中产生新的知识和技术，形成产品和服务，推向市场，产生效益。在这个过程中，经济效益是一种反馈，产生的新知识也是反馈。因此，创新体系实际上是知识体系。创新体系有一个效率问题。我曾经分析过一个国际大公司的创新体系效率，从提出研发建议，到形成技术产品走向市场，并取得市场上的成功，效率只有0.5%。所以，提升知识创新体系的效率非常重要，在某种程度上比经费更重要。在提升效率的过程中，文献情报工作发挥着非常重要的作用。

一个社会的正常运行需要保障物质流、能量流、信息流三大要素。对科研体系来讲，知识流、信息流更为重要。任何科研机构都必须把文献情报保障系统建设作为重要任务之一，它是全局性和基础性的工作。我们可以看到，高水平的研究所，其文献情报工作一定是健全的；实力很弱、研究工作也不

规范的研究所，文献情报工作一定是不正常的。面对现代科技竞争，文献情报工作必须能够在科技创新活动中、在"创新2020"中发挥更重要的作用。

最近几年，全院文献情报系统发生了很大变化，出现了全新的局面，未来也要在全国科技文献系统中发挥示范和引领作用。希望全院有关同志要对引领文献情报服务模式的变化充满信心，构建适应21世纪科研活动的新型文献情报体系和服务模式。这项任务应该作为这次会议的一个核心议题。

3.2 要准确把握发展目标，构建21世纪的文献情报服务新模式

中国科学院白春礼院长对文献情报工作提出的希望是："文献情报，甘为人梯；知识服务，敢为人先；支撑科研，开拓创新"。前一句要求大家提升服务意识，后两句话是要创建高水平新型的文献情报服务模式。把握定位，明确目标，是发展的前提条件。全院文献情报工作必须坚持"用户为本、需求驱动、融入科研、支撑创新"的方针，按照是否支撑好科技创新、是否让科研用户满意、是否与时俱进地提升服务能力来衡量文献情报工作的成效。文献情报工作要面向科技创新一线，面向科技决策一线，设计、改造、创新和发展文献情报工作的内涵、模式和机制，继续深化改革，全面推进创新。要着力提高科技信息资源保障能力，着力提高情报分析研究服务能力，着力提高个性化信息服务能力，着力推动国家科技信息服务体系发展，全面推进从数字图书馆到知识服务的转变，整体建成全院协同、有机嵌入科研与决策过程的新型知识服务模式，为科技创新提供国际一流、国内领先的基础性、战略性支撑服务。

这个转变不仅仅是对国家科学图书馆的要求，也是对全院所有研究所的要求。没有全院研究所文献情报服务模式的彻底转型，没有全院研究所的一流的知识服务能力，就不可能有一流的全院文献情报服务，就会拖科研工作的后腿！还要明确一个要求，就是在院层面要办出能力，在研究所层面要办出特色。

3.3 将被动的文献服务模式发展为主动的知识服务模式

我想再强调服务模式转变、服务能力创新的重要性。首先是数字化导致的信息获取模式变化。20年以前，我们必须到图书馆去找资料。20年间，印本文献资源转化为网络资源。很多同志还没有适应这个变化，还没有熟悉这种情况，它又在发生新变化。我觉得现在的数字化资源将转变为"云资源"，只要需要，都可以随时随地获得。现在的文献情报工作还没有建立适应这种新变化的服务模式。

现在科研人员不愿意去图书馆了，希望所有资料都可以从计算机上获取，

而且希望有一个集成平台。我们现在的服务模式是不是能满足这样的需求呢？我认为还有很大的差距。另外，科研结果的产出方式在改变，出版的模式也在发生变化。老的产出方式是发表文章，然后我们可以到图书馆查阅。现在纸版文献和电子版文献共存，如果你写好一篇文章，由一两个人推荐，就可以在网上发布，开放发表，开放获取。如果开放发表、开放获取发展到一定程度，占了信息资源量50%的话，文献情报系统的服务模式是什么样？

进一步讲，现在传统的以"检索、获取、阅读"为主的被动接受型的信息服务，正逐步转向基于海量数字内容的主动探索型的个性化的信息发现、情报分析、知识组织服务；原来的基于信息机构、数据库的"以图书馆为主"的信息服务机制，正逐步转向问题驱动、嵌入创新过程、基于网络、与用户交互的知识发现与分析利用为主的信息服务机制。而且，融汇信息资源、信息发现、知识计算与试验、知识交流与传播的集成交互的知识实验室模式已经初见端倪，信息服务支持知识发现与分析、支持智慧集群和群体创造的能力不断提升。

适应科技创新发展和信息环境变化的需要，必须建设集成化知识发现服务能力，建设针对科技创新问题的情报分析服务能力，建设个性化的科技信息集成服务平台，建立起个性化、嵌入式、协同化的服务模式。这些服务明显地不同于传统的文献服务，是一种新型的服务——知识化信息服务，或者叫知识服务。这是文献情报服务在新环境中的新模式、新能力、新贡献，也是科技创新对文献情报服务的新要求。如果说通过"十五"和"十一五"我们全面实现了文献服务的数字化、网络化集成服务，那么在"十二五"期间我们的任务就是全面建设数字化、网络化条件下的知识服务能力，为在"创新2020"中全面实现知识服务模式打下坚实的基础。

3.4 全面部署构建新模式的工作，努力实现重点突破

全面建设数字化、网络化条件下的知识服务能力，构建适应21世纪科研活动需求的文献情报服务新模式，涉及许多方面的任务，我们要按照"创新2020"的要求，重点突破、跨越发展。院党组原则通过的《中国科学院文献情报系统"十二五"发展规划》提出了"十二五"期间全院文献情报工作要着重突破的几个重点：

一是要重点突破数字知识资源基础设施能力，建立数字知识资源体系和数字知识发现服务平台。除继续完善现有的数字文献资源保障体系外，要重点加强对研究所和科研人员日益关心的科技战略规划资源、技术与产业信息、网络开放信息、综合科技数据、经济与社会信息的发现、组织和利用服务，

实现各类信息资源的有机关联和组织，支持科研和决策用户通过方便灵活的接口去挖掘、发现、组织甚至分析所需要的知识内容。这些资源的建设，要通过院所协同的方式组织全院参加，要能够被嵌入到研究所、实验室或课题组的信息平台中，形成全院能普惠利用的知识发现服务。

二是要重点突破科技发展态势监测与集成分析能力，建立可靠、权威、普惠的科技态势监测分析平台。在如今的科技创新中，全院和各个研究所都迫切需要对国内外科技发展态势进行及时跟踪和深入分析。为此，国家科学图书馆要围绕国家和院宏观科技决策的需要，建设世界科技发展态势监测与分析系统，开展情报分析先进方法与工具平台开发，完善国际与国内科技发展态势监测分析的服务机制、服务产品和团队能力。各个研究所要结合自身的科技发展监测与分析需要，逐步建立所级情报分析服务能力。要加强院所协同，发挥国家科学图书馆的引领、支撑和协调作用，发挥各所情报团队熟悉领域、融入科研的特点，形成全院协同化、网络化的情报研究服务能力。

三是要重点突破研究所一线的知识化信息服务能力，实现研究所文献情报服务的全面转型。研究所是中国科学院科技创新的主阵地，也是全院文献情报服务及其创新发展的主阵地，研究所文献情报服务能力直接决定了全院文献情报工作的水平。研究所实现文献情报服务的全面转型，是决定"十二五"期间文献情报工作成败的关键，院和各研究所要把这一工作放在决定研究所核心竞争力的高度予以重视，根据自身学科特点，充分利用全院文献情报服务共建共享平台，明确目标，提出措施，推动落实。要通过这次会议的动员，通过多种政策措施，通过院所两级的投入，完善研究所一线个性化知识资源保障体系，形成所级学科情报可持续服务能力，形成所级个性化知识环境可持续服务能力，深化研究所知识管理服务与信息素质教育，建立有效开展知识化服务的新型所级文献情报队伍，基本实现知识化信息服务在全院的全面开展。

3.5 要进一步加大改革创新力度和人才队伍建设力度

经过近些年的改革创新，全院文献情报系统已经逐步形成以观念创新、服务模式创新、机制体制创新、技术方法创新和人才队伍创新等协同推进的可持续发展机制，这是我们的宝贵财富，也是我们持续发展的保障。面向未来，希望大家以更大的决心和勇气，探索和试验新的服务模式、新的组织机制、新的队伍结构、新的管理评价办法，解放生产力，发展生产力。国家科学图书馆要进一步改革业务结构和队伍结构，继续推进业务模式的调整和岗位迁移，继续加强业务和创新的一体化发展，快速建立起基于知识服务的新型组织机构及其运行机制。各研究所要下决心改造传统图书馆的业务模式和队伍结构，加强领导，加大必要资源的投入，尽快建立以知识化信息服务为主的文献情报能力。这方面的投入是非常划算的。

我想特别强调人才队伍建设在文献情报改革创新中的重要作用。院党组高度重视人才队伍建设。一流的文献情报服务必须依靠一支一流的文献情报队伍。要将文献情报队伍建设放到战略层面加以重视和推进，要把优秀的富有创新能力的人才放到文献情报岗位。各研究所和国家科学图书馆，要用科技创新和文献情报服务发展的战略目标去引导和教育文献情报工作者，加快引进符合知识服务要求的新型人才，大力加强现有文献情报队伍的能力转型和提升，同时为文献情报工作者营造"想干事、能干事"的舞台和空间。我注意到，一部分研究所已经引进了具有科技专业背景和硕博士学位的优秀人才到文献情报岗位，国家科学图书馆最近几年也引进了大批这类人才到学科馆员和情报研究岗位，院里也在持续支持文献情报优秀人才的引进。只有这样，才能高速度、高质量地发展文献情报人才队伍。

3.6 要进一步扩大开放合作，把握国际发展变化

全院文献情报系统的未来，无论从服务能力来讲，还是从服务对象来看，必然是开放的。将来文献情报体系需要进一步开放，需要更多的合作，需要学科交叉。只有这样，我们才有能力、才有可能去创建新的服务模式。以前图书馆多是为个体服务，现在为群体服务的工作量越来越大；以前是为科研人员提供文献借阅、查阅服务，现在为科研工作提供发展战略研究、战略情报分析的服务量越来越大。在这种形势下，"自成一体"势必行不通，迟早且必然会被淘汰。微软研究院出版的《第四范式：数据密集型的科研发现》认为，伴随信息技术的发展，未来的科研活动将是数据密集型的，并且是完全开放的。面向这种开放式的科研环境，文献情报系统也要进一步开放，不仅要构建新的服务模式，形成知识服务平台，提供普适型服务，而且要形成个性化的服务能力，提供个性化服务。未来的文献情报机构一定是一个专门的知识管理服务机构，在座的文献情报工作者也将是非常优秀的知识服务专家，对此大家要有开放的思维，有足够的勇气和远见。

3.7 要加强创新发展的制度与政策建设

这次会议是知识创新工程以来首次召开的全院文献情报工作会议，希望通过这次会议完善文献情报工作的有关制度和政策，为全院文献情报服务转型发展提供良好的保障。会议将讨论《中国科学院文献情报工作条例》修订稿。这个条例自1991年发布后一直没有修订，其内容已经与目前文献情报工

作严重不适应。新修订稿立足发展，面向未来，在定位、任务、体制以及人员队伍和保障机制等方面提出了适应当前和未来需要的规定。《中国科学院科技文献资源保障规范》从全院协同共建共享的角度，对科技文献资源建设中保障什么资源、谁负责保障、如何联合建设、如何规范建设等提出了制度性建议。《中国科学院文献情报专业技术岗位任职能力认证方案》从建立适应未来发展的文献情报队伍出发，对岗位要求、任职能力和认证办法等提出了制度性建议，以促进人才队伍建设和专业人才职业发展。要把文献情报工作纳入院对研究所的评价体系中。根据近几年国家科学图书馆发布的《文献资源建设共享白皮书》，科研实力与文献情报工作的排名基本相吻合，科研实力强的研究所，文献情报工作能力也相对强。这次会议将讨论的《中国科学院一线文献情报服务水平评价与监测办法》，从不断促进文献情报工作创新发展角度，以用户满意度为标准评价文献情报服务水平，并提出了监测分析文献情报服务能力的指标。希望各位研究所领导和院所文献情报机构负责人，结合科技创新需要，站在转型、创新和发展的角度，充分发表意见，提出建议，不断完善，为文献情报创新发展打造可靠的制度化政策环境。

  本次会议表彰知识创新工程以来全院文献情报工作中做出突出贡献的优秀团队和优秀个人。我代表院党组和全院科研人员、研究生对这些获奖的团队和个人表示衷心祝贺，也再次对全院文献情报工作者表示衷心感谢！

（本文责编 王善军）

发展知识服务　推动全面转型[*]

潘教峰

中国科学院第六次文献情报工作会议是知识创新工程实施以来首次召开的全院文献情报工作会议，是对过去十余年文献情报工作改革创新的全面总结，更是面向"创新2020"文献情报系统改革发展的一次全面动员会。

会议内容非常丰富，也很务实。李静海副院长做了重要讲话，总结了知识创新工程以来我院文献情报工作的成就，分析了新形势、新机遇、新挑战，提出了我院"十二五"文献情报工作改革发展的目标任务和政策措施，我们要很好地学习领会并贯彻到今后工作中。德国马普学会数字图书馆等三个国际文献情报机构介绍了各自的经验和发展战略，对我们提升国际视野、认清未来发展趋势都有非常重要的帮助。会议深入讨论了《中国科学院文献情报工作条例》等4个文件，表彰了在文献情报服务创新发展上做出突出贡献的优秀团队和优秀个人，国家科学图书馆和上海生科院等5个研究所介绍了经验。参加会议的全体同志分组进行了热烈讨论，刚才5位同志代表5个组做了精彩归纳和发言。大家普遍认为，这次会议很重要、很及时，感到很受鼓舞、很受启发、很受教育，接受了许多新的理念，对文献情报工作有了一个新的认识，特别是对未来的发展有了更加清晰的认识。大家积极出谋划策，使我们这次会议开成了一个展示成效、相互学习的大会，一个前瞻未来、谋划发展的大会，一个鼓舞斗志、锐意创新的大会，为实施好文献情报"十二五"规划奠定了基础。

1　会议取得了丰硕的成果

一是充分肯定知识创新工程以来全院文献情报工作取得的巨大成绩。大家认为，成绩至少体现在三点：① 文献保障与服务能力大幅度提升，为科技创新提供了有力支撑；② 文献情报工作成功实现了基本转型，从纸本文献服务转变到数字文献网络化集成服务，而且开始从传统的文献管理与服务向嵌入科技创新和科技决策一线的个性化知识化信息服务转变，开辟了新的服务

---

[*] 本文系中国科学院副秘书长潘教峰研究员在2011年11月16-17日召开的中国科学院第六次文献情报工作会议上所作的总结报告。

模式；③协同服务的体制机制已经开始建立起来，原来各自为战、自我发展的服务体制已经在很大程度上转变为全院统筹规划、共建共享、协同服务的新体制新模式，优化了资源配置，提高了服务效率，为进一步创新发展、重点突破打下了坚实的基础。还有一个重要的成果，就是理念发生了变化，全院文献情报系统确定了"用户为本、需求驱动、融入科研、支撑创新"的方针，树立了以创新服务观念、转变服务模式、改革体制机制为杠杆，促发展、提能力、做贡献、争一流的发展理念。这些都是我们的宝贵经验，也是我们继续发展的基础。

二是进一步加深了对文献情报工作重要性的认识。大家认真分析了科技创新对信息服务的新要求、现代信息环境和信息技术提供的丰富机会和巨大潜力，认为文献情报工作的重要性不仅体现为科技文献保障，而且越来越多地体现在"支持发现、激励创新"、"支持决策、决胜未来"上。我国自主创新迫切需要及时把握科技发展态势，迫切需要综合利用信息来发现和创新知识，迫切需要在网络空间动态协作中有效地组织和传播知识。文献情报服务将以新的形式、新的能力来更有力地支持科技创新和科技决策，成为真正意义上的"参谋、助手"。这种意义上的文献情报服务能力将是科技创新不可或缺的组成部分。中国科学院作为一流的科研机构，必须不断建设和发展一流的文献情报服务能力。

三是进一步认清了文献情报工作面临的多种挑战。大家认识到，现代信息环境已经发生根本变化，以传统的本地纸本图书馆为主的服务模式已经完全不能适应需要，即使是已经建立的以网络化数字化文献服务为主体功能的数字图书馆模式，也将不能适应科技创新和科技决策提出的越来越多的新要求。信息技术迅速发展，信息服务市场竞争日趋激烈，文献情报工作必须加快服务模式转变，不断创新服务内容和功能，加速开发和掌握新方法、新工具和知识服务基础设施，深化和夯实嵌入科研一线和决策一线的服务机制，才能保持对科技创新的作用和贡献。大家还清醒地认识到，全院文献情报服务发展还很不平衡。一部分研究所的服务模式和服务能力还停留在传统图书馆业务方式，文献情报人才队伍的结构和能力还不能适应新型文献情报服务的需要，文献情报系统整合能力、协同发展的潜力还远没有充分发挥，下一步院里支持的重点将向院所业务协同转移，已经设立的文献情报能力建设专项，要重点支持这种协同能力的发展。文献情报工作的投入还需要继续加强。目前在转型期，效应还没能完全显现，先加大投入，相信未来会有很好的回报。

四是总体认同院拟出台的4个制度和政策文件。这4个制度和政策是配套的。《中国科学院文献情报工作条例》较好地反映了知识创新工程以来文献情报工作的发展变化,确立了文献情报工作在科技创新中的重要地位和作用,明确了全院文献情报工作的基本定位、主要任务、体制机制和保障机制。在这个基本制度框架下,院文献情报系统要重点考虑人才和资源两个基本要素。出台《中国科学院科技文献资源保障规范》,就是要建设好全院的科技文献资源,满足院所两级需求。会上大家充分认同全院"统筹规划、共建共享、协同负担、联合服务"的科技文献资源建设机制,支持按照获取能力和成本效益综合最大化的要求科学合理地保障全院的科技文献资源。另外一个重要资源是人才,《中国科学院文献情报专业技术岗位任职能力认证方案》提出了面向知识服务的新型文献情报岗位要求,明确了未来文献情报队伍能力提升的方向,具有导向性,为文献情报队伍打开了职业通道。我赞同讨论中大家提到的,要纳入中级和初级认证规范,形成完整的认证体系。认证并非强加给研究所,而是与现行政策相衔接,受研究所委托来进行,认证通过了,聘用权还在研究所。文件进一步修改,并征求研究所意见后,在做好与院里其他政策衔接的基础上可以试行。关于《中国科学院一线文献情报服务水平评价与监测办法》,大家提了很多很好的意见。其核心理念是对用户满意度的评价,后面列出的指标是监测指标,体现了未来对文献情报服务能力的要求、资质的要求。这个办法在完善后再试行。

五是对文献情报创新发展提出了很好的建设性建议。讨论中,大家对文献情报工作的发展提出了很多很好的意见和建议,如,要进一步加强对文献情报工作的投入,特别是对新型服务能力、工具建设的投入;要重视文献情报专业人才队伍建设,采取措施吸引优秀科研人员和研究生加入文献情报队伍;要进一步加强院所协同,推动院所业务一体化发展。这些意见和建议也是这次会议取得的重要成果,我们将认真研究吸收。4个制度和政策文件的有些内容表达不够清晰,将来可以出台解读性的材料,帮助大家理解文件的相关规定。

2 重点强调三个问题

这次会议在全院文献情报发展历程中具有里程碑意义,在我国的文献情报发展过程中也具有非常重要的意义,对未来发展至关重要,这种重要性,可以集中用"全面转型"、"知识服务"和"保障能力"三个关键词来表示。

2.1 全面转型

前面提到完成了基本转型,主要体现在国家科学图书馆层面,但目前也还没有彻底完成，还需要进一步发展。在研究所层面，这种转型的不平衡性更明显。"十二五"期间，甚至到2020年，全院文献情报系统要抓住这个变革时机，实现全面转型。转型至少有4个方面的强大驱动：

一是世界范围内文献情报服务模式重大转型的驱动。随着Google、百度、各类全文数据库及其检索发现功能的普及，仅仅停留在各自机构的文献资源采购上，停留在文献检索、传递以及相应的培训上，已经难以体现不可或缺的专业能力和贡献。原来的图书馆模式，甚至传统的数字图书馆模式，也已经难以体现不可或缺的专业能力和贡献。

二是科技创新强大需求的驱动。科技创新更加需要灵活地挖掘、发现、集成、分析和利用各领域各种类型的信息资源，需要通过对大量信息内容的深度分析发现知识的结构、趋势与演变等，帮助科技决策者和科研人员更好地鉴别科学问题，认识发展规律，进行正确决策，帮助科研机构、团队和科研人员集成科学知识、建设个性化的信息基础设施，大幅提高创新效率。

三是基于信息网络技术的新型服务工具驱动。数字科研迅速发展，信息网络迅速发展，海量科技内容以数字化、网络化、可发现、可关联、可计算的方式首次呈现在我们面前，对大规模信息进行挖掘发现、集成融汇、分析计算和可视化的工具和系统不断涌现，逐步支持在全网络空间发现知识内容和相互关系，逐步支持对科技创新的布局、趋势、动力成因、异常与突变等的深入和快速分析，逐步支持对知识内容的快速和便捷的个性化、动态化的集成融汇，从而在更高层次再造支持科技创新的信息服务。这些服务中的一部分，已经在中国科学院国家科学图书馆和部分研究所进行了探索，取得了很好的效果。我也相信，这些是每个研究所都非常需要的，是中国科学院科技创新能力的重要组成部分。

四是文献情报系统生存发展的强大驱动。我们进步的速度还赶不上科技创新需求的要求，赶不上信息环境和信息服务市场变化的速度。这就难怪有些研究所领导提出，为什么还需要一个所图书馆？为什么还需要"加强"这样的图书馆？传统文献情报工作中许多内容已经不再需要了，或者要换一种全新的做法，而当前和未来科技创新迫切需要的服务，当前和未来信息环境可以提供的能力，多数还是我们现在没有做或者做不到的。但是，科技创新不会等我们，信息市场也不会等我们，如果我们不变，或者变得很慢，就会逐步被边缘化。这一点，对中国科学院国家科学图书馆和研究所文献情报机构都是如此。所以，面向未来需要，必须打破传统图书馆的服务模式，加快文献情报工作服务内涵和服务模式的根本转变，这是全院文献情报系统生存与发展的关键。

2.2 知识服务

"知识服务"是我们这次会议举起的一面旗帜，也是我院文献情报工作举起的旗帜。但是，部分同志对什么是知识服务、我们能否开展知识服务还有些疑虑。这是正常的，而且知识服务本身也要通过一个过程来探索和发展。

知识服务代表了一种新的服务理念和服务方式，它是"为了解决用户问题"的服务，需要专业知识和专业工具，需要动态集成多方面资源、嵌入用户问题解决的过程，需要根据用户问题和解决目标来设计和创造工作方法。知识服务使整个文献情报工作变成科研的有机组成部分，而不是简单的支撑。文献情报工作支撑作用的内涵将会发生变化。未来的文献情报服务要充分利用信息发现、情报分析、知识组织的专业知识和专业工具，充分利用熟悉用户和嵌入用户的能力，针对用户的具体问题提供个性化知识化的服务。

其实，我们对这种服务也不陌生。中国科学院国家科学图书馆和许多研究所已经开展的信息检索咨询、专门情报分析、课题组信息平台服务等就是其中的例子。这些当然不是知识服务的全部，而且随着科技创新的不断发展和信息环境的不断丰富，知识服务的需求和形式还会进一步丰富和发展。关键在于，我们要从原来以文献信息检索传递服务为主的模式尽快地转移到知识服务上，发展知识服务能力以及支持这种服务的组织体制、运行机制和人才队伍。

有些同志担心，我们的文献情报机构和队伍能否承担起这样的知识服务。要开展知识服务，我们确实面临巨大的挑战，但也要看到我们的优势。首先，我院文献情报工作是与科技人员和创新活动紧密结合在一起的，"十一五"以来大力打造的嵌入科研过程和决策过程的服务模式提升了这种优势，它使我们可以及时准确地把握需求，与科技人员深度融合，围绕科技创新和科技决策来设计和开展个性化的信息服务，在开展"中国至2050年重要领域科技发展路线图"研究中，每个组都有情报人员参加，通过这项工作，很多专家对文献情报工作有了新的认识。另一优势是能够充分利用数字科研、信息网络和计算分析的方法和工具，从海量动态信息中挖掘、计算、分析、集成出解决问题所需要的知识，实现问题驱动、解决方案驱动的知识化信息服务。我还要强调一下，我们的文献情报系统不是孤立的系统，要进一步开放，充分利用院里已有的信息工具和手段为我所用，而不能还从底层一步步做起。今后在这方面的力度还要加大，真正把我们信息网络的研发优势发挥出来。当然，要实现可靠高效的知识服务还要经历一个艰难的探索、试验过程，这正是创新的挑战和魅力所在，也是我们与市场化信息服务提供商和其它文献情报机构竞争的关键所在，需要我们大家一起付出艰辛的努力。

2.3 保障能力

传统服务模式下，保障能力主要体现在买书、买资源，好书不能缺，资源拥有量尽量多。在新条件下，保障能力的内涵也在发生变化。全面转型和知识服务，对保障能力提出了新要求，赋予了其新内涵。

一是要加快提升文献情报战略研究能力。文献情报服务内涵与服务模式的转变是很快的，必须密切跟踪文献情报领域以及相关技术的发展，前瞻把握变化趋势，走在变化的前面。中国科学院国家科学图书馆要发挥优势，加强文献情报服务发展的战略研究，形成跟踪分析能力。各研究所也要加强这方面的战略研究，将其纳入研究所发展规划之中，这样才能了解趋势、驾驭变化、主动发展、创造未来。

二是要提高文献情报创新能力。文献情报工作本身就是创新工作，要坚持"用户为本、需求驱动"，坚持用户满意度评价，坚持通过用户评价发现需求、发现问题、鉴别发展目标和路径。要加强发展规划，制定适应科技创新需要的能力建设目标和切实的能力建设措施。要加大对文献情报的投入，不要把投入仅仅局限在购买文献资源上，更要投入到新能力建设和新人才培养上。这种创新能力中国国家科学图书馆需要，研究所文献情报机构更需要，因为研究所文献情报机构贴近需求、贴近用户，是创新发展试验和检验的主阵地。

三是要加强文献情报服务能力的重点突破。这次会议上推出的《院所协同推进一线文献情报服务创新发展行动计划》，是推动文献情报服务转型发展的重要举措。通过计划的实施，能够优化所级科技信息资源保障体系，建立院所协同的科技创新综合信息资源服务体系；重点培育支撑研究所及领域战略决策的学科情报服务体系，形成系列学科情报服务产品和核心服务团队；重点建设实验室或课题组集成知识平台，构建融入科研团队的个性化平台与服务机制；加强新型知识服务能力示范，继续建设研究所机构知识库，开展综合知识管理服务与信息政策服务示范；培养科技创新人员的知识发现、情报分析和知识管理能力。现在讨论科技体制改革，有一个重要的共识，就是"资源共享"，要把公共财政形成的知识成果产出能公开的尽量公开。目前我们正在推进的机构知识库建设恰恰顺应了这一要求。国内很多人认为很难做的事情我们已经做了，将来一定能发挥很大作用。希望通过一系列创新能力建设措施，支持和促进研究所的服务转型和能力建设。也希望各研究所积极争取和利用好这些机会。

3 对落实会议精神的要求

这次会议马上就要结束了，但落实会议精神、切实推进转型发展的工作才刚刚开始。

3.1 加强对文献情报工作的领导

院党组一直高度重视文献情报工作，"十五"期间专门设立"国家科学数字图书馆建设"重大专项，"十一五"期间实施了全院最大的体制改革举措，将4个院级文献情报机构整合为中国科学院国家科学图书馆，我们才有了今天的显著进步。各级领导都要高度重视，采取有力措施，把发展和创新文献情报工作落到实处。中国科学院国家科学图书馆也要把组织全院文献情报工作转型发展作为自己的关键工作之一，加强领导，加强规划，加强落实。各研究所要把文献情报工作作为一项具有基础性、全局性作用的创新性工作来抓，参加会议的同志要向所领导班子专门汇报会议精神，争取支持，争取更大的发展空间和机会，建设我们的能力，将来以更好的成绩回报研究所。已经启动了知识服务工作的研究所要深化改革，不断丰富服务形式，提升服务能力。还没有启动的单位，要尽快调整发展思路，明确任务重点，跟上全院文献情报工作创新跨越的步伐。构建知识服务新模式是今后我院文献情报工作的发展方向和中心工作。我们希望，"十二五"一半以上的研究所基本实现以知识服务为主的服务模式，其余多数所也全面开展多种形式的知识服务，使知识服务成为全院文献情报工作的主体性、代表性服务，形成在国际国内引领示范的能力。

3.2 努力为文献情报工作改革发展创造条件

"十二五"期间，院将继续实施文献情报能力建设专项，支持全院文献情报服务能力创新发展，从2012年起将加强一线服务能力作为新增能力建设的重要内容，就是刚才讲的院所协同。这次会议讨论的4个制度与政策文件也体现了院通过制度与政策建设来促进文献情报工作发展的努力，我们将协调各个方面，加快落实这些制度与政策。院里还将继续加强对全院科技文献资源建设的支持。各研究所要为文献情报工作的发展创造条件。要保证科技文献资源经费随着科技投入的增长而增长，切实保障科研所需的科技文献资源。要支持文献情报服务的方法、工具和能力建设，用先进的工具和能力持续提升服务能力。要舍得用合理的待遇和富有挑战性的工作来吸引和留住优秀人才，并给予他们参与交流学习、培训和创新项目的机会。要特别重视对研究所文献情报机构负责人的选拔和培养，没有好的带头人和组织者，就不可能有主动和高效的发展。

3.3 大力加强文献情报人才队伍建设

这是实现转型的关键。知识服务需要具备深厚的专业知识、敏锐的分析能力和创新能力的专业人员，需要相应的岗位深度和职业发展空间来吸引和留住这样的专业人员。中国科学院各研究所和国家科学图书馆要舍得引进和培养能够从事知识服务的人才。院已将文献情报队伍知识服务专门能力培训纳入行动计划，系统地组织文献情报人员知识服务能力培训，支持人才发展和能力转型。"十一五"以来中国科学院国家科学图书馆情报研究团队发展的经验说明，只有紧密融入科技创新和科技决策过程，才能真正形成知识服务能力。要通过"百人计划"等引进文献情报优秀人才，支持中国国家科学图书馆和研究所在专门知识服务能力和知识服务组织上的跨越发展，将来要开发工具的话，人才引进力度还要加大。要及时启动全院文献情报专业技术岗位任职能力公共认证工作，高标准地建设好文献情报工作专业队伍。要支持研究所文献情报人员的系统和持续培训，支持文献情报骨干人员参与高层次学术与业务交流。

3.4 大力推进院所业务协同

"十一五"期间整合院级文献情报机构、组建中国科学院国家科学图书馆，对推动全院文献情报系统转型发展和协同发展起到了关键作用，"十二五"期间，更要充分利用已经形成的全院协同发展机制，发挥中国科学院国家科学图书馆理事会对战略方针、重大任务、重要政策机制的领导决策作用。中国科学院国家科学图书馆理事会不仅领导中国科学院国家科学图书馆，还领导全院文献情报系统。全院文献情报系统是一个有层次的整体系统，要发挥中国科学院国家科学图书馆建设核心能力、协调全院服务的重要作用，发挥全院所级文献情报机构群策群力、协同发展的重要作用，统筹规划，多元投入，协同发展。

中国科学院国家科学图书馆要在理事会领导下，前瞻规划、统筹协调，引领示范。要继续打破传统图书馆模式在人员、资源和运行管理机制等方面的束缚，按照科技创新的需求，确定重点，重组业务结构和业务流程，统筹组织全馆乃至全院相关力量，进一步建立健全整合协同运行机制。要加强文献情报服务能力创新示范，及时和切实把服务能力建设转化为全院一线的服务效果，及时将新能力、新工具普及到各研究所，协助研究所推进所级文献情报机构的转型发展。

要加强全院文献情报服务协调机制，充分发挥各个业务协调组的作用，充分发挥中国科学院国家科学图书馆学科馆员与所文献情报机构协同服务的作用，积极探索机制创新，将来是大有可为的。要明确中国科学院国家科学图书馆特色分馆的服务必须面向全院的要求，继续积极探索特色分馆建设机制。要健全在学科情报研究、咨询查新、资源遴选与组织、信息素质教育、群组知识环境建设等方面的院所协同服务机制。

全院文献情报系统还要在国家层面做出更大贡献。中国科学院国家科学图书馆组建后，全院文献情报系统作为整体力量参与国家科技文献体系建设，发挥了引领示范作用。希望"十二五"期间在支撑国家科技信息资源服务、数字文献长期保存、科技信息政策服务、科技信息服务关键技术发展、区域科技信息战略服务等方面发挥更大的引领示范作用，提高对国家和地区的服务能力。

全院文献情报系统还要积极挖掘和利用国际科技信息资源服务科技创新，积极学习和利用国际科技信息服务新观念、新措施、新机制，加快文献情报工作发展，主动参与科技创新、科技信息资源建设与合作、科技信息政策调整等事关未来发展的重大国际行动，加强我国我院在国际科技信息服务体系及其发展中的贡献度和话语权，提高国际影响力。

"十二五"是"创新2020"实现重点跨越的关键时期，也是全院文献情报工作全面转型发展、显著提升对科技创新支撑能力的关键时期。让我们共同努力，致力于全院文献情报工作的全面转型和服务能力的再次跃升，构建面向21世纪以知识服务为特征的新型文献情报服务体系，为"创新2020"的实施和我国科技的跨越发展提供强有力的支撑！

（本文责编　王传清）

重新认识知识过程和知识服务

张晓林

（中国科学院国家科学图书馆 北京 100190）

摘 要 论述知识环境、知识过程以及知识服务变化的方向和内涵，为重新深刻认识知识过程和知识服务提供借鉴。
关键词 知识过程 知识环境 知识服务
分类号 G250

我们面临的知识环境（包括知识创造的方式和过程）正在发生巨大的变化，深刻认识这些变化的方向和内涵，对于研究型图书馆来说，具有至关重要的意义。

1 知识环境的变化

当我们讨论研究型图书馆所面临的变化时，我们常常用数字信息资源的变化来代表甚至代替它，但这远远不够。即使是从数字信息资源角度，更为关键的不是资源本身的变化，而是资源形态变化所带来的人们行为和行为环境的变化。

我们正在走向全面和泛在的数字科研环境，各类科研对象（数据、文献、设施、种质资源、过程、机构、人员、政策等）正日益信息化数字化网络化，一个按照科研生命周期、充分支持各类数字化信息对象、支持多种网络化知识组织与传播形态、支持知识的创造、交流、分析、组织、保存全过程的综合数字科研信息环境正在迅速发展，并日益成为科研本身的基础环境。在这里，各种数字对象都是结构化、可解析和可关联的，都是一个活的平台、中间件和可扩展的服务，可以构成了全细粒度、充分关联交互和充分集成的数字知识环境，支持人们根据需要对整个数字知识环境进行探索、发现、分析、关联和重组。

更为重要的是，在这种环境下，科研本身正发生重大变化。一方面，数据驱动的科研（Data-centric Research）方兴未艾，数字化的数据本身成为科研的基础设施，这不仅适用于科学技术领域，也适用于人文社会科学领域。

利用海量数据，进行实时的可视化的分析，进行知识挖掘、模拟、仿真、试验，甚至科学本身也在一定程度上变成了计算化的（Science becomes computational）。

另一方面，科学本身的机制也在发生变化：通过有意设计的机制和平台来支持合作研究，使合作与交互成为研究的有机部分；通过动态调整试验数据和试验设计，支持没有明确研究设计、甚至没有明确研究目标的探索型科研；集成利用多元化的数据、工具与方法，利用多方面的专业知识和服务，来支持集成化科研；通过有机支持和组织开放文献、开放数据、开放的"非正式交流"、对科研内容的开放关联、开放参与，支持开放型科研。所有这些变化，都指向新的一种科学研究形态，即以海量的网络化的知识资源为基础，支持在合作、交互和集成环境下对这些资源的分析、挖掘与试验，由此来支持知识发现和知识评价。

其实，数字网络条件下的教育也正走向同样的方向。数字教育首先是开放型教育，广泛利用开放资源、开放工具和开放的学习过程，形成自我驱动的和可动态组织的学习过程；而且，这种学习过程往往是交互合作型的学习，由受教育者驱动，群体参与和灵活交互，而不局限在教师、教材和教室里；再进一步，这种教育往往变成兴趣驱动型的学习、问题驱动型的学习，学习者根据自己的问题和兴趣不断探索未知的知识，积极构建新的知识体系，学习的目的不再仅是"获得知识"，而是创造性学习、回答问题、解决问题，因此研究与学习的界线日趋模糊，研究型学习成为可能。

2 知识过程的变化

上述知识环境其实反映了知识过程的复杂性。知识过程（无论知识学习、应用和创造）是存在相互交互的三方面：内容（Content）、应用环境（Context）和应用群体（Community）。知识内容可以具备多种形态，相互以一定形式关联，而且动态变化；知识应用环境基于应用问题和应用目标，对知识内容进行解析、解释、关联、转变、重组，为知识内容提供意义基础和处理框架；知识应用群体则提供个性化和交互的体验，实现对知识的理解和应用。因此，当支持知识学习、应用与创造时，需要同时包含知识内容、应用环境和应用群体，任何方面的缺失都将严重限制这种支持的有效性，从而限制知识学习、应用和创造的有效性。

我们知道，知识不仅体现在具体的单一的内容上，尤其体现在不同内容间的关联（包括不同情形下的不同关联状态）上，关联就是知识，而数字信息环境对于挖掘、探索、试验、发现和组配各种关联具有重要的作用；我们也知道，海量数据或异构数据中隐藏着大量的知识内容和知识关系，数字化使得人们可能利用先进的计算手段对海量数据进行挖掘来揭示这些内容和关系，计算产生知识；我们还知道，有效的理解知识或创新知识往往是在具体的问题环境中、通过解决问题的过程来实现的，情景启发知识、情景蕴含知识、情景验证知识，利用数字信息环境可以将问题环境、求解过程和知识内容等有机融为一体，构建数字知识环境；我们更知道，群组的动态合作交互，往往集成利用多方知识，打破和激发思维，随时提供批判与验证，聚合学习力和创造力，大幅度提高知识学习、应用和创造的效率，因而交互激发知识，交互促进知识的变化与发展。

从知识过程的角度，数字网络环境所带来的新的知识环境，核心变化不仅是（或者）不再是海量知识内容本身，而是这种新的数字知识环境所支持的新的知识过程，基于计算的、动态关联的、灵活融入问题情景的和合作交互的知识过程。其实，这些知识过程一直存在于人们的知识学习、应用与创造过程中，只是由于在印刷载体时代，对知识内容进行计算、关联等非常困难，支持群组对知识内容的灵活适用及其交互非常困难，使得我们更多的只看见了由正式学术交流体系表现出来的比较僵硬的知识过程。当知识内容、应用环境和应用过程都可以通过数字网络环境来呈现和组织时，知识过程变得极大的活跃，由此带来的需求和机会也极大的丰富。

3　知识服务的变化

在上述这样的知识过程中，对明确的特定知识的检索和获取仍然需要，但更需要的是对未知知识的探索、计算和发现，而且这种探索和发现往往是在一个集成多方资源和能力、灵活进行交互的环境中才能有效进行，因此，更多的服务将是那些对情景化的知识关联、计算和交互的支持服务。

从服务内容看，一方面，我们需要有机地组织数字知识资源环境，利用灵活的知识组织体系把各类信息对象组织起来，支持用户进行知识的挖掘、计算、试验和评价；另一方面，我们需要充分利用我们对知识资源结构和知识分析规律的深度理解，集成利用各个领域的知识挖掘与分析工具，开发针对复杂知识资源环境的各种知识发现工具，以专业的信息分析与知识分析专家的身份来协助用户进行知识的挖掘、计算、试验和评价。

从服务方式看，我们在继续提供普遍的文献检索获取保障的同时，需要更多地进入用户情景，作为用户团队成员，通过用户现场的交互（当然这种交互现场往往是通过网络虚拟实现的），来把握知识需求、组织知识环境、定制知识工具、提供服务成果。而且，这时的环境、工具和成果，往往不再是某个图书馆的文献保障体系或检索系统这样的基础保障型的"稳定"产品，而是在开放集成融汇多方资源、工具和服务基础上针对用户个性化工作流的动态组织结果（就像医生和律师可以组织不同资源来解决客户的具体疾病或诉讼）。

从服务组织看，显然我们需要改造现有的组织机构。目前图书馆是围绕着固定馆藏和流程来组织的，是致力于建立基础保障体系，因此有一个固定的以内部部门为核心的层级体系；而新的知识服务要求围绕着用户动态需求来组织，应致力于提供动态个性化服务，更需要一个动态的、面向用户的、支持交叉团组的体系，在有力的基础资源与系统部门支持下，形成强大的灵活的"用户"团队，为用户的个性化需求和过程服务，并将这种个性化服务能力不断完善为可复用、可调整、可集成的服务能力来支持更好的动态个性化服务。

参考文献：

[1] NSF. Building the infrastructure for Cyberscholarship, 2007 ［2008 - 12 - 21］. http://www.sis.pitt.edu/~repwkshop/NSF-JISC-report.pdf.

[2] M Riva, The Virtual Humanities Lab, 2007 ［2008 - 12 - 21］. http://www.neh.gov/digitalhumanities/Conference_07Oct/Riva.pdf.

[3] Microsoft. Towards Science 2020, 2006 ［2008 - 12 - 21］. http://research.microsoft.com/towards2020science/downloads/T2020S_ReportA4.pdf.

[4] The Cyberlearning Opportunity and Challenge: A 21st Century Agenda for the National Science Foundation. Report of the NSF, 2008 ［2008 - 12 - 21］. http://www.nsf.gov/pubs/2008/nsf08204/.

[5] Malhotra Y. Information Ecology and Knowledge Management. ［2008 - 12 - 21］. http://www.brint.org/KMEcology.pdf.

作者简介

张晓林，男，1956年生，研究员，博士，博士生导师，中国科学院国家科学图书馆常务副馆长，学位委员会主席。长期从事图书情报现代技术方面的科研与教学。现担任国际图联管理委员会委员、学术委员会委员，中国图书馆学会副理事长，中国图书馆学会专业图书馆分会理事长，担任《中国图书馆学报》等6家核心期刊编委，近年来独立或合作出版专业学术著作4部，发表学术论文100余篇，承担国家自然科学基金等多项研究课题。获得国家级和省部级科研或教学奖3项。

知识服务推动图书馆转型

——"2012 知识服务专家论坛"纪要

《图书情报工作》杂志社

2012年1月12日下午,在中国科学院国家科学图书馆的支持下,《图书情报工作》杂志社在北京主办"知识服务的现在与未来"专家论坛。作为本刊今年新增设的"知识服务大讨论"专栏先导活动,本次论坛汇集业界专家、领导和实践者关于知识服务的思想、智慧与力量,进一步明确研究型图书馆(指研究型大学图书馆与科学专业图书馆)未来发展的方向和策略,确立以知识服务推动研究型图书馆转型的总体战略。

论坛由《图书情报工作》杂志社社长兼主编初景利教授主持,共邀请到京津两地的13位专家参加:中国科学院国家科学图书馆馆长张晓林、副馆长张志强、副馆长孙坦、副馆长刘细文、馆长助理张智雄、情报研究部主任冷伏海、北京大学图书馆馆长朱强、清华大学图书馆副馆长姜爱蓉、南开大学信息资源管理系主任柯平、中国人民大学信息资源管理学院副院长卢小宾、北京大学信息管理系李广建、北京大学光华管理学院董小英、中国科学院软件研究所图书馆馆长周津慧教授或研究员。会议期间,与会专家畅所欲言,各抒己见,观点清新,学术视野宽阔,具有较强的前瞻性和洞察力,不乏真知灼见,研讨气氛热烈,对知识服务推动图书馆转型形成诸多共识,对国内进一步促进知识服务的理论研究与实践创新具有十分重要的意义,也必将对国内图书馆界重视并推进知识服务产生重要而深远的影响。现将论坛的主要观点做一综述,以飨读者。

1 知识服务动因——图书馆转型与重新定义

传统图书馆以文献服务和信息服务为基础,而今天和未来的研究型图书馆则必须将知识服务作为自己的核心竞争力。图书馆这种转型的背景,按照冷伏海教授的分析,一是信息环境的变化。数字移动环境下,知识需求、生产、存储、获取、使用整个形态发生了巨大的变化。科学研究原来局限在学科内部,现在则是跨学科的。不是所有的知识都存在文献上,越来越多的知识以数字形式存在,仅仅依赖文献数据库是不够的。二是知识获取的方式也发生变化。用户可以直接获取知识单元，甚至直接使用知识单元。人们可以在谷歌上搜到微博上的一句话，或者一个数值。知识获取、使用、需求呈现多样化。知识生产和存在的形态发生变化以后，人们能够从知识层面上组织知识、分析知识，然后去推送知识和提供知识服务。

知识化网络化时代，尽管部分公共图书馆及基础教学型图书馆在相当一段时期内可能仍将按照传统数字图书馆和文化服务的思路去建设发展，但对于研究型和专业图书馆而言，当前所受的冲击非常大，变化和压力已迫在眉睫。例如，张晓林馆长提到，中国科学院已有2个研究所图书馆的物理建筑被关闭，未来还将有多个传统的图书馆陆续被停掉，而且最令人感慨的是关掉后没有任何人提意见。读者并不是不需要图书馆，而是在信息环境发生根本性变化的今天，读者不再需要传统的图书馆，需要的是更能适应读者新的需要的新型图书馆。如果图书馆固守传统，不能适变转型，被边缘化乃至被读者抛弃是完全可能的。为此我们需要探索不同的思路和不同的战略。使命决定战略。适者生存。因此，图书馆的职能必须转变，如果不转变，我们真不知道2015年还在干什么。

张志强副馆长谈到，要做知识服务，首先要定义知识服务是什么，把知识服务这个概念及内涵搞清楚；第二，我们要做什么，怎么组织实施。传统的图书馆业务要转型，那就需要业务布局调整、队伍建设再造、服务机制重组等等。为此，图书馆要重新定义自己的地位，重新定义什么是图书馆，尽管我们可能还用以前的术语，但是，恐怕图书馆的定位要重新确定。图书馆，特别是研究型图书馆，不能用传统图书馆的定义。研究型图书馆就是图书馆、科技思想库的一个混合机构。国外信息机构有搞战略研究的，有搞平台开发的，性质很难界定，用图书馆这一概念很难涵盖。所以，从发展的眼光看，图书馆就是一个跨界的知识服务机构。

知识服务推动图书馆的转型，但是，并不意味着我们改个名字（如知识服务中心）就可以了。实际上是图书馆发展过程中的一个阶段，而且只有当图书馆转型到一定程度时，才能够真正实现知识服务。现在谈知识服务有一定的基础。因为如果我们没有数字资源，就没办法实现这种大转变。现在数字资源越来越多，甚至可能再过几年，人们所有能看到的东西都是数字化的。在这种情况下，不实施知识服务就没有出路。当然，开展知识服务确实有很多的问题，因为知识服务不只是馆员或者某一个团队的事情，图书馆各个层面、各个环节都应当有这样的观念、意识，并作出相应的调整和改变。这可能是图书馆有史以来正在经历的一种关乎图书馆命运的重大挑战。

孙坦副馆长更加倾向于"数字知识服务"这一称谓。因为知识服务太宽泛了，而且如果前面不加图书馆限定就更无法厘清。图书馆的知识服务应是数字知识服务。无论是基于人的服务，还是基于内容、基于技术的服务，一个共同点一定是基于可计算、可关联重组、可挖掘的数据环境。图书馆提供的数字知识服务不一定由图书馆人来承担，但图书馆人必须责无旁贷去探索。用图书馆和医院做比较，医院的药房就相当于图书馆的资源供应商。图书馆以前没有大夫，只有护士，现在我们也有大夫了，但是我们没有设备，我们有的则是已经跟我们需求和发展态势极不相应的传统图书馆的思路。但是医院不一样，医院的产业支持非常强，而图书馆的产业支持不够。图书馆开展数字知识服务要着眼于整个科学研究范式的转变。

  董小英教授认为，图书情报部门以前不在竞争的第一线，所以压力和挑战不是那么大，但现在则是风雨欲来风满楼。从整体形势来看，这个问题的确已经迫在眉睫。对整个图书馆行业来说，现在是一个非常重要的转型时刻。而这个转型，实际上是技术在驱动。图书馆的信息服务，包括知识服务，实际是平台的迁移。以前的平台是实体的平台，但是，现在有了互联网、ICT 技术、数字化资源，该平台现在开始向虚拟化转换。这个平台首先是技术驱动，然后将来成为有竞争力的平台，平台的竞争力取决于谁能够吸引最多的用户。用户特别是年轻的用户不断地被新的技术平台所吸引。所以，此时，传统的像图书馆这种实体平台，如果不能够快速地转型，不能够意识到这种危机，不能够接纳和搭建新的平台的话，那这个平台即使不消亡，也存在着从核心资源变成边缘化的可能。国外的某一个图书馆现在还在做传统业务的人员只有 1/15，其他人都离开了，表明传统图书馆业务在萎缩。从这个意义上讲，图书馆如果要想保有我们的核心价值和我们的独特性的话，仅做嵌入式服务是不够的。因为嵌入式服务仍然是一种辅助服务，只能是配角。决定图书馆核心贡献的是未来有无能力搭建新的平台，其中最重要的是数字生态系统。以苹果为例，很多人以为乔布斯的创新是手机的创新。其实乔布斯最重要的贡献是构建了一个数字生态系统。他用这样一个手持设备搭建了一个平台。在这个平台上就是目前给苹果做内容开发的 Apps 应用系统，现在全世界有 12 万人按照平台的统一的操作系统自行开发，汇集的资源大概有 40-50 万。其价值就在于，这十几万人都不是苹果的员工，是苹果之外的资源，是苹果借助的外部资源，是社会资源的整合，是众包，是利益共同体。所以苹果实际上是一个社会资源的整合体。他构建的这个数字生态系统使得他的竞争对手在短时间内根本无法超越。这个利益共同体的构成越是差异化，资源越是丰富，这个平台的价值就越大。谷歌也是一个平台。对于图书馆，特别是对于专业图书馆、大学图书馆而言，其使命就是能不能在今天技术不断普及发展的时候，在互联网以及在手机层面，构造出新的平台。

这个平台具有整合各种社会资源（包括我们的专业、科研、知识研发资源）的能力。如果图书馆能够构建这么一个平台，这个资源是图书馆所拥有的，图书馆的价值就会大大增强。

张晓林馆长还谈到，最近在国际图书馆界，科学数据管理正在变成很重要的一部分，在此基础上，重建一个机构的知识基础设施也变成了很重要的一部分。这个问题冲击太大，基本上是对传统的图书馆的彻底颠覆。这可能对我们来说，对大多数的研究型图书馆来说，可谓性命攸关。最近中国科学院研究生院在建一个新馆，正面临两个变化：第一，资源可能是数字化的，所有学生都可用 iPad；第二，校园网全部开通，图书馆的作用与影响力在哪里。可能知名大学都面临同样的冲击，这是值得我们需要特别关注的问题。

柯平教授亦认为，不同于过去泛泛地研究一般意义上的知识服务和在传统图书馆背景下研究信息服务、知识服务，当前提出的图书馆知识服务应有新的定位，即与图书馆的转型相结合，重新定义图书馆。未来图书馆将拥有新的业态和模式，承担多元化的功能和角色，而知识服务应成为图书馆转型的新基点，与数字化、知识化结合起来，成为图书馆的新形态、新标志。

现在我们研究和实施知识服务应站在图书馆的角度。原来更多地是泛泛地谈论知识服务，跟图书馆挂上钩的相对来讲比较少。所以，从图书馆的角度来讲知识服务，就更加务实一些。知识服务需要有一个新的定位。这个定位实际上是改变原来的理念。我们原来是在传统图书馆的背景下讲知识服务。所以，那时讲知识服务和信息服务没有什么根本的差别。现在我们再来研究新的知识服务，一定要和图书馆的转型结合起来。如果不讲转型，只讲知识服务，还是社会上的一套，还是图书馆传统的一套。如果不讲转型，就不会有真正意义上的知识服务。知识服务是图书馆转型的一个基点，将数字化、知识化结合起来，成为图书馆一个新的形态、新的模式，成为新型图书馆区别于传统图书馆的重要标志。所谓标志，不是把图书馆大楼拆了，新图书馆就诞生了。一定要有一种本质的东西，知识服务可能就是这种本质的东西。

柯平教授还谈到，以前我们的图书馆比较强调文化使命，特别是公共图书馆，最近10年公共图书馆有一个大的发展。站在公共图书馆的角度，强调公共图书馆作为社会制度有一定的道理。但是，从大学馆和专业馆的角度，图书馆更多地应被看成是一种机制。所以，图书馆更多要强调的是知识的使命。最近几年国外有一个提法叫重新定义图书馆。重新定义图书馆不是一句话的问题，真正可能要改写我们的教科书，改写我们图书馆的内容和服务的方式方法。图书馆的位置应该发生变化，应该改变我们原来的地位。原来的图书馆实际上处于线性的位置（上游、中游、下游）中段。上游是文献的生成（作者），中游是文献的传播（图书馆），下游是文献的利用（用户）。实际上在新的背景之下，这个模式已经发生了一些变化，可能将来这个过程在图书馆同时存在，图书馆更需要的是一种循环的模式：知识的生产、传播、利用。所以，将来图书馆可能还要承担一部分知识的生产使命，承担一部分知识的利用使命，图书馆的角色是多元化的，而不是单一化的。我们过去对图书馆的定义，是一个文献的提供者。这个定位把图书馆局限在一个很小的范畴内，社会对我们的认知也是这样一种偏见。

2 知识服务范畴——从概念到战略

国内提出知识服务的概念已有 10 多年，人们从不同角度对知识服务的内涵进行了界定和解读。这些定义见仁见智，总体上没有形成统一、公认的见解。按照张晓林馆长的观点，图书馆人不必纠结于界定一种服务是否为知识服务，但凡图书馆员通过运用知识组织等能力解决用户的问题，即可称得上知识服务。知识服务的关键之处就在于利用加工分析知识的能力，根据用户的需求，解决用户的问题。现在图书馆用户的需求一般的图书馆服务解决不了，需要通过图书馆员个人的努力，通过知识层面知识组织的能力解决他的问题，这就是知识服务。图书馆应成为智慧中心。他指出，国家科学图书馆学科服务采用服务与用户绑定的方法，迫使馆员深入一线，贴近用户需求，通过用户来评价服务的效果，最终收到了良好的实效，而这一过程就是开展知识服务的过程。卢小宾教授指出，所谓的知识服务就是一种知识的增值服务和创新，如果没有增值，没有创新，就不是知识服务。知识服务面向管理者决策，同时也要面向科研决策。

刘细文副馆长认为，知识服务离不开知识管理。知识包括显性知识和隐性知识，这是比较原始的提法。知识服务就是管理知识、理解知识，包括标引，其实都是挖掘知识的一部分。但是，在这种知识服务形势下，我们应构建出一种什么架构，现在还在探索的过程中。作为知识服务，我们的服务对象应该是清楚的，我们服务的内涵应该是明确的，我们的服务方式也应该是多样化的。当然，知识服务可能还有一个认知：我们做图书馆知识服务，更多地要强调工具的支撑。

国外一些图书馆虽然没有直接提到知识服务这个概念，但确实还是做了很多工作。李广建教授介绍了 3 个案例。美国国会图书馆制订的 2008－2013 年战略规划，其中一条就是保证美国对知识的存储，主要从资源、用户、组织劳动力等等这些方面。其中有一点非常明确，就是要增强国会图书馆对于用户的具有创造性和智力性的产出，更特别强调的是图书馆自己要有创造，要有智慧储备。为此采取的策略就是，围绕达到满足用户不断发展的需求这个目标来创建内容。那就不仅仅是收集资源，而是要创建资源。这就是一种知识服务。英国图书馆制订的2020年愿景，就是使其成为全球的网络信息中枢，通过合作伙伴推动知识发展。为实现这个愿景，设计了5个重点战略，其中第三个就是为社会和经济关键领域的研究提供支持。因为研究人员对图书馆的服务需求是情景化、个性化、智能化，所以，对这一战略目标提供支持，就必须要提供定制的研究服务，获取用户深层次的需求，通过端对端的研究过程，融入到服务团队，来支持研究的优化，支持研究创新和经济的发展。加拿大不列颠哥伦比亚大学（UBC）图书馆制订的2010－2015年战略规划的很多内容与知识服务相关。一是促进学生学习方面，共有4个目标：第一个目标就是在课程设计、教学计划方法和信息能力提高方面，主动地与教职工合作，参与到整个教学过程当中；第二个目标就是促进研究，分成了5条，其中有4条跟知识服务有关；第三个目标就是UBC机构知识库（IR）能够广泛可用，以此提高UBC的研究工作。二是UBC要在开发推动开放获取和开源方法与工具方面做领先者。三是提供个性化的研究空间（如IC）；四是图书馆要作为全谱段的合作伙伴参与到研究过程，应用专业知识，促进学科间的联系。

3　知识服务核心——从模式到机制

中国科学院2011年11月16－18日召开了第六次全院文献情报工作会议。会上，院领导明确提出，发展知识服务，推动全面转型，重构一个适应21世纪需要的新型的文献服务模式（见本刊2012年第1期）。文献情报工作会议以后，院领导明确提出要举起知识服务的大旗，在"十二五"时期要全面转型，从数字图书馆建设转型到全面开展知识服务，从传统的文献信息服务转到新型的知识服务上。转型的重点并不在于国家科学图书馆，最主要的是突破研究所一线图书馆，就要从传统的数字图书馆变成新的知识服务模式与机制。

问题是，这种模式和机制是什么？到底发展的方向是什么？在发展的过程当中，我们的战略和策略是什么？我们要解决的这种特殊的挑战和问题是什么？现在很大的问题就是人的问题和新的服务机制的问题。原来我们习惯于坐在图书馆等，现在完全不行。对人的要求也在发生变化，传统的图书馆员性格不适合今天和未来图书馆的很多服务。凡此种种，我们都还是处在一个很不清楚的阶段，很多问题还在困扰我们。但是，正如张晓林馆长所说，号角已经吹响，鞭子已经举起，往前走一步，后头的路就撤了，基本上没有退路，只有往前走，而且得走对。这个压力对我们非常大，是一种严重的冲击，而且我们必须要作出应对，必须有一定的答案，必须突破传统束缚。

将知识管理与知识服务应用到图书馆，构建新的图书馆服务模式与管理模式，没有新的机制不行。机制需要不断地探索，新的机制应体现知识服务和知识管理。图书馆的知识服务必须建立特有的机制，如果没有特有的机制，图书馆与其他社会机构大同小异，我们即使提供了知识服务，很可能作用不大，因为有可替代性。为此，首先需要从整体上进行架构。柯平教授提到，应当探讨图书馆知识服务的主体架构如何清晰定位，如学科服务、咨询服务、机构知识库等。

知识服务以资源的获取、加工与利用为基础，因此知识服务的开展离不开资源建设，需要对资源和服务重新进行审视和评估。李广建、柯平等教授认为，我们过去比较依赖传统的图书馆资源，今天图书馆的建设更多需要加强网上资源建设与服务。但是，图书馆目前在资源方面还比较传统，局限在书刊这一类的资源。现在特别是网络的发展，带来了许多新的可以开发和利用的资源，我们实际上没有把这一块资源纳入整体资源体系之中。随着技术的发展，网上资源可以解决很多问题，有低端的，也有高端的，当然航空航天之类的资源不可能靠网络来解决。资源建设如果按照原来的那个思路走，其结果最后就是数字化，这是不够的。现在强调，要有新的资源的机制，有两个需要考虑：一个就是从战略上来构建资源。从战略上，从国家利益，从很多方面考虑数据库的建设，考虑我们的资源建设，这样使得我们图书馆承载一个使命，是别的机构所没有做的。同时要考虑的就是资源的不可替代性。如果资源都是可替代的，没有特色和优势，在一个新型图书馆环境下，这将是一个致命的要害。第二个就是服务的移动泛在。移动服务是迟早的事情，主要是因为用户发生了变化。用户现在更倾向于泛在移动的形式和新的形态，包括信息共享空间。需要不断地去适应这种新的变化。国际上有一种理念叫抛弃用户。图书馆多少年一直在提出满足用户需求，国外则敢大胆提出抛弃用户。实际上不是真正地抛弃用户，而是在引领用户的需求，是在引领一种潮流。我们的图书馆总是跟在数据库商后面，跟在技术后面跑，跟在用户后面跑，满足需求做得再好也是被动的。"抛弃用户"有很多东西值得我们借鉴。

知识服务要重视技术、方法、工具的开发与运用。多位专家提到，随着知识服务的发展，需要重视技术的应用，加强技术的开发。图书馆知识服务可以说是技术驱动的服务，技术方法作为知识服务的技术支持手段甚至组成部分，其研发至关重要。李广建教授、董小英教授等总结了具体的技术实现模式，例如图书馆可开展云服务，将工具放在图书馆的云端，用户只需提供自己所拥有的资源或者由图书馆帮助其收集资源,图书馆对这些资源进行分析,再将结果返回给用户。如果完全靠人去做分析,因为资源量太大,没有技术手段的支持是不可想象的。云计算的本质是一个工具,就是提供一些服务。图书馆可以帮助机构、科学家搭建知识云,通过工具的集成整合帮助用户的知识创造过程。总体而言,这类技术以泛在、便携、集成、深度挖掘等为特征。

卢小宾教授还提出当前开展知识服务的一个关键问题是技术方法的集成化不够。许多信息分析方法的应用是分散独立的,每个应用只解决了一个问题,且把简单问题复杂化,不能够让用户充分认可其服务质量。应当通过调研、比较、分析,得出其中哪些是好的研究方法,然后进行集成、程序化,形成优秀的方法体系,形成基于知识创造过程的支持。很多企业做知识管理实际上是基于业务流程。其实现在已有很多工具,在选题、分析阶段均需使用很多工具,我们能不能把这些工具嵌入、整合在我们的平台上?科学家只要一工作,马上就进入我们这个平台。董小英教授认为,这个过程使得我们图书馆的传统职能发生了转变,我们可能进入到了传统图书馆没有办法进入的一些领域,但是我们可以把这些资源整合,让科学家参与这个工作过程,我们给他提供"炮弹"和"枪支",他们用的时候,就在手边上,然后把这一块东西进行整合。这个新的平台可以做定制,高度的定制。其中要研究在这个平台上,用户是怎么交往的,下载什么样的文献,他们之间的交互关系是怎么样的,这需要统计方法,需要数据挖掘。通过这种方法,我们可以接触真相,可以了解用户的一些需求和一些真实的行为。当我们对这些行为有了了解之后,我们就可以去定制。比如你经常下载某个学者的文献,将来这个学者一出文献,就推到你的桌面。或者,你主要查几个学科的文献,一旦有和你高度相关的,就推送给你。我们的服务就真正成为了这个领域里离用户需求最近的,这个时候就具有价值了。信息的增值过程就是从数据到信息到知识。那么,增值过程表现在谁离用户的需求是最近的。

其实科学家有很多专长。但是,他们的首要困难在于,他可能不知道别人在做些什么,而且他要想找到别人,他可能也不知道自己怎么去找。寻找别的专家的过程,可能对很多专家来说仍然是一件麻烦的事情。而且这个专家可能是全世界的。但是,这种基于人的知识网络的系统,将来图书馆可以做在新的平台上,去整合这种资源。

科学家对内容的熟悉程度一定比我们图书馆员要好。那么,我们可以提供这些分析工具,如果我们能去提供这些分析工具,去帮他们完成所谓的情报研究,那么也是一种知识服务。在知识服务当中需要考虑这一点,而不一定完全是把知识服务等同于内容服务。李广建教授提到,去年美国国防部公布了一个白皮书，其中有相当一部分是针对中国的。中国这几年军事力量应该是发展了。美国人认为中国技术的获取途径有三种，其中第二种途径是通过公开文献，第三种途径则是通过挖掘技术。公开文献就是能直接拿到的文献，但是通过关联度分析，通过前后数据的比对也可以拿到。这种所谓的文本分析（知识挖掘）可能确实还是有效的。

周津慧研究员认为，关于知识服务转型，作为研究所图书馆面向科研一线的服务一定要区分不同的对象、不同的层次、不同的服务方式，来构建面向科研主体的服务模式。服务的需求来自科研一线，但不一定是科研人员提出的需求。此外，知识服务的转型还应该面向我们图书情报领域的工作人员。一定要把他们从手工劳动当中解脱出来，提升他们的能力，才能够使得整个的服务高效。知识服务要做中间层，将更多的挖掘工具用在对科研人员直接的服务上。知识服务要通过工具来支撑。

4　知识服务实践——从案例到应用

知识服务最终要面向实践，应用到实践。目前国内关于知识服务的文章较多，而实际应用与具体案例则较为匮乏。柯平教授提议建立知识服务的案例库，由一些图书馆提供知识服务的案例供人们学习、借鉴和研究，并吸收专家进行讨论，从而切实引导、推动知识服务的实质进展，避免陷入理论空谈。知识服务要解决的关键的问题之一是实践，再多的知识服务的理念、说法，没有实践、实验、案例没有意义。

朱强馆长则从北京大学图书馆的具体实践出发，谈到该馆正在计划进行原有物理空间的改造和虚拟空间的建设。物理空间在今后 1-2 年内要做一个大的改造和装修，使得这个环境、设施能够更适应新的需求，也适应北京大学要建成世界一流大学这样一个总体的目标。虚拟空间包括两部分：一部分是学习空间，还有一部分是研究空间。设想的学习空间与课程结合。每一门课程都应当有相应的课程指南、教学大纲、参考文献、题库、学生作业等，学生可以在这个空间里面互相交流，几乎就可以利用这个空间解决所有的问题。在研究空间中，如果研究人员要做研究，他可以在这个空间里解决他所需要的一切，比如他需要的资源，整理存放个人的一些东西，和有共同兴趣的人协同工作，利用各种各样的工具等等。图书馆可以提供所谓的泛在服务。

姜爱蓉副馆长认为，知识服务离我们并不远，比如像资源发现系统，数据关联、分面聚类、整合检索与全文获取、数据挖掘、语义网也已走到我们中间。下一步，学科服务与用户要更贴近，借助于工具，提供趋势分析、合作点、创新点、学科发展评估等。图书馆就是要整合基础资源，更好地为老师、学生服务。清华大学也有老师基于互联网上的信息，用技术的手段挖掘、展现学科关联、人物关系的合作等。但是，因为是从网上挖掘的，不够可靠。其实发现系统这样一些仓储的数据是比较可靠的，而且是经过审阅的，这样一些平台应该更加予以关注，挖掘其中的内容，为图书馆所用。

孙坦副馆长认为知识服务要有一定的边界，知识服务是解决泛在问题的。国家科学图书馆先后提出：资源到所，服务到人；融入一线，嵌入过程。为此，2006年推出了学科馆员制度。学科馆员做的并不都是知识服务。关于知识服务，实际上有三种：一种是基于人的知识服务，这是源于一套复杂的科学逻辑和支持作出的推断；第二种是基于内容的知识服务，通过服务产品创造新知识，比如态势分析；第三种是基于技术的服务，基于内容和基于技术都没有办法单独成立，内容和技术必须放在一块，当然要求具有一些根本的特征。比如说在内容层面上，需要在更小的粒度、更深的具备结构化关联重组进行挖掘发现，这同样需要数据和技术。

中国科学院"十二五"重点工作就是启动整个科学院的主体服务模式向知识服务模式进行转型，并且夯实一种机制，有了这个机制，大家共同去探索，共同去完善。张志强副馆长认为中国科学院的情报研究就是知识服务的一种探索。情报研究是科学研究链条中的一个环节，属于决策知识服务。中国科学院从2000年就非常明确地提出要建立这样的情报研究服务体系。这套服务体系经过5-6年的建设，雏形已经具备，在中国科学院已经得到一定的认可。其做法是，第一，建立团队体系，包括战略研究服务团队、宏观战略和政策团队、数据平台方法工具团队；第二，建立任务体系，要任务绑定，人员绑定，机制绑定，将战略研究合作服务的机制建立起来，与专家合作，与决策咨询这套机制绑定起来，把团队推到一线去；第三是产品体系，产品是服务的敲门砖，必须培育出代表团队能够在业界有影响力的产品，要在中国科学院的重大科技战略布局里面有情报团队的身影和声音；第四是工具方法平台体系，必须通过定量的技术办法来进行领域的聚焦、筛选和评价，建立战略情报分析的监测平台、专利在线分析平台、情报研究成果共享平台以及第三方平台（如TDA、Aureka、CiteSpace）；第五是质量规范体系，有内容协调、分配规范，有质量翻译规范，成果共享规范等，要不断地对战略研究的重大产品质量建立一套标准。

根据张志强副馆长的总结，从知识服务角度，情报研究可包括5个范式：一是专业型情报研究，情报研究融入一定的专业领域，能与科学家对话；二是方法型情报研究，情报研究要贯穿系统的科学的研究方法；三是技术型情报研究，要有大量的工具来支撑，进行内部的挖掘；四是战略型情报研究，研究报告真正要有战略眼光，站在国家、中国科学院的高度审视问题、分析问题、研究问题；五是政策型情报研究。战略研究要对我国的相关领域发展的决策咨询提出对策建议。

5 知识服务主体——人员素质与人才培养

与会专家普遍认为，人是知识服务的关键问题之一。开展知识管理、知识服务没有人才不行。知识服务对其实施主体——馆员的素质和知识结构提出了较高要求，现有的许多图书馆员虽然有一定专业背景和图书情报知识，但往往只能开展定题服务或简单的分析服务，难以真正嵌入、融合到用户的知识需求中去，开展学科动态分析之类的知识服务。因此，人才问题已成为开展知识服务的难点问题，今后应大力加强这方面人才培养。国外这几年的战略，其中非常重要一点就是加强队伍建设。

周津慧馆长认为，图书馆工作人员的知识结构是非常重要的一个环节。首先，领军人物要具备全方位分析、判断综合的知识与能力。工作人员应该有图书馆人员、技术人员，还有学科专业人员。这样一种知识结构才能在图书馆服务中即时地发现问题和解决问题。卢小宾教授认为，目前图书馆员的知识结构无法嵌入到科研工作中去，这是非常严重的问题。中国人民大学新成立了一个专业叫信息分析，建立一个信息分析实验室，主要是培养能够提供知识服务的人才。柯平教授也强调开展馆员和图书馆部门负责人的在职培训的重要性。朱强馆长则指出今后教学应和实际工作更进一步紧密结合，在教学过程中加强实习的环节。

董小英教授认为，知识服务和信息服务有很大的不同，知识服务一定是离用户所要解决的问题的那个最近的需求，更接近与用户的这种切实的需要。给他提供的服务，恰恰就是他想要的。图书馆在转型中虽然过程相当艰难，需要重组，可能有一些传统的能力会被快速地淘汰。如果不发展出新的能力，培育新的人才，可能传统的价值慢慢就会淡化，就会消失。将来可能图书馆的服务体系构筑在手机上、在iPad上，并且会随着平台的迁移而不断地迁移。如果能够在这种情况下去构建这样一种新的能力，那就是图书馆的第二春。

要想做到这一点，就要有对未来的用户以及科研人员研究状况的理解。学科馆员、专业图书馆馆员应发挥更大的价值。他们将成为专家的助理，了解专家及其工作特点，通过这种了解，构筑我们自己的平台。要明确我们的核心能力应该是哪些？在这些能力的要求下，需要什么样的资源，需要什么样的人才，需要什么样的要素。这也是一套知识审计。把这套审计搞清楚以后，把最重要的要素，以及我们的知识差距识别出来，制定一个架构。在这个架构中，明确在图书馆的平台上，哪些是需要迁移的，哪些需要进一步地建立，哪些资源我们可以从外部整合，怎么发展我们的优先顺序，哪些需要内部发展，哪些需要外部发展，然后制订战略规划。

有专家指出，从知识服务的角度看，实际上现在缺的不是人，而是方法。现在图书馆可以很容易招聘到不同学科的博士或硕士，但没有好的方法训练，则一事无成。有好的方法才有好的报告，才会对社会有用，社会才能承认你。如果一份报告，专家愿意用，企业愿意买，那说明有价值。有用才能催生服务。无论我们自己提供了什么服务，用户不用都无济于事。所以，要提供高质量的知识服务成果，让用户认可，我们的发展才有生命力。

综上所述，知识服务是一项复杂的命题，存在许多理论上的模糊之处和实践中的空白点，而图书馆人唯有不断地探索，不断地逼近所希望达到的目标，才能不辱转型时期自身肩负的使命。应该承认，图书馆转型和知识服务对图书馆工作人员来讲真正是一个巨大的挑战，要做好也并非易事。但是，随着技术的发展，人们对知识的需求程度越来越高，随着我们对知识服务认识的加深和能力的不断加强，我们在知识服务和图书馆转型上一定会跨上一个新的台阶。无论是现在还是今后，都需要持续加强知识服务方面的理论研究、支撑工具开发、最佳实践和范例的总结、国内外经验的借鉴，加强知识服务的理论创新与实践探索，重新定义我们的图书馆，重新定位图书馆在知识服务中的作用与价值，强力改造我们的人员队伍，提升图书馆的核心竞争力，让图书馆的知识服务做得更能够名副其实，为科研教学、为社会做出新的更加有显示度的贡献。

"2012 知识服务专家论坛" 与会专家合影

基 础 篇

知识生产服务与知识消费服务
——关于"知识服务"概念的哲学解析

张 彬

(华侨大学图书馆 泉州 362021)

摘 要 通过概念解析的方法澄清有关"知识服务"概念使用上的混乱,并借助这种解析讨论知识服务与知识生产和知识消费之间的关系。提出知识服务是由知识生产服务和知识消费服务两部分构成的。虽然可以把知识生产服务摆在知识服务的核心地位,但对知识服务的理解不能只局限在知识生产服务方面。与知识生产服务相比,知识消费服务才是图书馆更为基本的知识服务。

关键词 信息服务 知识服务 知识生产服务 知识消费服务

分类号 G250

随着人类对信息整合实践的深入,信息技术已经介入知识创新领域,使信息经济转向知识经济。"知识经济是以知识为基础的经济,指建立在知识的生产、分配和使用(消费)之上的经济"[1]。在知识经济时代,知识的生产与消费成为社会经济活动的中心,图书馆也应通过知识服务,与研究机构和教育机构一起进入这个中心,为社会发展做出重要贡献。

1 本文的研究工作和意义

近年来,中国图书馆学界的研究工作基本以务实为主,图书馆学术期刊都比较欢迎实证性的文章,而忽略了务虚性的思考,即使有务虚性质的讨论也是大而化之地套用哲学概念,很少有真正意义上的哲学分析和思辨。这样的状况对图书馆学术研究的长远发展是不利的,因为图书馆学的基础理论需要哲学支撑,每一个进入理论的概念都应经得起哲学分析。因此,图书馆学界在提倡实证研究的同时,也需要为纯理论研究提供一席之地。本文的研究工作是希望通过对"知识服务"概念进行具体的哲学分析,使"知识服务"概念能真正地深入到图书馆学的理论基础,并通过这种研究方法进一步拓宽图书馆哲学研究的思路。

在1999年和2000年，知识服务和知识经济这两个关键词成为图书馆学界研究的热点[1]。这表明，在跨世纪之时，中国图情界是从知识经济的角度开始关心知识服务的，知识服务的概念首先受外部环境推动而引起图书馆重视。事实上，国外关于知识服务概念也是从面向企业和商业的服务而提出的，"最早的研究中，知识服务被定义为商业服务，即KIBS（Knowledge-Intensive Business Service），所以对应知识服务主要有KIBS和Knowledge Services两个术语"[1]。这表明，知识服务概念的诞生是企业从信息管理转向知识管理、充分开发知识资本的需要，是企业自身发展的需要。在这个过程中，名义上作为知识密集型单位的图书馆（其实，我国的许多非研究型图书馆还是劳动密集型单位）必然会介入其中，这将检验图书馆利用知识进行商业服务的能力。随着研究的深入，知识服务概念成为图书馆的本体概念，它与知识管理、知识组织、知识创新等知识体系内部的概念联系在一起，尤其是与图书馆能力联系在一起，这就不仅是对外服务的问题，而且成为图书馆本身的功能和价值问题了。

2000年张晓林教授提出"图书情报工作的核心能力应定位于知识服务"的观点，图书馆学界曾有人提出质疑，质疑的主要理由是：① 我国图书馆现状不可能有这样的人力物力去做以知识服务为主的工作；② 一旦图书馆大多数人都能够融入为用户解决问题的知识服务过程之中，图书馆的性质将被改变，图书馆将不再是图书馆，而变成知识服务研究所或知识创新设计院了；③ 知识服务是面向少数人的高层次服务，而图书馆的基本任务应该是面向多数人的普及性信息服务；④ 图书馆是公益性机构，如果变成盈利性知识服务机构，将失去国家拨款和社会赞助，还会改变图书馆的公共形象[2]。这些关于知识服务的争论由于知识服务的概念含糊而把真正的问题屏蔽了。

其实，图书馆一直以来都在对客户进行知识服务，只是在概念上一部分被称为信息服务而已，这就涉及到知识与信息概念的清理工作。当然，站在务实的立场上，"信息服务"和"知识服务"两个概念的落脚点更应该是"服务"而不是信息和知识概念本身，但问题是"服务"属于实践的层面，很难对之进行理论解析。而且，图书馆的服务不仅仅是知识服务，同时还有情感和精神交流方面的文化服务，问题比较复杂，可以另文探讨。作为哲学分析，拙文也只能限于对信息和知识概念的归属作逻辑层面的分析，并通过

---

① 李晓鹏，颜端武，陈祖香. 国内外知识服务研究的现状与主要学术观点. 图书情报研究，2009（2）：14–22.

对知识服务概念作解析，进一步把知识服务概念分解为"知识生产服务"和"知识消费服务"两个子概念，从而使"知识服务"概念的内涵和外延在逻辑上得到明确和深化。

2 "知识"概念的哲学解析

在我国，早在先秦文献中就有"知识"一词出现，它是"知"与"识"二字的组合，"知"是知道、了解、懂得，相当于英语 knowledge 一词的 know 部分。例如，《论语·子罕》中有："子曰：吾有知乎哉？无知也。"《庄子·养生主》中有："吾生也有涯，而知也无涯。""识"字则是辨识、认识的意涵。例如，《诗·大雅·瞻卬》中有："君子是识。"《论语·子张》中有："贤者识其大者，不贤者识其小者。"如此，在早期汉语中"知识"一词主要用作动词，具有了解、辨识的含义。例如，汉刘向《列女传·齐管妾婧》中有："人已语君矣，君不知识邪？"《魏书·阉官传·贾粲》中有："世宗末，渐被知识，得充内侍。"这与现代汉语对"知识"一词的用法不尽相同。在先秦《墨子·号令》中还有："其有知识兄弟欲见之，为召，勿令入里巷中。"岑仲勉注："知识，友人也。"此虽为名词的用法，却更与今天的现代汉语用法大相径庭了。这说明，"知识"一词在汉语中的用法是不断演化的。

在西方，从古希腊时代起，西方思想家就有过许多关于知识问题的讨论。例如，柏拉图就把人们对世界的看法区分成"知识"和"意见"，认为"意见"只是人们对可见世界的把握，而"知识"则是对可知世界的把握，当然知识是高于意见的。

知识概念由来已久，今天人们普遍认为它是与经验和观念联系在一起的，常常有知识是人们在实践中获得的认识和经验，知识是经验的积累和固化，知识是具有确定性的、可以传授和学习的经验或观念体系等说法。但至今并没有一个被完全公认的知识定义。

比起古老的"知识"概念，"信息"概念是 20 世纪控制论、信息论和计算机技术的产物。1948 年，美国数学家、信息论的创始人申农（Shannon）在题为《通讯的数学理论》的论文中指出："信息是用来消除随机不定性的东西"。这只是从反面说明了信息具有确定性的属性，但毕竟还不是一个能够概括信息本质的定义。同年，美国著名数学家、控制论的创始人维纳（Wiener）在《控制论》一书中，指出："信息就是信息，既非物质，也非能量。"因为没有比信息外延更大的概念可以使用，所以维纳只能用否定命题来判断信息的内涵，这说明信息概念是难以定义的。

维纳的说法虽然没有正面解答信息是什么，却从本体上表明了信息的地位——与物质和能量相当，可见信息在人类生存和发展中的基础地位。从申农的信息定义可以引伸出：信息是确定性的增加。信息量是有序度的量度，申农挪用了热力学"熵"的数学表达式，用"负熵"的概念来表达信息，因为熵恰好是混乱度（无序度）的量度。

20世纪80年代初，美国学者里夫金和霍华德在其合著的《熵：一种新的世界观》一书中，把"熵"的概念引入哲学，形成了"熵"的哲学观。按照熵增定律（热力学第二定律），宇宙是不断无序化的，也就是熵是增加的。作为比自然界更复杂的人类社会本应该走向无序化（熵增加），然而人类社会却因为有更多的信息生产而走向了秩序化（熵减少），这说明信息可以作为人类社会抵御熵增的能力。这也就是人类社会需要信息的根本理由。信息是人类社会存在的根基。人们可以通过信息重组改变生命组织，也可以增加自然界和人类社会的有序度，为人类抗拒熵增定律迈出了自主性的步伐。可以说，信息概念已经是一个非常成熟的科学概念了，虽然"信息"没有上属的概念使人们无法对之下一个属加种差的精确定义。

信息不同于物质和能量的根本特征是"可共享"。信息不像物质或能量那样守恒，信息是可以增值的，信息量是不守恒的。人类可以占有的材料和能源是有限的，而可以占有的信息却是无限的。当信息作为资本时，信息财富的增殖能力就会无限制地膨胀，财富将会变成垃圾，这时人类就必须限制这种信息过度膨胀。知识正是人类对信息的选择，当信息作为资本时，人类对信息财富的取舍就取决于知识。

知识是什么？knowledge首先是know（知道）。know-what（知道是什么的知识），know-why（知道为什么的知识），know-how（知道怎样做的知识），know-who（知道是谁的知识），know-where（知道在哪里的知识），这些know就是对what、why、how、who、where的不确定性的消除。根据申农的信息定义，knowledge是一种信息，是信息集合的子集。所以，人们常常把信息作为知识的上属概念，为知识概念做属加种差的定义：知识是×××的信息。例如，知识是一种可以随时帮助人们决策与行动的信息；知识是由不同意向讨论着的信息；知识是个体通过与环境相互作用后获得的信息及其组织。从人们普遍地把信息作为知识的上属概念来看，说明知识概念的外延小于信息概念的外延，知识是信息集合的子集。

其实，所有知识都必须以信息的方式存在，物质和能量（例如书籍、光盘、网络信号）只能是知识（信息）存在的载体。作为信息集合的子集，知识并不涵盖所有的信息，这个子集被人类的理性所规定。而没有纳入理性范畴的信息——感官直接接收到的信息（例如，眼前的颜色信息），未经过理性的加工——就不能算作知识。张晓林所说的"关联就是知识"[3]，可以理解为信息的关联就是知识。从这个意义上说，图书馆所存储的信息基本上都属于知识的范畴，可以说，传统图书馆就是知识库，现代数字图书馆才是信息库、数据库。

3 知识消费服务与知识生产服务

以往，图书馆界的同仁多把面向大众的普及性服务称为信息服务，而把面向知识精英高层次需求的服务称为知识服务。这样为信息和知识划界就缩小了"知识服务"概念的外延。尽管这几乎已经在图书馆学界成了约定俗成的用法，但也还是值得认真地商榷一番。因为，当深入地探讨问题时就会发现，不清晰地使用概念，将会使假问题漂浮在无谓的争论之中，而真问题却被遮蔽起来，正如前面提到的那些争论。那么，究竟什么是关于知识服务的真问题呢？

通过上面的哲学解析，已经能够清楚知识与信息的概念区别。如果进一步分析知识服务概念，就会认识到：知识服务应该包括知识消费服务和知识生产服务。知识消费服务本身包括了普通知识消费（比如，大众对文艺、日常生活知识和科普知识的消费）服务和专业知识消费（比如，工程技术人员出于工作需要而对工程技术知识的应用）服务，而知识生产服务则是为知识生产者的创新工作开展的知识服务。换句话说，知识服务是由知识消费服务和知识生产服务两部分构成的。而当下图书馆学界许多人都把知识消费服务说成是信息服务或文献服务，而把知识生产服务等同于知识服务。这样，对知识服务的理解就只局限在知识创新服务（知识生产服务）方面，而忘记了更基本的知识消费服务。这样谈论知识服务概念，等于放弃了概念的本质，就可能会招致质疑。

也许，人们之所以把知识消费服务说成是信息服务或文献服务，是因为在信息经济时代，图书馆员借还书服务和普通的文献检索咨询服务，主要是运用了基本的图书馆专业知识，而没有涉及文献信息中其他学科的知识；只是运用了简单的信息渠道，而没有利用知识挖掘和分析工具。这样，看起来好像只是提供了文献资源及其相关的信息，而没有直接向读者提供具体知识，这样的服务就不能被称为知识服务。同理，人们之所以把知识生产服务等同于知识服务，是因为大家都认为"知识服务是知识经济和知识社会发展的产物"[4]；把学科服务当作知识服务是因为学科馆员不只是运用图书馆专业的知识，还要运用其他学科的专业知识；还要开发和利用针对不同信息环境的知识发现工具，综合运用信息渠道，以专业的信息分析和知识挖掘专家的身份解决用户的信息需求。

如此划分信息服务和知识服务貌似有理，却抹杀了知识的信息本质，在概念上给人带来不必要的困惑。如果为了表明学科馆员与普通图书馆员的服务性质差别，倒不如直接用"学科服务"概念与普通知识服务相区别更容易理解。当然，最清晰的概念划分还是把知识服务分为知识生产服务和知识消费服务，而把信息服务作为比知识服务更宽泛的服务概念来使用。这样也就自然解决了前面提到的关于知识服务的争论，使图书馆知识服务的不同任务不再对立起来，使人们回到对真问题的思考：在新的数字化网络信息环境下，人们对图书馆有哪些新要求？知识消费环境和知识生产过程的变化要求知识服务发生怎样的变化[3]？

4 知识消费服务是图书馆知识服务的基本要求

对于图书馆来说，知识服务首先是知识消费服务，传统图书馆本来就是依据这个目的建立的。今天，这种传统早已成为公众心目中抹不去的图书馆形象。形象是一种资本，图书馆一旦放弃了图书馆形象，就等于舍弃了图书馆所拥有的巨大资本。去重建形象，寻求新的资本，这对于有 2 000 余年历史的图书馆来说，是得不偿失的。

目前，我国绝大多数图书馆都还是一种大众知识消费服务，对书籍（知识）的采集、收藏和管理是图书馆员基本的工作。当然，图书馆的知识消费服务除了面向大众的普通知识消费服务，还包括面向知识精英的专业知识消费服务。精英的知识消费往往具有知识生产的性质，即使不是专门的课题性的知识创新，也会成为知识生产的潜在积淀。所以，无论是面向大众的知识消费服务，还是面向知识精英的知识消费服务，都是图书馆对构建知识社会的重要贡献。

关于什么是图书馆知识服务基本要求的思考，应该首先追问：图书馆究竟是知识资源保障体系还是知识服务机构？这两者哪一个更基本？毋庸置疑，图书馆是知识服务机构。但很显然，知识服务机构应该建基于知识保障体系之上，而不是一个空中楼阁。图书馆之间的竞争与企业之间的竞争是不同的，图书馆是公益事业单位，它的主要服务对象是大众，它的主要任务是向大众传播知识。2000 年全球知识大会所提出构建知识社会，旨在维护社会底层公民获取知识的权力[5]。和谐社会只能是知识社会，创新型国家也离不开学习型社会的基础。所以，图书馆更应该把建设知识资源保障体系作为基本的工作，这无论对于知识消费还是对于知识生产，都是最基本的工作。而发展图书馆的能力，也应该包括建设知识资源保障体系这一基本工作。只有完善知识资源保障体系，图书馆作为知识服务机构才能有米而炊。

进一步的问题就是：在图书馆的知识服务中，知识生产服务和知识消费服务哪一个更基本？2000年全球知识大会的主题是"构建知识社会"，分主题有"提高生活质量"和"解决信息鸿沟"等议题[5]，说明国际社会对知识价值和知识平等获取的看法：不只是知识生产有价值，知识消费更有价值，因为知识生产的目的就是知识消费，通过知识消费提高生活质量，才是从根本上实现知识的价值；解决信息鸿沟才能解决知识获取不平等的问题，这也是对图书馆进行平等的知识消费服务的要求。在2005年信息社会世界峰会（WSIS）期间，联合国教科文组织举行了一场高级别辩论，参加辩论的与会者最后认为，构建知识社会的支柱是全民优质教育机会和人人获得信息的平等权力。可见，图书馆的知识服务不能离开面向每一个人的知识消费服务。所以，图书馆知识服务的基本要求是知识消费服务，知识生产服务应该是对图书馆工作的更高要求，而不应该是基本要求。

5 知识生产服务是现代图书馆知识服务的核心要求

在知识创新引领社会进步的知识经济时代，图书馆理应努力为知识生产做出更多的贡献，所以知识生产服务也就应该成为今天对图书馆知识服务的核心要求。但为知识创新提供的知识服务对于今天的图书馆来说，难度是很大的。知识服务是以知识信息的搜寻、组织、分析、重组的知识和能力为基础，根据用户的问题和环境，融入用户解决问题的过程，提供能够有效支持知识应用和知识创新的服务[6]。这必然要求提供知识服务的人员真正学者化，而今天的许多高校图书馆员都被学生戏称为大叔大妈，他们被长期的上架、下架、整架、借还书等日常体力劳动消磨掉了积累知识的热情，已经完全没有能力进入用户的问题情境之中，更不要说嵌入用户解决问题的过程之中了。在这样的状况下，要为知识生产提供知识服务，今天的图书馆从业人员就需要从繁重的体力劳动中解放出来，全身心地去提高自己的知识服务能力。

当然，这些问题不是图书馆自身能够解决的，而是要有国家的政策支持，就像英国针对国家医疗保健和卫生方面提出的英国国家知识服务计划①那样，由国家来计划实施。只有这样，图书馆知识服务才能真正全面扩展到知识生产领域。

到那时，新的前景就会展现在人们面前。过去，图书馆可以通过收藏图

---

① Muir Gray J A. 英国国家知识服务2007-2010计划. 图书情报工作动态，2007（4）：1-4.

书增加知识的储存量，却无法直接催生知识的增长；今后，知识生产服务概念大大扩展了图书馆的专业范畴，使图书馆服务成为知识生长的直接催化剂。过去，图书馆员只是向用户提供知识信息；今后，图书馆员还通过动态挖掘知识加入知识生产者的团队，帮助知识生产者整合信息，向用户提供知识挖掘手段及问题解决方案，完成过去研究生导师为其研究生所做的指导工作，成为知识创新的带动者。过去，图书馆员作为信息管理者是以文献组织和搜索为基础，只是把图书馆收藏的文献编目分类，整理上架，最多只是起到导读作用；今后，图书馆员可以通过信息分析（例如科研项目背景分析）和重组（例如构建超越单一学科的知识纲领），直接参与知识增长工程的整体规划，主动向各学科提供建设性方案，开拓边缘知识领域，全面促进交叉学科的融合，刺激知识创新者的创意神经，嵌入知识生产过程，成为知识增长的真正动力。

目前，也许是因为商业需求的知识创新服务在图书馆还没有得到定位，而大量需要知识生产服务的单位还是科研院所和高等院校的各个学科，"学科服务"这体现了国内图书馆知识生产服务的主要生长领域。现在国内顶级研究机构和高校图书馆都开始建立学科服务部或学科服务工作组，学科服务对象以研究型读者为主。当下国内图书馆的学科服务对象都是瞄准国家级重点学科，定位还是更深地介入学科资源建设并与研究者互动，而"以专业的信息分析与知识分析专家的身份来协助用户进行知识的挖掘、计算、试验和评价"[3]的知识服务实践还需要图书馆进一步推动。

未来，对于知识创新来说，最好的知识服务系统应该是利用网络的智能化系统。一旦开放性的全球知识网格建立起来，人类需要的知识服务就可以直接通过知识网格来获取。人们只要输入几个关键词，知识服务系统就将自动输出几套甚至几十套创新方案。系统可以为人们做知识分析和重组，提出各种方案供选择。到那时，图书馆员知识服务的任务就是针对个性化需求进行的知识服务和知识管理，充当读者信息环境的战略顾问[7]。这些服务和管理会更加程序化和智能化，但也会更需要图书馆员的实践智慧。图书馆员将进一步从繁重的劳动中解放出来，从而有更多的自由时间去发展个人学术兴趣以支撑更高难度的知识服务。图书馆员将成为信息环境的建筑师（information architect），不但让读者受到他们图书馆专业知识的呵护，还能让读者分享他们对信息环境的设计智慧。

6 结 语

本文通过从非实证角度对概念进行的纯理论分析，把"知识服务"概念区分为"知识生产服务"和"知识消费服务"两个子概念,并在此基础上运用新概念澄清理论问题。通过"知识生产服务"概念把大家常常泛泛而论的"知识服务"与"知识创新服务"明确地联系起来,通过"知识消费服务"概念把"知识服务"与"知识传播服务"明确地联系起来,使约定俗成的东西得到明确的逻辑规定,从而能够把它们纳入图书馆学理论基础。

参考文献:

[1] 孙坦. 信息经济与知识经济的比较. 图书情报工作,1998,42(12):1-3.
[2] 王均林,岑少起. 知识服务与图书馆的核心能力——与张晓林先生商榷. 图书情报工作,2002,46(12):115-119.
[3] 张晓林. 重新认识知识过程和知识服务. 图书情报工作,2009,54(1):6-8.
[4] 武夷山. 浅议从信息服务走向知识服务. 中国信息导报,2005(12):30-31.
[5] 陈昊琳,陆晓红,柯平. 基于全球知识大会内容分析的知识学研究趋势研究. 情报杂志,2010(1):6-10.
[6] 张晓林. 走向知识服务:寻找新世纪图书情报工作的生长点. 中国图书馆学报,2000(5):32-37.
[7] 初景利. 试论新一代学科馆员的角色定位. 图书馆理论与实践,2007(3):1-3.

作者简介

张 彬,女,1969年生,馆员,发表论文13篇。

知识服务及其特征分析[*]

张红丽[1,2] 吴新年[1]

(1. 中国科学院国家科学图书馆兰州分馆/中国科学院资源环境科学信息中心 兰州 730000
2. 中国科学院研究生院 北京 100190)

摘 要 介绍知识服务产生的背景，归纳当前国内外关于知识服务的定义并结合知识服务开展的实践，指出其存在的不足。在此基础上重新界定知识服务的概念并分析其主要特征。认为对知识服务的进一步研究必须切实抓住知识服务的定义和主要特征，并结合知识服务的应用需求和实践开展现状，以促进知识服务进一步向前发展。

关键词 知识经济 知识服务 知识服务特征

分类号 G252

1 引 言

为了让人们充分地享受现代信息文明，20 世纪 80 年代，信息服务产生并在世界范围内广泛普及，成为现今社会信息化的重要标志之一。随着信息技术打破摩尔定律继续以超高速迅猛发展，信息给人们的科研和决策也带来了诸多麻烦。信息元，作为信息传播最小单位，可以不断地连接、组合形成新的结构。信息元的这种无穷组合能力促使新信息不断地产生，导致信息爆炸，形成信息烟雾。在众多的信息和数据库面前，科研工作者和决策者却感到获取有用信息更加困难。为了让人们从"信息超载"和"知识饥渴"的困境中走出来，在知识密集型服务行业中出现了一个新的服务领域——知识服务。这种新型服务以自身的专业知识为基础，根据需求提供知识产品或者解决方案以支持用户解决问题和进行决策，不仅满足用户 know-who、know-what、know-when、know-where 的信息需求，而且解决用户 know-why、know-how 以及 know-if 的知识需求，产品和服务的价值及竞争力更主要体现在其包涵的知识

---

[*] 本文系 2008 年国家社会科学基金项目"西部社科院图书馆知识整合与知识服务研究"（项目编号：08BTQ005）研究成果之一。

量,而不是信息资源的数量。从知识服务概念的产生触发众多相关理论研究,但实践开展却相对落后。其中的原因是多方面的,尤其是对知识服务的概念、本质特征及研究应该与实践相结合等还没有认识清楚,因此有必要厘清概念,才能有效指导实践发展。

2 知识服务及其实质

2.1 国内外对知识服务的概念分析及界定

1997年美国专业图书馆协会(SLA)在会刊 *Information Outlook* 上开辟专栏探讨图书馆开展知识管理和知识服务等热点问题,并首次提出知识服务的概念。2000年张晓林在"走向知识服务:寻找新世纪图书情报工作的生长点"一文中,分析了现代信息环境和知识经济对传统图书情报工作的影响,提出了新世纪图书情报工作的核心能力应定位于知识服务,并对知识服务的概念、形式和操作模式进行了系统阐述。该文引起了国内外图书情报界的广泛关注,引发了对知识服务的研究热潮。

联合国开发计划署(UNPD)认为知识服务是建立在全球知识技术状态上的建议、专家意见、经验和试验方法,它帮助请求者获得问题的最佳解决方案[1]。国外一些学者认为知识服务关注的是用户所需的服务而不是信息本身,目的是将用户从海量的相关信息中解放出来,使其能够直接获取所需服务[2]。目前国内对知识服务的概念还没有形成确切统一的认识。对知识服务内涵的理解,主要有三种代表性的观点:① 强调用户问题的解决。这一类概念强调依靠服务人员自身的知识和能力,通过知识应用,为用户提供知识产品或者在用户解决问题的整个过程中提供服务,如文献[3-4]。② 强调显性知识和隐性知识的转化。这一类观点体现了知识管理的理念,利用显性知识和隐性知识的相互转化,强调开发隐性知识的价值,如文献[5-7]。③ 关于广义知识服务与狭义知识服务的区分,强调了知识服务的层级性,如文献[8]。

尽管上述各种定义的侧重点不同,但在以下三个方面基本达成共识:① 知识服务建立在相关服务人员的知识基础之上;② 提供给用户的可以是信息、知识或知识产品,甚至可以是解决方案,以解决用户具体而实际的问题为目标;③ 追求知识服务对问题解决的价值效益,是知识服务机构的一种价值取向。

2.2 知识服务实践典型案例分析

与知识服务概念研究热潮形成鲜明对比的是知识服务实践开展却相对滞后,能真正系统开展知识服务的机构很少[9]。当然某些机构提供的服务已明显具备知识服务的特点，下面对两个典型的知识服务机构进行分析以便为进一步开展知识服务提供参考。

2.2.1 美国国立生物技术信息中心的知识服务[10]

成立于1988年的美国国立生物技术信息中心（NCBI）是国家分子生物学信息库，致力于研发新型分析和计算工具处理信息化高速发展带来的海量分子数据，帮助科研人员更好的理解控制生物健康和疾病的分子及其遗传过程。每天有多达42万个独立IP地址的用户访问NCBI中心网站，该网站提供的知识服务的主要内容包括：

● 建立分子生物学、生物化学和遗传学资源数据库，实现各种数据库基于知识内容的链接，帮助科研人员从纷繁复杂信息中获取相关知识。NCBI按照特定目标收集和整理生物学实验数据来建立若干个两层结构的生物资源数据库。第一层是实验原始数据的简单归类整理和注释，在此基础上，第二层对特定目标进行理论分析和进一步整理。另外，NCBI通过搜寻、分析、重组等方法，利用知识组织、数据挖掘、知识发现、数据融合等技术和工具实现不同载体、类型的数据、异质信息资源、本地资源和远程资源的语义整合，同时对资源的内在特征和价值进行析取、集成、创新，挖掘出其知识内容和关联关系，并在此基础上提供统一检索平台。

● 研究新型知识处理方法，便利科研人员对生物学重要分子和复合物结构和功能的分析工作。NCBI拥有包括多种学科领域（如：计算机、分子生物学、生物化学和结构生物学等）的专家研究小组，利用数学和计算方法并结合专业知识和经验集中于分子生物学知识产生和应用新方法的研究（如检测基因组织，构建HIV感染动力学模型），并向用户提供超出其预期的问题解决备选模型、方法和工具，有助于科研人员快速地求解问题。

● 通过双向培训使得服务提供与科研行为融为一体，从而使知识服务深入融入科研过程。为让科研人员在科研过程的每个阶段都可以便捷地获取NCBI提供的知识服务，同时提升服务人员对科研各阶段特征的了解从而提高服务水平，NCBI一方面对服务人员进行分子生物学等专业知识培训；另一方面对科研人员进行数据库等知识培训。在这种情况下，知识服务人员可以针对科研过程的不同阶段向用户提供个性化的服务。比如在研究思想萌发阶段，向用户提供大量相关知识和信息来整合和放大创新思想的火花；在研究实施阶段，随时搜集和补充与创新相关的知识内容和研究方法；在成果验证阶段，帮助用户搜集能够验证、完善研究成果的知识；在知识的传播和转移阶段，进行创新产品的推广和传递服务。使得知识服务与科研融为一体，深入用户科研过程的始终。

• 推进全世界生物技术资源的交流合作和共享，为科研用户即时获取信息提供了一条非正式交流途径，同时有利于多领域、多学科的科学家通力合作解决"大科学"科研项目。NCBI 通过赞助会议、研讨会、和演讲等一系列活动来促进分子生物学和遗传学计算领域的科学交流和合作，还成立了科学访问学者项目来增进和外部科学家的合作。有利于科研人员发现自己思想的空白，及时发现研究中存在的问题；还可以增加科学家知识结构中知识元之间的连接，激发创造性思维并有效增进科学家之间的合作。

2.2.2 中国化工信息中心的知识服务[11]

中国化工信息中心（CNCIC）是国内最大的化工专业文献资源中心，致力于化工信息产业的发展，跟踪世界化工科技水平和经济发展，研究分析国内外化工发展趋势、产业动向和相关领域高新科技进展，开展多层次、全方位知识服务与交流。根据用户知识需求的不同，CNCIC 主要提供三个层次知识服务，如图 1 所示：

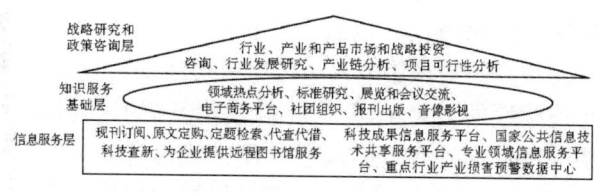

图 1　CNCIC 三层知识服务示意

• 信息服务层。CNCIC 利用丰富的所藏资源提供传统信息服务项目，并在此基础上进行科技信息服务平台开发和服务体系建设的研究，促进信息资源的开发利用并为社会整体知识服务业提供一整套保障体系，该层次服务构成从信息服务向知识服务跨越的重要环节。

• 知识服务基础层。该层以信息服务层为基础开展增值性知识服务及其他多种形式的服务促进知识资源的共享、交流和传播。CNCIC 采用高新技术对化工领域知识资源进行提炼、优化、整合、创新，总结分析化工科学领域的研究热点和前沿提供领域热点分析服务，为用户拨开信息迷雾，更好地聚焦当前技术、产业、市场热点；负责化工标准数据库建设、化工行业标准化的研究和管理工作，为政府决策提供理论服务和技术支撑。此外，CNCIC 还提供多种形式的其他知识服务：通过运营的网站提供针对性服务，负责专业领域的知识交流、业务培训以及咨询服务，并以此提高机构人员的专业水平；出版学术期刊及刊物，并组织展览和会议来促进化工领域知识的传播和发展。

- 战略研究和政策咨询层。CNCIC利用其专业数据库群,结合咨询团队的专业优势,长期跟踪研究国内外化工发展趋势和科技进展,通过智能化手段和信息分析方法挖掘现有信息资源中的隐性知识,为用户提供行业、专业和产品的市场咨询、投资战略咨询、行业发展研究、产业链分析等研究报告。帮助科研机构和企业获取全面的经济市场信息,行业新动向和发展趋势,为研发、生产和经营决策服务。

2.3 知识服务的实质

以服务人员的知识和能力为基础,利用现代技术搜寻、组织、分析和重组各种信息资源,为用户提供知识产品或问题解决方案的个性化、专业化服务,体现了目前对知识服务的理解和定位。结合实践重新考察知识服务的概念,发现要想准确把握其内涵,还需要考虑到下面问题:由于时间和精力的限制,知识服务专家不可能融入每个用户的具体环境和具体问题之中,知识服务应根据其服务所包含知识的不同而存在不同的层次;只有在特定层次之上,知识服务才是基于个性化和专业化的服务,有些问题可以通过标准化和模块化的通用解决方案来解决,以减少知识服务机构与用户之间的交互、生产和交付成本,使得高级知识服务人员可以只关注那些更具有挑战性的问题;知识服务是一个连续性的贯穿于用户研究过程始终的过程性服务,而不是一次性服务,需要与用户保持良好的沟通以便完成自身使命;知识服务是基于导向性的服务,以用户需求为基点,又不仅仅被动地尾随用户需求,还具有根据用户需求提炼出用户潜在的需求,促使用户需求明朗化、引导用户知识需求的作用。因此,笔者认为知识服务应该是根据用户的问题需求和环境,利用现代技术对信息资源进行搜寻、组织、分析、重组以获得有针对性的知识及其关联关系,为用户提供知识产品、辅助用户解决问题、参与用户问题解决过程、引导用户知识需求的过程性服务。

3 知识服务的主要特征分析

3.1 知识服务是一种综合集成化、集约化服务

知识服务实现了知识服务专家、相关研究群体和各类分布式信息资源与众多计算机技术的有机结合以及各类信息知识理论和人的经验与知识的结合;各主体之间形成了纵横交错但又条理清晰的动态"蛛网"关系;知识服务利用多种知识、资源、人员、系统、服务发挥整体优势,来解决许多传统方法难以解决的问题,是一种综合集成化、集约化服务。

NCBI数据库的统一检索平台便体现了网络环境下各类分布式资源的搜集

和整合，包括图书、期刊、专利文献、数据库、网络资源甚至是由各种摄像机、记录仪、采集和监控设备、科学仪表等产生的实验数据。NCBI 分子结构和功能知识分析工具的开发更充分体现了知识服务提供过程中多种人员、资源、方法和工具、技术以及系统之间的相互作用和综合集成。

3.2 知识服务是一种知识密集增值型服务

知识服务的知识密集增值型是指知识服务是面向知识内容的服务，知识服务的价值和核心竞争力主要体现在其产品和服务所包涵的知识量及知识内容的浓度；知识服务注重对知识资本的内在特征和价值进行析取、集成、创新，挖掘出其中的知识内容和知识关联关系，给用户提供恰到好处的知识服务产品和问题解决方案，在提升用户知识获取能力、知识利用能力和知识创新能力的同时实现自身价值[12]。

CNCIC 战略研究和政策咨询层的服务从纷繁复杂信息中针对用户知识需求直接提供问题的解决方案，并预见其潜在问题，体现了知识服务的知识密集增值特性。另外，CNKI 中国知识资源总库基于知识元的知识组织模式充分挖掘知识库中 2 100 万篇不同类型文献资源中的知识内容和语义关联[13]，便利用户获取知识库中的知识及其各种关联关系，启发用户解决相关问题的思路，显著提高用户知识应用和创新效率，充分体现知识服务的知识密集性及价值增值特性。

3.3 知识服务是一种层次性服务

知识服务的层次性是指根据用户不同类型的知识需求，知识服务提供给用户的产品和服务由于所包含知识量的不同而存在不同的层次。

美国学者 Nancy Lemon 在思考现代图书馆服务功能转换时，归纳和分析用户与信息资源的关系得出了两者关系示意图，由于知识是信息升华的成果，也是一种浓缩的系统化的信息[14]，我们可以把 Nancy Lemon 的用户和信息资源的关系图迁移到用户和知识资源的关系上来，如图 2 所示：

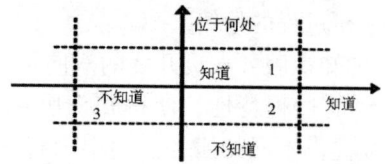

图 2 用户和知识资源的关系[15]

由此可以将用户的知识需求分为三类：用户清晰提出的需求；用户模糊

意识到的需求；用户尚未意识到的需求。满足这三个层次知识需求对用户产生的价值是不同的，应该分配的资源和投入的精力也不一样（按各类知识需求的数量多少与满足其需求的价值大小给出直观的表示，见图3）。

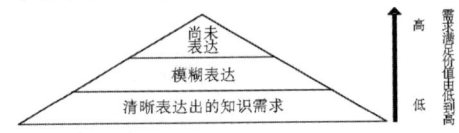

图3　各类知识需求的数量及需求满足价值高低关系

满足用户清晰表达出的知识需求和潜在知识需求的过程，实际上就是进一步明确用户需求，并提供相关知识产品和解决方案的过程。NCBI 提供的统一检索平台和 CNCIC 信息服务层便是服务机构为满足用户这两类需求提供的服务。对用户尚未表达出的但对用户问题解决和知识创新又至关重要的知识需求，需要分析用户所在社会环境、文化环境，用户的专业和行业背景、使用模式、偏好、个性等"用户语境"信息，与用户之间形成"共同语言"；通过试探性的"知识诱媒"预测并探明用户需求；根据用户需求进行数据和知识获取，向用户提供超出其预期的知识和更有针对性的解决方案，更有助于用户问题的最终解决，并充分实现知识服务机构自身的价值。依据该思想，美国国家航空航天局（NASA）在 IDM 项目中开发计算机代理软件来获取科研用户潜在知识需求[16]，自动学习用户历史需求并预测用户潜在知识需求，结合有专家参与的知识发现系统发现新的研究主题来支持科学探索和发现。

3.4　知识服务是一种过程性服务

知识服务的过程性主要有两方面含义：一是从捕获到用户知识需求，到知识发现、知识评估和知识加工，到最终把相关知识产品或解决方案提供给用户，知识服务本身就是一个反复迭代知识获取、知识吸收、知识创新、知识应用这几个环节，不断调整和优化知识服务产品和解决方案的过程；二是知识服务融入用户整个科研过程的始终。

NCBI 针对科研人员和知识服务人员开展的双向培训服务便体现了这种融入用户整个科研过程始终的过程特性，使得知识服务深入到科研过程之中，针对不同科研阶段的特征提供不同的服务。而中国科学院国家科学图书馆[17]的"融入一线、嵌入过程"计划是基于知识服务的过程特性构建的资源建设模式和服务形式，通过高效融入用户科研环境和具体问题环境，随时深入捕获各阶段科研用户的知识需求，并高效满足这种需求。保证在解决问题的每个阶段，提供经析取、集成、创新得到的知识内容或直接提供解决方案，帮助用户解决他们仅靠自身知识难以解决的问题。

4 结 语

21世纪是以知识经济为主导的世纪，知识成为生产力的关键要素，知识的获取及其有效利用成为制胜的先机。传统信息服务已经渐渐不能满足用户需求，知识服务必将在以知识经济为主要特征的当代信息社会中扮演重要角色[18]。目前，关于知识服务的研究文章层出不穷，但与实践脱节的理论研究热潮并没有带来知识服务实践的巨大发展。因此，必须切实抓住知识服务的定义和主要特征并结合知识服务的应用需求和实践，开展对知识服务的进一步研究，这样才能有效指导知识服务实践的开展，切实促进知识服务进一步向前发展。

参考文献：

[1] What are UNDP's 'Knowledge Services'?.[2009-06-12].http://www.undp.org/execbrd/pdf/UNDP%20knowledge%20services.pdf.

[2] Jencmen A,Uziel A. Mission oriented C2：Command and control systems as knowledge systems.[2009-06-12].http://www.dodccrp.org/events/2004_CCRTS/CD/papers/133.pdf.

[3] 靳红,程宏.图书馆知识服务研究综述.情报杂志,2004(8):8-10.

[4] 陈高潮.图书馆的知识服务.河南图书馆学刊,2002,22(3):33-34.

[5] 罗彩冬,靳红,杨咏梅,等.高校图书馆开展知识服务的运营思路和方式之探讨.高校图书情报,2004,23(11):86-88.

[6] 安月英.网络环境下图书馆服务理念的整合——从信息服务到知识服务.情报杂志,2002(6):77-78.

[7] 刘秀兰.谈图书馆深入开展知识服务.现代情报,2004(2):7-9.

[8] 戚建林.论图书情报机构的信息服务与知识服务.河南图书馆学刊,2003,23(2):37-38.

[9] 朱晔.我国知识服务现状分析和体系架构研究[学位论文].南京：南京理工大学,2007.

[10] 美国国立生物技术信息中心主页.[2009-06-12].http://www.ncbi.nlm.nih.gov/.

[11] 中国化工信息中心主页.[2009-06-12].http://www.cncic.gov.cn/Pages/default.aspx.

[12] Norris D M. A revolution in knowledge sharing.[2009-06-12].http://www.educause.edu/ir/library/pdf/ERM0350.pdf.

[13] 中国知网主页.[2009-06-12].http://www.cnki.net/.

[14] 乌家培.谈信息经济与知识经济.[2009-06-12].http://www.chinaweblaw.com/ht-

ml/c90/2005 – 08/25308. html.

[15] Lemon N. Climbing the value chain: A case study in rethinking the corporate library function. Online,1996(20):50 – 57.

[16] What is K M? . [2009 – 06 – 12]. http://km1. nasa. gov/whatis/index. html.

[17] 中国科学院国家科学图书馆主页. [2009 – 06 – 12]. http://www. las. ac. cn/.

[18] 曾民族. 构建知识服务的技术平台. 情报理论与实践,2004(4):113 – 119.

作者简介

张红丽,女,1985 年生,硕士研究生,发表论文 1 篇。

吴新年,男,1968 年生,研究员,博士,发表论文 80 余篇。

数字图书馆知识服务能力及建设研究*

刘 佳 沈 旺 李 贺

(吉林大学管理学院 长春 130022 吉林大学信息资源中心 长春 130022)

摘 要 从分析知识服务能力研究现状入手，以"资源+过程"能力视角分析数字图书馆知识服务能力的相关理论；从功能、效用和效益三个角度研究知识服务能力对数字图书馆的影响；据此提出数字图书馆知识服务能力建设的策略，为数字图书馆知识服务能力建设提供指导与参考。

关键词 数字图书馆 知识服务 知识服务能力

分类号 G250.76

1 引 言

知识经济时代，知识的有效获取、知识的充分共享与利用，已经成为国家、民族、组织乃至个人增强创新能力，提高核心竞争力的关键。知识经济社会离不开知识创新，知识创新需要知识服务。知识服务的重要性已为社会所认识并在文献信息机构中作为崭新的服务理念和服务方式得到广泛的关注、研究与应用。

张晓林教授在分析现代信息环境对图书情报工作的挑战以及知识经济对图书情报工作冲击的基础上，提出应将图书情报机构的核心能力定位于知识服务，这一提法引起图书情报界的广泛关注并引发了一系列的理论探讨。如何才能够在数字环境下建立起图书馆的知识服务能力，从而使图书情报机构有效把握和控制这种能力，进而推进社会知识的共享与创新，成为备受关注的研究课题。近年来，我国数字图书馆得到了迅猛发展，但数字图书馆仍以信息服务为主，如何提升数字图书馆的知识服务能力，加强知识服务建设，

---

* 本文系教育部人文社会科学青年基金项目"数字图书馆知识服务能力成熟度模型与评价体系研究"（项目编号：11YJC870165）和吉林大学基本科研业务费项目种子基金项目（项目编号：450060322045）成果之一。

促进知识服务发展已经成为下一步需要解决的重要问题。

2　知识服务能力的相关研究

从上世纪90年代至今，国际上关于知识管理能力和知识服务能力的研究一直十分活跃。国外对知识服务的研究大多是从知识管理的角度，以提高经济效益和竞争能力为目标[1-3]进行的，从内容来看，国外学者对组织知识管理能力的研究与我国图书情报领域对知识服务能力研究的内容具有很高的重合度，其最终目的都是为实现知识共享与知识创新，并且在实现方式上基本一致，只是根据组织本身的性质以及研究视角的不同，表述上有所差异。

本文在研究知识服务能力的过程中，借鉴了许多国外关于知识管理能力研究的内容。下面分别从资源/能力视角、过程/能力视角、资源+过程/能力视角对知识服务能力的相关研究进行综述。

2.1　资源/能力视角知识服务能力的相关研究

基于资源观点的知识管理能力研究是战略管理文献中的主流理论观点，认为知识资源是获取竞争优势的主要驱动力[4-5]。Gold等指出技术资源、组织资源、文化资源是组织能力的来源，决定了组织的整体效益[6]。Lee等阐述了知识文化、结构、人和技术等基础资源与组织绩效的关系[7]。Grover与Okunoye等指出战略、组织、文化和技术是组织发展和提升竞争优势的首要资源[8-9]。Collinson通过案例研究强调环境因素对于知识管理实践的重要性[10]。Bresnen等通过案例研究验证了社会因素对于提升知识管理能力的重要性[11]。

2.2　过程/能力视角知识服务能力的相关研究

Spek等认为知识管理的关键在于组织，包括知识的开发、分配、存储和整个组织内部领域知识的应用与集成[12]。Chang Tin-Chang等认为知识基础资源和企业战略共同构成知识管理过程，知识管理过程影响公司绩效，通过实证研究验证了知识管理过程是提升企业绩效最关键的变量[13]。Pang-Lo Liu等对知识管理能力和竞争优势进行了实证研究，以知识获取、转化、存储和共享为变量验证了知识管理能力与企业竞争优势的关系[14]。李鹏翔等认为知识服务能力由知识获取能力、知识吸收能力、知识创新能力和服务应用能力构成，并建立了知识服务能力的评价指标体系[15]。

2.3　资源+过程/能力视角知识服务能力的相关研究

Gold和Lee等的研究显示，基础资源能力能够提升知识管理过程能力，通过加强知识获取使得知识的采集、存储和交换更加可行，并能够整合零散的知识流[6-7]。Zhi-ping Fan 等采用定量分析方法验证了所提出的知识管理能力的评价矩阵模型，从基础资源能力和过程能力两方面评价知识管理能力[16]。Shaila M. Miranda 等构建了企业知识管理能力模型，包括基础资源能力和知识过程控制，并指出两者是互补的[17]。吴新年认为图书馆知识服务能力的体系结构应由相互作用、相互支持的基础能力和流程能力构成[18]。

综合以上观点，本文采取"资源+过程/能力"视角对数字图书馆知识服务能力进行探讨。数字图书馆的基础资源能力包括数字知识信息资源、技术能力、人力资源、组织结构以及数字图书馆文化。数字图书馆知识服务过程见表1。

表1 数字图书馆知识服务过程

阶段		阶段定义	主要活动
知识获取	流程	分析用户需求，采集所需信息资源	用户需求获取，潜在需求挖掘，用户所需相关资源的采集
	成果	针对用户需求，采集相关信息资源	
知识组织	流程	对已有需求信息和访问行为的挖掘和推断，对信息资源内容进行知识组织	用户信息需求的组织、挖掘，知识资源相互关系的描述组织
	成果	实现用户的关联分析和用户聚类；实现基于语义和推理的知识检索	
知识开发	流程	对知识进行系统化、综合化分析、对比、归纳、综合、推论	知识重组、知识再造
	成果	用户决策所需要的知识解决方案、适合市场需求的知识产品	
服务提供	流程	确定服务功能，服务方式与用户反馈机制	知识服务平台、知识服务系统设计与建设
	成果	知识服务系统、知识服务平台	

根据数字图书馆知识服务过程可以把知识服务能力分为知识获取能力、知识组织能力、知识开发能力和服务提供能力。不同服务阶段的影响因素见表2。

表 2 知识服务过程能力的影响要素

能力要素	要素内容
知识获取能力	用户需求获取能力、知识源的选择与控制能力、社会资本存量、知识获取技术、信息安全保障能力
知识组织能力	知识描述能力、知识组织工具选择、知识组织方式、知识组织技术
知识开发能力	学习能力、深度分析能力、知识开发技术、知识开发环境
服务提供能力	服务方式、服务功能、服务平台设计、服务提供技术

基础资源能力是知识服务能力的基础和支撑，渗透于服务过程中，在一定程度上决定了知识服务能力的强弱与发展潜力；服务过程能力在服务中协调应用基础资源，并发挥作用，是知识服务能力的直接体现与核心，决定知识服务的效果。服务过程能力的 4 个主要环节互为基础，相互促进。

3 知识服务能力对数字图书馆的影响

知识服务能力是客观存在的，只要开展知识服务，这种能力就已经存在。知识服务是对图书馆服务方式、服务手段、服务机制的再造，影响与改变着数字图书馆的建设与发展。

3.1 知识服务对数字图书馆功能的影响

知识服务以解决用户问题、为用户提供决策方案为目标，在服务过程中制造出一种学习导向，形成学习型数字图书馆文化，增强图书馆人员学习的积极性和主动性，在提高知识服务人员质量、优化人力资源结构的同时，形成数字图书馆知识服务的优势——知识与能力优势；知识服务能够改善数字图书馆的服务组织与管理，围绕用户动态需求来组织服务，在集成融会多方资源、工具和服务的基础上针对用户个性化工作流，动态组织服务资源，形成以用户个性化需求为导向的灵活的团队组织来完成服务工作。

3.2 知识服务对数字图书馆效用的影响

知识服务不仅是服务方式的转变与服务功能的创新，而且全面地影响数字图书馆的观念、机制和结构创新。

知识服务对用户知识应用与知识创新活动的支持力度是数字图书馆在信息领域树立形象、彰显实力的能量源泉；在知识服务过程中所建立的社会网络丰富了数字图书馆的社会资本；知识服务能力高度集成数字图书馆内部的资源、技术与人力，极大地增强了知识的处理与决策能力，深化服务层次，提高数字图书馆整体服务水平；知识服务使数字图书馆能够融入网络环境下的科学研究和教育学习中，促进以协同、共享资源和虚拟组织为主要特征的知识环境和知识基础设施的创建与整合，营造泛在的知识环境，有效地支持知识共享和终身学习，极大地推动知识创造和知识创新；此外，知识服务使数字图书馆能够在更高层次、以更直接的方式、在更关键性活动和更全面过程中支持用户的知识应用与知识创新，增强数字图书馆的核心竞争力。

3.3 知识服务对数字图书馆效益的影响

知识服务帮助用户直接获取其所需的知识或答案，减少用户在资源获取方面的投入，提高服务的质量与效率；在知识服务推动下数字图书馆形成优质、特色服务，在用户中形成"口碑效应"，提升数字图书馆的服务形象；数字图书馆的产出即是服务，知识服务不仅能够提升用户对数字图书馆服务的满意度，提升数字图书馆的知名度、美誉度，而且能够使数字图书馆适应不同用户的多层次需求，为用户直接提供其所需知识或问题的解决方案，提高用户需求与服务之间的对口率和知识价值的转化率，既充分满足社会的知识需求，又实现了知识的文化教育价值，具有重要的社会效益。

知识服务通过采集、提炼、组织、挖掘、重组与再造实现知识转化，其经济价值不在于"资本增殖"，而在于"资本转化"，知识服务能力越强，对知识的开发与创新能力越强，对用户活动的支持力度越大，服务效率越高，所创造的经济效益越高。

综上所述，知识服务的广泛应用将会对数字图书馆的服务产生重要变革。知识开发与利用深度的增强，知识产品质量的提升，服务层次的深化，人力资源结构的优化，服务组织的开放集成，促使数字图书馆的服务专业化增强，服务支持力度提高，服务水平和服务实力加强，服务和管理机制逐步完善，进而使得数字图书馆的用户满意度提升，数字图书馆的社会效益和经济效益全面提高，从而形成数字图书馆的核心竞争能力，促进数字图书馆的可持续发展。

4 数字图书馆知识服务能力的建设

从我国数字图书馆目前发展现状来看，知识服务仍处于起步阶段，不同数字图书馆发展层次差异明显。知识服务能力建设并不是一蹴而就的，处于知识服务不同发展阶段的数字图书馆应采取不同的策略与对策，有针对性地、系统地开展建设。据此，本文构建了数字图书馆知识服务能力建设体系，由知识服务能力培育、知识服务能力提升、知识服务能力拓展三个层次构成。

如图 1 所示:

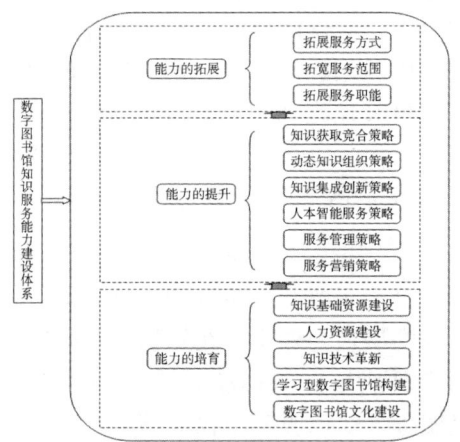

图 1　数字图书馆知识服务能力建设体系

　　数字图书馆知识服务能力培育主要针对知识服务的初级阶段,此阶段的知识服务与信息服务的重合度很大,更强调对知识服务基础资源能力的建设与培育。数字图书馆知识服务能力的提升主要是针对发展阶段的知识服务,提供面向知识服务过程的能力建设策略。数字图书馆知识服务能力的拓展针对高级阶段的知识服务,进一步拓宽服务能力的影响力与作用面。

4.1　数字图书馆知识服务能力的培育

4.1.1　知识基础资源建设

　　知识资源建设是数字图书馆知识服务能力的基础保障。数字图书馆应以维持资源的持久生命力,实现知识资源的可持续发展为目标,制定知识资源共建共享规划,保障知识资源的优化配置;建设特色知识资源,有计划地进行特色资源的整序与开发,形成具有较高共享价值的特色资源与完整的特色知识资源体系。

4.1.2　人力资源建设

　　知识服务人员的智力资本是知识服务能力重要的承载体,是实现知识创新的关键。人力资源建设首先要引导知识服务人员树立自觉学习、终身学习的思想;其次要加强知识服务人员的培训,充分给予知识服务人员继续学习教育的机会;最后要正确把握知识服务人员的角色分工与知识结构互补,激发知识服务人员进行知识创新。

4.1.3 知识技术建设

技术是推动知识服务实现与发展的动力之一，是知识服务能力建设的有力工具。知识技术的建设首先要制订知识服务技术发展战略，统筹规划技术应用；其次要有步骤地推进技术的应用与组合，适时引入新设备、新工具、新方法来改善和提高服务质量。此外，要重视开展新技术、新工具、新系统等的培训工作，在知识服务人员中形成利用新技术的风气和追求技术创新的理念。

4.1.4 文化建设

数字图书馆文化犹如数字图书馆的灵魂，是制度、精神、道德规范和价值取向的统一体。数字图书馆要充分发挥知识的作用，必须在内部创建能够促进学习、交流、积累、创造和应用知识的文化环境；建立激励机制，将权力本位的管理模式改变为能力本位的管理模式，激发知识服务人员进行知识创新的主动性；强化团队意识、合作精神和知识共享意识，提高团队凝聚力和向心力。

4.2 数字图书馆知识服务能力的提升

知识获取竞合策略、动态知识组织策略、知识集成创新策略和人本智能服务策略共同推进数字图书馆知识服务能力的提升，四者互为基础。服务管理策略和知识服务营销策略从整体的角度辅助和推动知识服务能力的提升。环境变化既包括竞争环境的变化又包括知识利用环境的变化，是数字图书馆知识服务能力提升的推动力量，竞争优势是数字图书馆知识服务能力建设的最终目标。知识服务能力提升策略的逻辑结构及相互关系，如图2所示：

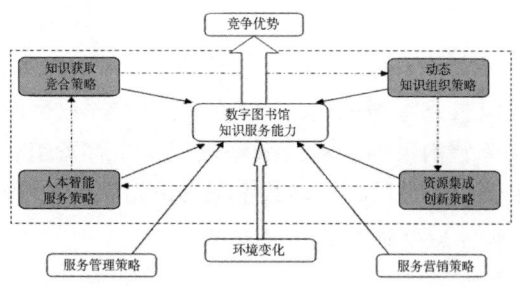

图2 数字图书馆知识服务能力提升策略模型

4.2.1 知识获取竞合策略

知识获取竞合策略的关键在于实现竞争中的合作与双赢。其具体内容包括建立数字图书馆联盟,针对资源共建共享、协调采购、版权问题等提出具体的机制和方法;促进数字图书馆之间的合作,特别是公益数字图书馆与商业数字图书馆的合作共赢。

4.2.2 动态知识组织策略

动态知识组织策略着重通过对数字图书馆知识信息资源的描述、整序、深度加工和增值链条的管理,实现数字图书馆知识组织能力的提升。具体包括建立灵活的知识组织体系,对各类知识对象进行多层次组织,提高知识组织效率和服务支持能力;开展用户知识的组织研究,将知识组织目标与用户知识需求联系起来,挖掘用户潜在需求,预测用户的需求变化趋势;建立开放的知识组织服务机制,构造动态的知识空间。

4.2.3 知识集成创新策略

知识集成创新策略是实现深层次知识开发和知识创造的关键策略,针对用户的特定需求,基于开放式服务模式,集成利用多种知识、人员、系统、技术、工具等,通过对知识的创造性开发形成具有独特价值的知识产品和服务,从而提升数字图书馆知识开发的能力。具体内容包括优势集成策略、隐性知识开发策略、深化知识创新策略等。

4.2.4 人本智能服务策略

人本智能服务策略是指从服务理念、服务形式、服务手段上不断进行人性化、智能化建设,全方位支持用户知识获取与知识利用。主要包括树立数字图书馆人本服务理念;设计构建智能化知识服务系统;大力开发数字图书馆知识服务项目,超越用户需求提供知识服务工具;创新与探索新的知识服务方式。

服务管理上要树立科学的知识服务管理理念,统筹规划、配置服务资源,建立数字图书馆知识服务管理系统,最大限度地发挥数字图书馆知识服务应用的效用;知识服务营销策略,通过战略营销、品牌营销、服务营销、嵌入式营销、创造需求营销等手段,推动数字图书馆知识服务价值的创造。

4.3 数字图书馆知识服务能力的拓展

4.3.1 拓展服务方式

打破依托有线网络、计算机、主页的知识服务方式,提供融入用户学习、工作、研究以及生活中的嵌入式服务,利用各种实时通讯工具建立密切互动的服务关系,设计嵌入式知识服务工具条于用户最常用的网站;在具体的学习平台上加入相关链接;为科研机构建设机构知识库;打造图书馆互动知识社区，嵌入开放性网站融入用户日常应用系统；构建手机数字图书馆等。

4.3.2 拓宽服务范围

为用户提供泛在的知识服务环境，将知识服务从高校、科研机构向政府、公益性组织、盈利性组织等更广泛的领域延伸。利用 Web 3.0、语义网技术、云技术实现知识的广泛兼容与共享，集合众多资源、服务、应用于一体，实现知识的云状分布。鼓励用户参与人机互动，营造智能、高效、友好、自由、泛在的虚拟知识环境。

4.3.3 扩展服务职能

在不确定的用户和不确定的知识之间建立起确定的关系，提高用户利用知识服务与发现知识的能力，使知识服务人员能够有更多精力投入到复杂的分析与决策服务中去。服务职能的扩展是数字图书馆知识服务发展的必然结果。

参考文献：

[1] Grant R M. Prospering in dynamically competitive environments：Organizational capability as knowledge integration[J]. Organizational Science, 1996,7(4):375-387.

[2] Johannessen J, Olsen B. Knowledge management and sustainable competitive advantages：The impact of dynamic contextual training[J]. International Journal of Information Management, 2003,23(4):277-289.

[3] Lado A A, Wilson M C. Human resource systems and sustained competitive advantage：A compentency-based perspective[J]. Academy of Management Review,1994,19(4): 699-727.

[4] Becker B B, Huselid M A. High performance work systems and firm performance：A synthesis of research and managerial implications[J]. Research in Personnel and Human Resource Management,1998,16:53-101.

[5] Nahapiet J, Ghoshal S. Social capital, intellectual capital, and the organizational advantage [J]. Academy of Management Review,1998,23(2): 242-266.

[6] Gold A H, Malhotra A, Segars A H. Knowledge management：An organizational capabilities perspective[J]. Journal of Management Information Systems,2001,18(1):185-214.

[7] Lee H, Choi B. Knowledge management enablers, processes, and organizational performance：An integrative view and empirical examination[J]. Journal of Management Information Systems, 2003,20(1):179-228.

[8] Grover V, Davenport T H. General perspectives on knowledge management：Fostering a research agenda[J]. Journal of Management Information Systems,2001,18(1):5-21.

[9] Okunoye A, Karsten H. Where the global needs the local：Variation in enablers in the

knowledge management process[J]. Journal of Global Information Technology Management, 2002,5(3):12 – 31.

[10] Collinson S. Knowledge management capabilities in R&D: A UK – Japan company comparison[J]. R&D Management,2001,31(3): 335 – 347.

[11] Bresnen M, Edelman L, Newell S, et al. Social practices and the management of knowledge in project environments[J]. International Journal of Project Management, 2003, 21(3):157 – 166.

[12] Liao Chechen, Chuang Shu-Hui, To Pui-Lai. How knowledge management mediates the relationship between environment and organizational structure[J]. Journal of Business Research,2011,64(7):728 – 736.

[13] Chang Tin-Chang, Chuang Shu-Hui. Performance implications of knowledge management processes:Examining the roles of infrastructure capability and business strategy[J]. Expert Systems with Application,2011,38(5):6170 – 6178.

[14] Liu Pang-Lo, Chen Wen-chin, Tsai Chih-Hung. An empirical study on the correlation between knowledge management capability and competitiveness in Taiwan's industries[J]. Technovation,2004,24(12):971 – 977.

[15] 李鹏翔. 面向图书情报机构的知识服务能力及评价研究[D]. 南京:南京理工大学,2008.

[16] Fan Zhi-Ping,Feng Bo,Sun Yong-Hong, et al. Evaluating knowledge management capability of organizations: A fuzzy linguistic method[J]. Expert Systems with Applications,2009, 36(2):3346 – 3354.

[17] Miranda S M, Lee Jae-Nam, Lee Jang-Hwan. Stocks and flows underlying organizations' knowledge management capability: Synergistic versus contingent complementarities over time[J]. Information & Management,2011,48(8):382 – 392.

[18] 吴新年. 图书馆知识服务能力体系结构及关键影响因素分析[J]. 图书与情报,2009(6):41 – 44.

作者简介

刘　佳,女,1983 年生,讲师,博士后,发表论文 10 余篇；

沈　旺,女,1983 年生,讲师,博士后,发表论文 10 余篇；

李　贺,女,1964 年生,教授,博士生导师,发表论文 30 余篇。

图书情报机构知识服务三维构架的探索性研究[*]

王日芬　张蓓蓓　吴婷婷

（南京理工大学经济管理学院　南京 210094）

摘　要　社会经济的演变推动着知识服务的兴起与发展，使得知识服务逐渐成为图书情报机构迎接未来的必然选择。目前学术界对知识服务的研究还颇为有限，对知识服务涵义的界定也往往零散而缺乏系统性。从用户需求出发，借助于知识价值链思路，提出图书情报机构知识服务的三维构架（TdFKS），并通过问卷调查和对调查问卷指标的信度与均值分析，完善各维度的构成并验证三维构架，解释知识服务涵义的合理性。

关键词　图书情报机构　知识服务　三维构架　信度分析　均值分析

分类号 G931

1　研究的出发点

知识服务是在知识经济、服务经济浪潮和信息技术发展推动下，适应社会对知识共享与创新需求而产生的。从用户需求来看，知识产品或服务之所以能够得到运用，就是这些产品或服务在形成的过程中经历了一系列的增值过程。知识增值的形式体现于从原始数据到智慧等知识形态的演变当中。而知识增值链的转化是复杂的，关联多个方面、涉及许多环节，如果从接受知识主体的认知角度（即用户认知）考察知识价值链，从对事物的理解（understanding）、关于事物的上下文（情景）（context）二维角度来阐明知识增值链的实现，可以得到如图1所示的描述[1]。

满足用户需求，搭建知识价值链，实现知识价值的增值，是知识服务活动

---

[*] 本文系国家社会科学基金项目"图书情报领域知识服务的体系架构和服务能力评价研究"（项目编号：06BTQ027）研究成果之一。

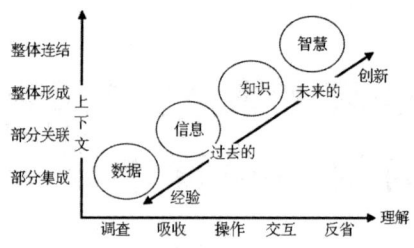

图1 基于对事物的理解和上下文（情景）的知识价值链

的宗旨和目标。如何站在用户认知的主体角度对数据、信息或知识源进行加工，在对事物理解的维度上实现由浅显到深化、由外部获取到内部嵌入升华，在对事物上下文联结的维度上达到由零散到系统、由简单到复杂，是知识服务过程中要解决的问题所在。所以，知识服务要达到其目标和解决本质问题，就是在对数据、信息或知识源加工处理过程中，将从主体思考的角度对应转换为客体可操作的维度。仅从加工或生产一件事物来看，其本源构成是加工（资源）对象、加工的流程和加工的层次（精度），而人员、机器、场所等是支持加工或生产实现的不同条件。对于知识加工来讲，其本源构成也应该是加工的资源对象、流程和层次（精度），并且加工流程的结果能对应转换为对事物理解的效果，加工层次（精度）体现的结果能对应转换为对事物上下文联结的程度。

从知识增值和满足用户需求的角度出发，本课题认为以知识加工为主业的图书情报机构，其知识服务的本源构成就是以资源对象、加工层次、加工流程为基元的相互关联的结合体，知识服务的内涵实质就是使这个结合体有机运作并产生效率。基于上述分析，将知识服务的本源构成思想定义为知识服务的三维构架。所谓知识服务三维构架是以知识服务的加工或生产活动作为评价客体，从知识服务的加工流程（知识的生命周期）出发，根据对知识服务的资源对象（知识的载体资源）进行内容加工的知识化、电子化、创新化的程度，融入不同的加工组织层次（对资源对象内容加工处理的程度），构建知识服务的内涵体系。其研究的目的在于考察知识服务的加工流程（对应于用户主体对事物理解）、知识服务资源（用户需要的内容对象）和知识服务层次（对应于事物上下文的联结）各涵盖的主要内容以及从三个维度探索它们之间的关系，以便从整体上描述知识服务本源构成所涵盖的内容，从局部上表现不同维度对应的知识服务活动。

目前，关于知识服务的内涵，国内学者从知识加工层次的差异、用户角度、知识服务主体本身具备能力等角度进行了相应的研究，但一般都是从某一个角度对知识服务的内涵进行界定的。在实践上，知识服务的开展零散而缺乏系统性[2]。因此，本课题尝试从一个全新的视角对知识服务的本源构成和内涵实质进行探讨，以完善知识服务的理论，并指导图书情报机构全面有效地开展知识服务。

2 图书情报机构知识服务三维构架的组成

为确定每个维度的内容构成，课题组按照图书馆（包括综合性图书馆、高校图书馆）、专业情报机构（包括信息研究所）和综合性数据库服务提供商三类进行了网上调查（2007年1-12月），分别访问了国家图书馆、中国科学院图书馆、上海图书馆、北京大学图书馆、清华大学图书馆、浙江大学图书馆、南京大学图书馆、首都医科大学图书馆、南京理工大学图书馆、中国石油和化工文献资源网、国际机械信息网、中国农业科技信息网、同方数据库、万方数据库、重庆维普数据库。对这些图书情报服务机构总体状况、采集的资源范围、服务对象、提供产品的加工程度、提供服务的模式等进行实际调查，并按照本课题提出的资源维、层次维和生命周期维三个维度进行归纳总结，结合理论研究提炼出每个维度具体包括的项目内容。

2.1 资源维（resource dimension）

根据各种载体中存储的数据、信息和显性知识内容的知识化、电子化、创新化的程度以及隐性知识创新性和可利用程度，本课题将知识服务加工的资源对象划分为三类：① 传统馆藏，即服务机构采购并提供的图书、期刊、报纸、学位论文等纸质文献和磁盘、光盘等各种载体的资源；② 电子馆藏，即服务机构通过采集传统文献或网络资源并将其加工后以电子形式存在的资源，或者直接购买的电子化资源，如各种数据库资源、Web 资源等；③ 参考资源，即服务机构以用户需求为导向，服务人员凭借经验、知识结构、能力等隐性知识对显性知识进行挖掘加工，形成具有创新性的以隐性知识为主存在的资源或产品，如各种内参资源、业务参考以及存在工作人员头脑与行为中的研究思路、技巧等。该类资源一般不能直接提供给用户，是工作人员与用户交互或生产创造性产品及服务时利用的。

2.2 层次维（hiberarchy dimension）

针对传统馆藏、电子馆藏、参考资源中的各种表现形式，可进行的加工主要体现在对题名、作者、机构、来源、引文等外部特征项以及对关键词、主题词、叙词、摘要、全文等内部特征的操作，加工的技术方法包括收集整理、序化加工、组合检索、超链接、词语切分、特征提取、匹配统计、相关分析、归纳综合、共现、聚类、可视化、解答方案、提出建议等。采用不同的技术方法并融合工作人员的经验、技能等隐性知识逐级进行有差异的加工，就可以形成不同的知识产品，进而提供有等级的知识服务。下面将知识服务的层次特征、加工的层次内容及技术方法、对应的知识被加工程度、知识含量及可产生的知识服务形式进行研究归纳（见表1）。

表1 知识服务的层次维

层次特征	加工的层次内容及技术方法		对应的知识被加工程度		知识含量	可产生的知识服务形式
浅、简单、零散 ———————— 深、复杂、系统	外部特征项：题名、作者、机构、来源等的收集、序化组织		部分集成	整体形成	外部特征、显性知识	检索服务、借阅服务、文献保障服务、链接服务、导引服务等；
	内容特征项：关键词、摘要、叙词、全文等的收集、序化组织					
	上下文：全文的数字化、电子化		部分关联			
	附项：参考文献的组合检索、超链接、计量等简单匹配					科学家门户、专题知识服务、引证分析、关联检索、关联推荐等；
	基于外部特征的组合检索、超链接、计量等简单匹配					
	基于内容特征的组合检索、超链接、计量、词语切分、特征提取等简单匹配			整体连结	内容特征、隐性知识	
	基于外部特征的归纳综合、关联分析	从简单匹配到聚类共现的过渡				推理服务、注释服务、建议服务、定制服务、咨询服务、评估服务或者情报研究等。
	基于内容特征的归纳综合、相关分析					
	基于外部特征的聚类、共现、可视化等（即内容挖掘）					
	基于内容特征的聚类、共现、可视化等（即内容挖掘）					
	基于引文的聚类共现，包括引证文献、共引文献、同被引文献等（即内容挖掘）					
	为解决问题提供参考：程序化的知识或过程					
	为解决问题提供方案：建议、措施等					

2.3 生命周期维（加工流程维）（life cycle dimension）

知识加工的流程只有与知识从产生到运用直至消亡的过程相适应，才能使知识加工产生价值，而知识从产生到运用直至消亡的过程就是知识的生命周期。综合已有的研究成果，本文认为知识服务的加工流程也就是知识的生命周期，它是知识在时间上从产生直到消亡的过程，可分为采集、组织、挖掘、创新、分发、利用和反馈六个主要环节。其中：① 知识采集：知识被创造出来后，是在"采集"的环节开始进入知识服务环节，服务机构再针对用户需求通过传统文献或网络资源来获取各种信息资源；② 知识组织：服务机构对各种载体信息资源在不改变其本质内容的基础上，以用户需要为导向，针对形式和内容主要进行基于外部特征和内容特征的知识化分类及主题加工等；③ 知识挖掘：服务机构对组织好的数字化、电子化、知识化资源进行引文层次或内容层次等的深度加工过程，如采用词语切分、特征提取、匹配统计、关联分析、共现、聚类、可视化等技术方法的加工；④ 知识创新：服务人员结合经验、专门知识和能力等隐性知识对显性知识进一步挖掘加工，形成更具创新性的知识产品，如归纳综合；⑤ 知识分发：把组织好、挖掘好或经过创新的知识或知识产品按不同的机制传递分布的过程；⑥ 知识利用与反馈：服务机构加工出的知识产品被用户使用并通过对用户使用情况的跟踪调查，获得用户对知识产品的评价，以便于知识服务机构更好地为用户服务。

2.4 知识服务三维框架的构建

2.4.1 生命周期维与层次维

生命周期维与层次维的关联体现在知识生命周期的各个阶段对知识的不同加工层次。如：在知识采集过程中，知识加工处于简单的低级阶段，服务机构从题名、作者、机构、来源等的外部特征项和关键词、叙词、主题词、摘要等的内容特征项，以及参考文献、全文角度进行收集整理。

2.4.2 资源维与生命周期维

资源维与生命周期维的关联体现各种不同类型的资源所要经历的知识生命周期的阶段。传统馆藏主要是图书、期刊、报纸、学位论文等纸质文献和磁盘、光盘等各种载体的资源，对传统馆藏进行的加工经历知识采集、知识组织、知识分发、知识利用与反馈阶段，一般不涉及知识挖掘与知识创新。电子馆藏通过采集传统文献或网络资源并将其加工后以电子形式存在，中间融入各种技术和方法，对电子馆藏进行的加工涉及到除知识创新以外的所有阶段；而本课题定义的参考资源就是以创新为目的的知识资源或知识产品，对参考资源进行的加工从理论上讲可以包含知识生命周期的全部阶段，但是其大规模的采集与组织一般比较难。

2.4.3 层次维与资源维

资源维与层次维的关联体现在对不同类型的资源可进行的不同加工。加工传统馆藏时，一般局限于低级阶段，主要基于特征项收集、序化等。而加工电子馆藏资源时，加工层次逐渐提升，从收集、序化、组合检索、超链接、词语切分、特征提取、匹配统计、相关分析、归纳综合到共现、聚类、关联分析、可视化。到加工参考资源时，由于需要融入隐性知识，知识服务的加工层次达到高级阶段。

2.4.4 知识服务三维构架的结构

基于上文对生命周期维、资源维、层次维三个方面的论述和三个维度的两两关系阐述，课题组提出知识服务的三维构架的组成结构（Three-dimensional Framework of Knowledge Service，简称为TdFKS），如图2所示：

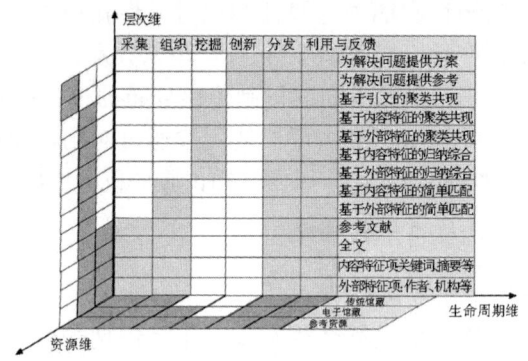

图2 知识服务三维构架（TdFKS）的结构

从三维所构成的空间角度来考虑，其上任意一点都能体现出知识服务的本源构成和内涵实质，即知识服务是将任意一种资源置于不同的生命周期阶段进行层次化的加工处理，形成满足用户所预期的不同产品和服务，以支撑服务机构达到预定目标的活动；从三维中任意二维所构成的平面来看，知识服务可被分解到不同的侧面，并与不同的知识服务活动相对应。TdFKS的意义在于将知识服务活动置于一个空间范围来考察，从宏观与微观结合的角度看待知识服务涵盖的内容，从整体出发，通过该构架可以透视图书情报机构知识服务本身所包含的构件及关联。从局部出发，通过该构架可以使图书情报各个机构根据不同维度对应的活动内容明辨自身定位和选择业务范围。以系统性指导知识服务的开展,避免认识上的片面性和运作上的零散性。

3 知识服务三维构架(TdFKS)的合理性调查研究

为考察知识服务三个维度划分与内容构建的合理性,课题组选择采用问卷调查以及信度与均值分析的方法加以验证。首先在文献研究和课题组讨论的基础上,设计量表方式的问卷,通过面谈、电子邮件、专业研讨会等方式进行三次调查,以了解被访问者对知识服务三维构架结构设计合理性的态度,然后,在不断征询意见和对调查表修正完善的基础上,形成知识服务三个维度的合理性问卷,并得出最终的调查结果。

3.1 变量的测量、问卷设计及方法选择

根据研究的目的,调查问卷主要列出知识生命周期维的6个阶段、知识资源的3种类型和知识服务加工层次中的13项内容。为保证调研数据的精确和便于分析变量之间的影响关系,对于上述变量的测量采用李克特7点量表的形式,依照非常不合理到非常合理按同意程度依次递增的形式,分别给予1 -7的得分。所有问卷回收后,对于最终有效问卷首先进行数据的录入和复核,然后利用 SPSS 13 以及信度分析等方法对数据资料进行统计分析与验证。

3.2 描述性统计分析

最终的问卷调查共发放问卷74份,采用面对面访谈、邮件通信方式,调查地点为南京大学(图书情报工作人员)、南京理工大学(工作人员和研究生)以及上海、武汉、北京等地区(专业人员,包括本机构专家、其他行业的专家和工作人员)。回收问卷共70份,除去填写不清晰和不完整的问卷,有效问卷共66份。从统计结果显示的被调查者上述三个方面的数据以及通过访谈交流的情况来看,被调查者大多数拥有职业背景、专业支撑和实践经验,知晓知识服务这件事并对其内涵有一定的理解。所以,课题组认为调查人员的基本信息可以满足调查目的的需要。

3.3 信度分析

3.3.1 检验信度的方法

调查问卷的信度是指问卷调查结果所具有的一致性或稳定性的程度。根据课题研究性质,采用 Cronbach α 方法来分析。Cronbach α 系数值介于0与1之间,α 值越大表示问卷项目间相关性越好,内部一致性可信度越高[3]。在实际应用上,Cronbach α 值至少要大于0.5,最好能大于0.7。此外,信度分析中,采用 F 检验来判断问卷的可重复测量效果,假如 P 值小于0.05,则问

卷的重复测量效果很好。

3.3.2 知识服务三维构架结构合理性调查的信度和均值分析

将调查所得数据输入 SPSS13，对三个维度进行信度分析与均值分析。关于知识服务生命周期调查的合理性分布如图 3 所示：

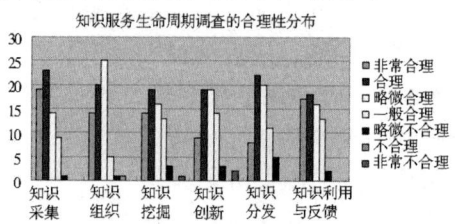

图 3　知识服务生命周期调查的合理性分布

在 SPSS 信度分析的界面上选择 Alpha 选项，最后结果如表 2 所示：

表 2　生命周期信度分析输出

Cronbach's Alpha	Cronbach's Alpha Based on Standardized Items	N of Items
.781	.783	6

Cronbach's α 系数为 0.781，标准化的 Cronbach's α 系数为 0.783。参考可信度高低与 Cronbach α 系数的对照表，由于 Cronbach's α 系数大于 0.7，因此，可以得到结论：知识服务生命周期维调查的各测量数据间显示出较强的正相关性，内部一致性较好，调查结果很可信。

另外，在 SPSS 中选择 F-Test 进行 F 检验，输出结果如表 3 所示：

表 3　信度分析 F 检验输出

		Sum of Squares	df	Mean Square	F	Sig
Between People		255.255	65	3.927		
Within People	Between Items	17.073	5	3.415	3.976	.002
	Residual	279.093	325	.859		
	Total	296.167	330	.897		
Total		551.422	395	1.396		

其中，F = 3.976，P = 0.002。由于 P 值远小于 0.05，则拒绝原假设 H_0，接受 H_1，认为该因素不同水平下各总体均值有显著性差异，即因素的不同水平给观察值变量带来显著性影响。因此，判定问卷的重复测量效果较好。

在信度分析的基础上进行均值分析，如表 4 所示：

表 4　生命周期均值分析输出

	Mean	Std. Deviation	N
知识采集	5.76	1.068	66
知识组织	5.58	1.053	66
知识挖掘	5.36	1.285	66
知识创新	5.14	1.311	66
知识分发	5.26	1.114	66
知识利用与反馈	5.53	1.166	66

根据均值统计，发现知识生命周期各环节的均值都在 5 分以上，也就是说，它们的认同度都在略微同意以上，其中又以知识采集的认同度最高，均值达到了 5.76；而知识创新的认同度最低，均值只有 5.14。观察标准差列，知识创新显示出的数值最大，表明知识创新的均值偏离其他均值最多。

综上所述，知识生命周期维的调查结果在信度分析中表现出较高的稳定性，问卷信度较高；而在均值分析中，生命周期维的均值较高，标准差较小，表明调查者对生命周期维总体比较认同。因此，可以得到结论：知识服务的生命周期维的设计是合理的。

采用上述同样方法进行资源维与层次维数据分析。得到资源维数据的 Cronbach's α 系数为 0.708、标准化的 Cronbach's α 系数为 0.710，层次维数据的 Cronbach's α 系数为 0.938、标准化的 Cronbach's α 系数为 0.940。因此也可得到结论：资源维和层次维调查的各测量数据间显示出了极强的正相关性、内部一致非常好、调查结果十分可信。另外，在 SPSS 中选择 F - Test 进行 F 检验，两个维度的 P 值远小于 0.05。因此，判定问卷的重复测量效果较好。综上可得出结论：知识服务资源维、层次维的划分与知识服务生命周期维的划分是合理的。

参考文献：

[1]　Shedroff N. An overview of unders-tan-ding in information anxiety. [2007 - 11 - 15]. ht-

tp://www.nwlink.com/~donclark/performance/unders-tan-ding.html.

［2］ Guy St C. Knowledge services:Your company's key to performance excellence.［2007-11-10］.http://findarticles.com/p/articles/mi_m0FWE/is_6_5/ai_75958760.

［3］ 刘阳阳. 使用 SPSS 软件进行化学试卷的信度分析. 计算机在化学中的应用, 2007(6):55-57.

作者简介

王曰芬, 女, 1963 年生, 教授, 博士, 发表论文 70 余篇;

张蓓蓓, 女, 1985 年生, 硕士研究生, 发表论文 2 篇;

吴婷婷, 女, 1985 年生, 硕士研究生, 发表论文 2 篇。

国内图书馆知识服务研究综述
(1999—2011)[*]

任萍萍

(哈尔滨理工大学图书馆 哈尔滨 150040)

摘 要 选取 CNKI 为检索工具,以 1999-2011 年所发表的 879 篇关于图书馆知识服务研究的文献作为分析数据,着重从国外图书馆知识服务实践、国内图书馆知识服务基本理论、知识服务模式、知识服务相关技术以及知识服务实施对策 5 个方面综述国内图书馆知识服务的研究现状,提出知识服务研究中存在的不足,展望知识服务未来发展趋势。

关键词 图书馆 知识服务 现状分析 研究综述

分类号 G252

1999 年,任俊为撰写了"知识经济和图书馆知识服务"一文并在《图书情报知识》上发表[1]。2000 年,张晓林在《中国图书馆学报》上发表了"走向知识服务——寻找新世纪图书情报工作的生长点"的文章,提出要把"图书馆知识服务"作为重点研究对象,并提出"图书情报工作的核心能力应该定位于知识服务"的创新观点[2]。该文章在国内学术界产生了重大影响,就此拉开了国内图情界研究图书馆知识服务的序幕,此后该主题成为学术界理论研究的热点并不断升温,涌现出越来越多高质量的研究成果。本文拟通过文献统计、系统梳理和归纳,对国内学者有关知识服务各方面的研究作一综述。

1 国内图书馆知识服务研究概况

本文选取中国知识资源总库——CNKI 系列数据库中的中国学术期刊网络

---

[*] 本文系黑龙江省教育厅 2012 年度人文社会科学研究项目"图书馆知识服务、个性化知识服务研究"(项目编号:12522044)和黑龙江省文化厅艺术规划重点项目"高校图书馆个性化知识服务创新研究"(项目编号:11D077)研究成果之一。

出版总库作为数据来源，进行文献统计。在进入该库文献检索页面后，选择标准检索，检索时段设定为：1999—2011 年（其中 2011 年为不完全检索年，这里以实际检索到的数据为准），以"篇名"作为"检索项"，以"图书馆"、"知识服务"作为检索词通过默认的精确匹配，共检索到以图书馆知识服务为题名的论文 879 篇（检索时间是 2011 年 11 月 13 日）。下面对被检索到的论文按年代分布作简要分析，如表 1 所示：

表 1 1999—2011 年国内知识服务研究论文年度分布

年份（年）	1999	2000	2001	2002	2003	2004	2005	2006	2007	2008	2009	2010	2011
年发文量（篇）	1	3	11	9	22	32	69	59	89	143	158	181	102

从表 1 中的数据可以看到，发表的研究论文数量总体呈现快速上升趋势。尤其是从 2001 年开始，发文量大幅提高，2011 年的发文量到本文统计时已达到 102 篇（由于印刷版刊物的发行略早于中国学术期刊网络出版总库，所以在本文统计时，2011 年 10－12 月份的大部分期刊数据尚未被收入到总库中，这里的数字是实际检索到的），这说明图书馆知识服务已经成为图书情报领域关注的焦点和热点问题之一。

2 国内图书馆知识服务研究历程

2000 年，张晓林对图书馆知识服务进行了深入的研究、论证，探讨了知识服务的运营模式[2]。李桂华与党跃武等也积极研究知识服务，他们与张晓林一起完善了知识服务的运营方式[3]。陈景增认为，要开展图书馆知识服务，必须遵循既定的原则，包括：① 主动性；② 时效性；③ 持续性；④ 针对性；⑤ 营利性[4]。2005 年后，随着知识服务研究的不断深入，陆续出现了如王庆瑶"个性化知识服务：更深层次研究国内研究型大学图书馆知识服务的途径"[5]、王伟军等"基于 Wiki 的知识服务系统研究"的研究论文[6]。知识服务研究的深层次问题受到关注，个性化知识服务、知识服务系统的研究受到重视，并引起了学者们的研究兴趣。近几年，知识服务研究论文的发表数量大幅增加，呈现了快速上升趋势。1999—2011 年，国内图情界总共发表该专题的论文 879 篇，另外还有一些关于图书馆知识服务的硕博士论文。其中硕士论文 24 篇，博士论文 2 篇（统计截止到 2011 年 11 月 13 日）。这些研究成果可以帮助我们了解知识服务理论体系现状和实践中所涉及到的各种问题。

对知识服务研究的不断深入发展起到推波助澜作用的还有学术会议的召

开。2002年5月，在北京聚集了国内一百多所高等院校图书馆的馆长和专家，共同研讨共建——共享"高等院校数字化图书馆关于知识服务网络的方案"；2003年9月，中国图书馆学会举办了"信息导航员——为经济建设和科技创新提供知识服务"学术研讨会[7]；2004年10月，中国科学院文献情报中心与中国科学技术大学共同举办"走向知识服务——文献情报服务发展与创新"学术研讨会[8]。此后，几乎每年都有以知识服务为主题或分主题的学术研讨会。这些会议的召开，大大推进了国内图书馆知识服务理论研究的进程。

随着知识服务理论研究的不断升温，国内不少研究型图书馆、高校图书馆和科研机构等在图书馆知识服务实践方面，已经完成由传统文献服务到信息服务的过渡，上升为知识服务，实现了质的飞跃。例如，北京大学图书馆、清华大学图书馆、中国科学院文献情报中心等都实施知识管理策略，探索性试运行为用户提供知识服务，而且都收到比较好的服务效果，反响很好[9]。清华大学图书馆建立"学科馆员－图情教授"制度，大幅提升了图书馆各项服务的有效性和知识含量[10]。武汉大学图书馆推出"我的图书馆"，该服务是指所有已经注册的用户都有权进行借阅现状查询、借阅历史查询、书目检索、借书预约、续借等个性化服务，体现了高校图书馆知识服务个性化趋势[11]。上海图书馆经过现代化建设实践，提升了知识服务的能力，大幅提高了信息资源数字化和网络化服务的能力。

3　国内图书馆知识服务研究成果

目前国内学者对图书馆知识服务的研究，主要集中在分析国外图书馆知识服务实证研究、国内图书馆知识服务基本理论、知识服务模式、技术、实施对策等方面，下面将从5个方面分别进行阐述：

3.1　国外图书馆知识服务研究实践

国外对知识服务的研究，最初起源于企业类组织的知识管理，其目的是提高企业的经济效益和竞争能力，后来该理念被引入图情领域。1997年美国专业图书馆协会（SLA）在 *Information Outlook* 上设立专门栏目开展对知识管理的研究探讨。2001年SLA前会长Guy St. Clair撰文指出专业图书馆最新发展趋势就是要开展知识服务，专业馆员和信息专家在新形势下，应为用户提供创新知识、获取知识的知识服务，使知识服务成为一种信息使用的管理方法[12]。2003年，美国学者克莱尔、哈瑞森和托马斯·佩里兹在"创建一流知识服务"的文章中更加强调知识型组织的发展要紧紧依靠图书馆员和其他知识工作者为用户提供更加准确及时的知识服务，克莱尔的科学研究成果成为后来国外图书馆知识服务实践研究的基础[13]。

实践方面，美国国立医学图书馆（NLM）实施的"多种学科科学研究小组对数据进行研究并实施数据库和软件的构建"是知识服务非常成功的典型范例，美国国立生物技术信息中心（NCBI）的"生物信息数据库"为科学研究人员提供已经集成化的知识服务，而且融入到科学研究人员解决问题的整个过程中[13]，如图 1 所示：

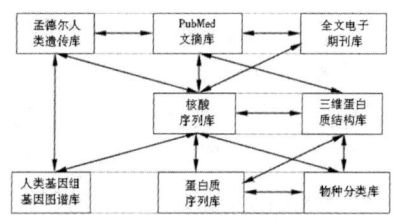

图 1　NCBI 的数据库及其连接

从对 NCBI 运作情况的分析中，我们可以发现其科学数据库的研制和建设正是知识积累、加工、传播和利用的过程，通过深入到知识单元的智力型产品融入科研人员解决问题的全过程中，提供直接帮助他们解决问题的增值服务[14]。

2002 年 6 月，美国国会图书馆、OCLC 与原 CDRS 项目核心成员馆在 CDRS 的基础上，共同研发出全球合作式数字虚拟参考咨询服务系统—QuestionPoint（简称 QP），该系统的功能很强大、优势突出，成为全球图书馆合作数字虚拟参考咨询服务的典范[15]。目前，QP 拥有成员馆 2 000 多家。继北京大学图书馆于 2002 年 7 月作为第一个来自中国的成员馆加入 QP 系统之后，清华大学、中山大学、中国社会科学院、北京航空航天大学、上海交通大学、北京工业大学等多家大学图书馆、科研机构也先后加入 QP 咨询服务系统，组成了我国合作组——CALISGroup。它们对 QP 进行了实证研究，例如中国社科院图书馆 2004 年 2 月加入到 QP 参考咨询服务系统中，并开始利用该系统为院内外用户提供优质、快捷、高效的参考咨询服务。几年来，该图书馆使用 QP 系统共接待完成 6 223 个咨询请求[15]。尽管该系统功能强大、适用范围广，但在我国实际应用中却存在一些问题，诸如语言障碍、沟通困难、中文资源较少、费用比较昂贵、使用率偏低等。这些都阻碍了 QP 系统在我国的推广。目前由国内自主研发的中国高等教育文献保障系统（CALIS）的 CVRS 分布式联合虚拟参考咨询、清华大学的 THLVRS 系统、中国科学院国家科学图书馆的 CSDL—DRD 的集中式联合参考咨询等，每个系统都独具特色，实用效果很好,并能满足国内图书馆的数字虚拟参考咨询服务需求[15]。这已成为国内图书馆的一种全新选择。

部分国外高等院校图书馆大多在参考咨询知识服务方面使用先进的 personal library 技术,例如:美国康奈尔大学图书馆的 VIVO 系统是为挖掘生命科学领域科研人员间的共同科研兴趣而建立起来的虚拟社区,它用实体—关系式本体模型的方式将科研人员和科研成果以及教育类活动等信息体现出来。该系统的知识组织系统是粒度非常细的类和关系本体概念模型[16]。该技术在知识服务研究实践方面取得了较好的成果。国内这方面研究始于 2002 年,首位研究学者是武汉大学陈光祚教授及其指导的博士研究生,他们在引进、分析、吸收国外科学研究成果的基础上,给出个人数字图书馆的定义,对国外研发的个人数字化图书馆管理软件进行实用评价,并将其应用到实践中。2007 年 6 月,学者陈光祚教授使用联合国教科文组织推出的 Winisis 软件,创建了我国"首个个人数字图书馆"。此后,2008 年 7 月,CNKI(中国知网)推出"个人数字图书馆(personal digital library,简称 PDL)"。个人数字化图书馆开创了个人利用数字资源的新局面。但国内研究状况与国外研究状况存在差异,有影响力的作者比较少,研究的深度、广度也不如国外学者,在上与国外发展理念也还存在一些差距。

3.2 国内知识服务基本理论研究

学者们围绕知识服务的概念、特征(特点)、内容和原则等基本理论问题,进行了探讨,但对其概念的定义,仍在探索阶段,目前还没有统一确切的认识,其中几种比较有代表性的定义是:张晓林提出,知识服务是以知识的搜集、组织、分析、重组的知识创新和服务能力为基础,依据用户的问题、环境,参与到用户解决问题的整个过程中,提出能够有效支持的知识应用与知识创新服务[2]。孙成江等提出,知识服务应当遵循知识的重新整合、知识信息的析因、知识逼近的基本原则[17]。李慧敏提出,知识服务是指图书馆利用自己生产的知识信息、拥有的知识资源和知识设备,在特定的时间内满足社会和广大用户知识需求服务的活动[18]。韩宇对知识服务的本质进行了分析,指出,其本质就是以知识创新和知识能力为基础的服务,是以图书馆员的知识以及有关人员的知识付出为基础的服务,所以知识服务的过程就是连续增加知识含量的过程[19]。吴秀珍认为,知识服务是根据用户实际信息需要和所在的信息环境,按照用户的信息获取路径而组织的服务流程。它的核心就在于知识创新的过程,在对显性知识进行的加工中加入了对隐形知识的开发与共享,使显、隐性知识形成集成,成为智力型的知识产品,并促使图书馆员和用户的共同参与,把关注的重点扩展到整个服务过程中,使其成为"一站式"的综合服务[20]。

以上关于知识服务的定义,观点各异,笔者认为:图书馆服务环境的不断变化和知识的不断创新使信息服务升级为知识服务,知识服务是以知识服务能力和知识再创新为基础的服务,针对不同用户的各种问题、环境,参与到用户解决问题的整个过程中,通过分析特定用户的特定需求,使二者相匹配,在用户最需要的时间将其最需要的知识传送给用户的深层次智力服务。

3.3 国内知识服务的模式研究

在图书馆知识服务的模式方面,学者们的研究观点是:张晓林依据各种类型知识性服务的现有经验,参考国内外图书情报界在这方面的研究探索,最早对知识服务的最基本运营模式进行了阐述,认为知识服务的模式包括:基于分析和具体内容的参考咨询知识服务模式;知识管理知识服务模式;专业化信息知识服务模式;个性化信息知识服务模式及团队化信息知识服务模式[2]。田红梅认为知识服务具体模式应是:信息导航;信息咨询;集成化知识服务;专业化个性化知识服务;共建共享知识资源[21]。陈红梅设计了三种以知识服务系统网络为基础的知识服务模式,分别是用户自我服务标准模式;专家知识服务标准模式;实时在线沟通式服务标准模式[22]。庞爱国提出了更加具体的知识服务模式:运用导航库技术针对用户提供专门的知识服务;利用智能代理技术针对用户提供特别的知识服务;利用信息推送技术专门为科研提供定题知识服务[23]。李家清等人提出了不同层次的参考知识服务模式,即专业化知识服务模式;管理知识服务模式;个性化定制知识服务模式;垂直知识服务模式等[24]。李沁萍提出图书馆知识服务的创新机制将由采—编—借—阅—藏,向选—制—管—传—用体系改革[25]。赵静等认为,高校应建立支撑科研的团队式知识服务模式[26]。罗彩冬等人提出,知识服务模式可以分为静态和动态两种模式[27]。靳红等人认为高校图书馆当前的知识服务模式包括咨询台知识服务模式;学科馆员式知识服务模式;门户网站式知识服务模式;知识库知识服务模式[28]。章练红等还提出了全程化和个性化等信息服务模式[29]。

笔者认为,各图书馆根据自身实际,图书馆知识服务模式可以是不同的,但必须在实施过程中,为知识服务指明方向,并能够结合用户的特定需求和知识服务的特点,制定出能够解决用户实际问题,具有定制化服务和专业化服务的标准样式。

3.4 国内知识服务新技术研究

随着知识服务实践的不断深化,已有越来越多的新技术被广泛地应用到知识服务中来，为图书馆开展知识服务提供了非常重要的技术支持。田红梅将图书馆知识服务技术详细划分为：① 最基础的网络技术，包括：因特网；内部网；外联网。② 知识的研究与开发技术，包括：技术数据仓库；数据开发；人工智能技术。③ 知识信息的存贮和推广技术，包括：大型知识数据库技术；最新型的检索技术；智能代理技术；搜索引擎技术以及网络技术；组件技术等[21]。曾民族将需要研究开发并运用的重要技术细分为：① 知识信息检索；② 知识信息提供；③ 知识信息存储；④ 具体内容选择；⑤ 具体内容挖掘；⑥ 聚类和分类；⑦ 可视化技术；⑧ 具体内容转换；⑨ 智力基础工具；⑩ 协同技术；⑪ 协议、规范、标准；⑫ 人工智能技术[30]。王惠临等人认为，必须以知识信息自动理解技术为基础，语言技术和知识技术，特别是知识技术最核心的本体技术，在知识信息的自动理解中具有非常重要的基础技术的功能[31]。靳红和程宏将诸多技术总结为导航库、推送、Web 访问知识信息挖掘、智能代理、多种语言信息发现 5 种技术[32]。吴秀珍提出实施知识服务除了上述 5 种必需的信息技术外，还应该构建包括内部、外部两个子数据库的知识信息数据仓库[33]。曾铮认为，在知识服务系统中充分使用语义网技术，将是未来信息服务模式的发展趋势[34]。郭琳提出了知识网格技术在数字化图书馆知识服务中的具体运用以及建设数字化图书馆知识服务共享平台所面临的技术挑战[35]。翟秀凤研究了 Web 2.0 相关技术（rss、blog、wiki、tag、sns）在图书馆知识服务中的应用，包括在参考咨询服务、数字图书馆建设、学科馆员建设中的应用[36]。

笔者认为，对知识服务中涉及到的关键技术问题进行必要的探讨与研究，将是推动知识服务向纵深发展不可或缺的前提。网络技术、新的信息技术，特别是 Web 2.0 技术的快速发展，加快了图书馆知识服务的发展进程，图书馆必将利用自动化、网络化、智能化的技术来开展知识服务工作。

3.5 国内知识服务实施对策研究

国内学者们从各自不同视角，对如何实施知识服务提出了不一样的对策。史振立提出强化知识服务理念，进一步深化信息服务；创建图书馆知识服务的标准模式；优化和丰富馆藏知识资源，构建用于知识服务的共享平台；推行围绕用户的个性化知识服务；拥有高素质知识型的图书馆员[37]等对策。许建兰提出强化信息资源的开发利用，根据不同用户提供有针对性的服务内容；开展图书馆的对外服务，实行图书馆一馆两制、多种业务并存的体制；为图书馆培养高素质的知识信息人才[38]等对策。李慧就数字图书馆开展创新型知识服务提出了几点创新策略，包括建立网络化的知识服务平台，推行定制化知识服务;推行知识源互动空间;推行一站式知识服务;构建个性化网页定制的创新型知识服务[39]。李慧敏则提出,知识创新型的图书馆应采取进一步优化馆藏知识资源的良好结构,构建知识共享的知识服务保障系统,进一步更深层次开发知识资源,创造并推出新的知识产品;加强创新服务体系的建设,鼓励工作人员进行创新型研究等[40]。吴秀珍提出当代图书馆开展知识服务,除应采用先进的信息技术,构建必要的知识数据库、高效的组织基础外,还应该建设支持知识服务的当代图书馆管理机制;创立动态的知识服务团队;建立适应知识服务需要的领导组织结构;强化当代图书馆的知识管理;推行知识服务营销等[20]。鞠福琴全方位地提出了具体对策,包括:变革传统直线型图书馆结构,为知识服务提供组织保障;更新观念,树立经营图书馆的理念;进一步完善基础设施,为知识服务提供强有力的技术支撑;强化文献资源的建设,以此作为知识服务的强大后盾;组织团队学习,造就一批能胜任知识服务的学科馆员[41]。

笔者认为,目前,国内图书馆知识服务水平离用户的满意度还有一定距离,知识服务能力如何才能提高,是当前图书馆面临的突出问题。知识服务是传统信息服务进一步发展和深化的高级阶段,是当前知识经济和网络环境下的高层次的服务。图书馆要想能有效地、高质量地实施知识服务,真正做到让用户满意并提高其满意度,就应改变管理体制,加强各个方面的工作并提高技术含量,实施可行的知识服务新策略。

4 国内图书馆知识服务研究存在的不足和未来发展趋势

4.1 图书馆知识服务研究尚存不足

学术界对图书馆知识服务的研究已历经13年,取得了很大的成就。但该研究仍然处在探索阶段,总体上看,还存在一些不足,具体表现在:

4.1.1 对知识服务基本理论理解各异,尚未形成统一认识

尽管国内学者在理论方面进行了大量的研究、探索,但目前在知识服务的内容尤其是定义上仍然见仁见智,尚未形成统一认识,没有形成完善统一的理论体系。

4.1.2 研究的系统性不强,连续性差

对知识服务内容作系统研究的学者比较少,系统性不强,缺乏连续性,亟待形成知识服务研究体系框架。

4.1.3 理论研究与实践相脱离

目前,知识服务理论研究较多,实践研究较少;微观研究较多,宏观研

究较少。另外"知识服务系统"的研究是薄弱环节，鉴于该系统是实现知识服务的重要智能化系统，故应予重视。

4.1.4 研究成果指导性不强

有些研究成果还没有及时得到转化。许多文章由于研究者水平不高，内容雷同多，原创少，千篇一律，提出的对策、建议等大多泛泛而谈，不切实际，操作性比较差，涉及不到具体的行动步骤。

4.1.5 应加强知识服务评价体系研究

知识服务评价体系是知识服务系统得以良性运作的保障，对知识服务来说是一个十分重要的环节。目前，知识服务评价体系的研究基本是空白，应加强对这方面的研究，并在该评价体系的指导下，了解和有效控制知识服务的过程，了解自身的知识服务绩效。

4.2 图书馆知识服务研究未来发展趋势

4.2.1 知识服务将呈现"泛在化"

图书馆知识服务的"泛在化"主要体现在服务范围、内容以及环境等方面，比传统的图书馆服务具有更加广泛的用户需求和无边界的发展空间。"泛在化"图书馆的主要特点是：网络化；开放性；多语种；多格式；全天候；全球化。泛在环境下知识服务将遵循信息用户的需求，将服务嵌入到知识信息用户科研和学习中，为知识信息用户提供无障碍、到身边、即时周到的服务。

4.2.2 知识服务将呈现专家化和团队化趋势

随着知识服务研究的不断深入发展，图书馆知识服务人员的角色发生了变化，在新的技术环境中，他们是信息资源的管理者，承担着信息分析、存储、检索和利用传播，实施知识导航，提供用户急需的知识产品等任务，他们实际上已成为从事知识服务的专家。这就要求其具备多学科的知识储备。团队化就是有机地整合专业服务人员，使其成为团队，针对某一科研项目实施全面服务。在交叉学科和边缘学科的共同研究中，或在国家级的重大科研项目中，这种情况将是常见的。

4.2.3 知识服务将呈现全球化和合作化趋势

全球化是指：① 全球的知识信息用户；② 知识信息资源的全球化；③ 知识信息咨询服务专家的全球化。在知识信息发达的社会，知识服务的全球化是网络、通信技术的促进和服务理念全面更新的双重作用的必然结果。知识服务的合作化是指：① 图书情报机构彼此之间的合作；② 图书情报机构和企业之间的合作。

参考文献：

[1] 任俊为.知识经济与图书馆的知识服务[J].图书情报知识,1999(1):28-30.

[2] 张晓林.走向知识服务:寻找新世纪图书情报工作的生长点[J].中国图书馆学报,2000(5):32-37.

[3] 李桂华,张晓林,党跃武.知识服务之运营方式探索[J].图书馆,2001(1):18-22.

[4] 陈景增.知识经济环境下的图书馆知识服务[J].情报科学,2000,18(7):622-624.

[5] 王庆瑶.个性化知识服务——深化我国研究型大学图书馆服务层次的有效途径[J].图书馆学刊,2006(6):81-82.

[6] 王伟军,甘春梅,颜政,等.基于Wiki的知识服务系统研究[J].情报科学,2008(9):1292-1296,1431.

[7] 赖良君.N大学图书馆数字参考咨询应用研究——基于知识服务的视角[D].上海:华东师范大学,2009.

[8] 尉迟文珠.试论我国高校图书馆知识服务模式构建[D].天津:天津师范大学,2007.

[9] 海金梅.基于知识创新的高校图书馆知识服务研究[D].长春:吉林大学,2009.

[10] 李鹏.基于知识管理的图书馆知识服务研究[D].太原:山西大学,2010.

[11] 刘佳.高校图书馆学科知识服务模式研究[D].长春:吉林大学,2007.

[12] 刘佳.数字图书馆知识服务能力评价研究[D].长春:吉林大学,2010.

[13] 杨薇薇.近十年来国内图书馆知识服务研究综述[J].现代情报,2009(8):221-225.

[14] 顾红,白洁,陈涛.QuestionPoint在中国使用与发展现状的实证分析[J].图书馆学研究,2010(12):81-84,89.

[15] 江晓波.从美国国立医学图书馆看未来专业图书馆的知识服务[J].现代情报,2006(7):145-147.

[16] 姜颖,黄国彬.国外近两年有关本体研究的进展综述[J].图书馆学研究,2011(7):10-15.

[17] 孙成江,吴正荆.知识、知识管理与网络信息知识服务[J].情报资料工作,2002(4):10-12.

[18] 李慧敏.面向21世纪的图书馆知识服务[J].情报杂志,2003(5):76-79.

[19] 韩宇.图书馆知识服务的思考[J].新世纪图书馆,2003(5):14-16.

[20] 吴秀珍.图书馆实现知识服务的途径[J].图书馆,2008(5):92-94.

[21] 田红梅.试论图书馆从信息服务走向知识服务[J].情报理论与实践,2003(4):312-314.

[22] 陈红梅.基于系统的图书馆网络知识服务模式设计[J].大学图书馆学报,2004(5):34-38.

[23] 庞爱国.基于图书馆知识管理的知识服务[J].图书馆学刊,2005(2):78-79.

[24] 李家清.知识服务的特征及模式研究[J].情报资料工作,2004(2):16-18.

[25] 李沁萍.浅谈信息服务与知识服务[J].现代情报,2003(12):41-43.
[26] 赵静,王玉平.支撑高校科研的团队式知识服务[J].图书情报知识,2005(8):91-94.
[27] 罗彩冬,靳红,杨咏梅,等.高校图书馆开展知识服务的运营思路和方式之探讨[J].情报杂志,2004(11):86-88.
[28] 靳红,罗彩冬,袁立强,等.高校图书馆知识服务模式的比较研究[J].中国图书馆学报,2004(6):59-61.
[29] 章练红,尹顺芬,代爱梅.谈现代信息环境下的知识服务[J].农业图书情报学刊,2003(5):110-112.
[30] 曾民族.构建知识服务的技术平台[J].情报理论与实践,2004(2):113-119.
[31] 王惠临,吴丹,石崇德.语言技术和知识技术——知识服务的重要技术基础[J].图书情报工作,2006(9):6-9.
[32] 靳红,程宏.图书馆知识服务研究综述[J].情报杂志,2004(8):8-10.
[33] 吴秀珍.对现代图书馆开展知识服务的思考[J].图书馆论坛,2007(5):124-127.
[34] 曾铮.基于语义网技术构造知识服务系统[J].情报学报,2005(6):336-340.
[35] 郭琳.利用知识网格构建数字图书馆知识服务平台[J].情报资料工作,2005(2):29-31,40.
[36] 翟秀凤.Web2.0环境下图书馆知识共享模式与策略研究[D].长春:东北师范大学,2010.
[37] 史振立.基于知识管理的图书馆知识服务[J].情报杂志,2007(7):133-135.
[38] 许建兰.浅谈图书馆知识服务[J].内蒙古科技与经济,2003(8):110-111.
[39] 李慧.数字图书馆开展新知识服务策略浅析[J].图书馆工作与研究,2007(6):31-32.
[40] 李慧敏.论知识创新中的图书馆知识服务策略[J].河北科技图苑,2003(4):5-6.
[41] 鞠福琴.以用户需求为本 走知识服务之路[J].科技情报开发与经济,2003(11):51-52.

作者简介

任萍萍,女,1981年生,馆员,硕士,发表论文6篇,参编著作2部。

图书情报界的知识服务研究

张昕宇

（洛阳理工学院图书馆　洛阳 471023）

摘　要　综述知识服务研究在图书情报界 10 余年来的发展历程。分析知识服务在概念、主体、客体、内容研究上出现的典型观点，审视知识服务实践的典型事例及发展特征。提出从广义知识服务行业角度看图书情报机构的知识服务，并注重与其他知识服务业的交流和优势互补。

关键词　知识服务行业　图书情报工作　知识服务　知识管理　信息服务

分类号 G250

1　知识服务理论的引入

图书情报界长期以来将文献服务、信息服务作为其服务价值定位，这是一种建立在资源优势上的价值定位，体现的是"资源"的价值，这种"资源"价值是由以往物资稀缺、交流不畅的信息环境造成的。随着信息资源的极大丰富和无限交流，上世纪 90 年代以后，知识环境日益信息化、数字化、网络化。新的知识环境支持新的知识过程，这是一个基于计算的、动态关联的、灵活融入问题情景的和不断地进行合作交互的知识过程[1]。伴随着知识环境和知识过程的变化，用户的知识利用也发生了重大变化。在此情形下，图情学者认为有责任在用户需要的时候快捷经济地提供其需要的信息，无论这个信息内容是馆藏出版文献还是网络上的灰色文献，无论这个内容是文献还是非文献的其他类型信息[2]。因此，是用户知识需求的客观转变决定了当今图情行业的价值定位必定向知识服务转移。

基于此，1999 年任俊为[3]在《知识经济与图书馆的知识服务》一文中提出"知识服务是文献服务的深化"的观点，较早地将知识服务理念引入图情领域。2000 年，张晓林[4]在《走向知识服务：寻找新世纪图书情报工作的生长点》一文中对知识服务概念进行了较为规范的描述。此后，以张晓林教授为首的科研团队进一步构建有关知识服务的组织管理[5]、营销战略[6]、服务模式[7]、发展环境[8]等一系列具体问题的理论框架。伴随着相关理论的发展，图情机构也在积极实践，如上海图书馆在 2003 年提出了"积淀文化，致力于卓越的知识服务"的发展使命。

2 知识服务理论研究的发展

2.1 知识服务的概念

任俊为[3]认为，知识服务是文献服务的深化，以知识服务为导向的文献建设、文献加工和文献传递，应当以知识存储、知识重组和知识配送为目的。李尚民[9]认为，知识服务是指从各种显性和隐性信息资源中针对人们的需要将知识提炼出来、传输出去的过程，它是以资源建设为基础的信息服务的高级阶段。姜永常[10]认为，知识服务是根据用户问题解决方案的目标，通过分析用户知识需求和问题环境，为用户整个解决问题的过程提供经过信息的析取、重组、创新、集成而形成的恰好符合用户需要的知识产品服务。张晓林[4]认为，知识服务是以信息知识的搜寻、组织、分析、重组能力为基础，根据用户的问题和环境，融入用户解决问题的过程之中，提供能够有效支持知识应用和知识创新的服务。陈建龙等分别从产业实践[11]和知识服务信息服务的关系[12]两个角度论述知识服务概念的内涵和外延，认为知识服务这一概念具有两个特点：① 知识服务的主要资源是内化于服务者自身的隐性知识，外界存在的文献、信息、数据只是起到补充作用；② 无论客户的需求是什么，只要满足客户需求所借助的主要工具和资源是服务提供者的专业知识，并通过知识为客户创造价值，就属于知识服务的范畴。

从以上典型观点可以看出，10 年来图书情报界对于知识服务概念的理解，大多先从辨析知识与信息的关系出发，而后将两者的辨析映射到信息服务与知识服务的关系之中，意在区分知识服务与信息服务的异同，但种种说法总使人感到陌生又熟悉，其实是因为知识服务概念基石不牢，跳不出信息服务的研究框架和范式。有的学者认为知识服务是对信息服务的升华，是高级阶段的信息服务；有的学者认为与信息服务相比，知识服务的各种要素都发生了本质变化，是两种明显不同的服务形态；有的学者从工作实际出发，把知识服务和信息服务看作在新旧环境下图情行业核心价值的两种不同定位；有的学者引入波普尔"三个世界"理论，从服务者、服务对象、服务工具三个方面对两种服务的区别与联系进行剖析，提出两者之间的本质区别是服务过程中能否生产出"新知识"。应当承认，目前图情学界对于知识服务概念定义存在模糊性，认同度较为有限。到目前为止，由于缺乏明确的学科界限和完善的理论体系，知识服务研究在很大程度上只是一种导向性的理论探索，是一种"观念的变化"——倡导服务理念的不断进步，这或许就是目前知识服务理论的最大意义[11]。

2.2 知识服务的主体

"主体"这一概念，从哲学意义上讲是指对客体有认识和实践能力的人，是客体存在意义上的决定者。关于知识服务的主体，学界大体从三个范畴进行表述：① 从本行业出发，认为知识服务主体就是对知识服务有认识和实践能力的图情系统或机构。如张晓林[4]将知识服务定位成新时期图情机构的"核心能力"和图情工作新的增长点。有学者考虑到知识服务对知识资源建设、专家系统建设以及设备条件等有较高的要求，认为知识服务主体目前仅限于部分重要的科学研究机构、高等学校的图书馆和大型学术性公共图书馆[13]。② 从服务方式出发，认为知识服务将是基于集成的服务，而不是依靠大而全的系统或服务。如姜永常[10]认为，知识服务将是基于分布式多样化动态资源、系统的服务，而不是基于固有资源或系统的服务，因此它不属于也不局限于某一个图情系统。③ 从广义的产业实践视角来看，认为知识服务业称谓很多，涵盖了不同服务形态中对知识依赖性较强的那部分服务行为的集合，而图情机构所实践的知识服务行为仅具备了一定意义上的知识服务元素，严格地说，仍属于信息服务的深化。如陈建龙[12]等认为界定什么是知识服务，不能从需求角度去考虑，也不能从服务活动的行业性质去考虑，只能从服务所依赖的主要资源是否来自于服务者所具备的专业知识这一点去进行界定。

笔者更倾向于第三种观点，认为研究知识服务应在更广泛的社会行业范围内对其主体进行定位。审视图情机构所从事的知识服务，就其所需具备的与信息资源检索与利用相关的知识和技能而言，确实具备了知识服务的元素，但与从事知识服务业所需要的专业知识（比如法律知识、财务知识、医学知识等）相比，仍具有本质区别[12]。因此，我们站在广义的知识服务业角度看图情机构的知识服务，有助于厘清知识服务在图情机构服务体系构造中的价值和定位，更有助于加强图情系统和其他知识服务行业的交流和优势互补。

2.3 知识服务的客体

"客体"这一概念，从哲学意义上讲是指主体以外的客观事物，是主体认识和实践的对象。具体到知识服务，图情界有学者认为文献就是知识，因此把图情机构的全部服务对应于知识服务，认为知识服务的客体就是图情机构的所有文献和用户,如杜也力[14]等认为知识经济时代,知识服务取代信息服务是社会需求的必然;有学者认为图情机构的用户有层次之分,因此传统服务与知识服务将持续并存,以适应不同层次的用户需求。图情机构在做好一般性读者服务的同时,应根据自身条件,开展知识服务,满足高端用户的深层次服务需求[13];也有学者认为知识服务的客体是那些对某一方面知识有缺失感、但是其需求无法通过外部存在的客观知识世界得以满足、需要求助于经过高度专业化的知识学习并具备相应专业技能的知识服务主体的用户,而知识服务主体主要依靠内化于自身的知识沉淀为客体提供创新度较高的服务[12]。

现今之所以图情学界知识服务理论体系不清晰,与信息服务研究体系陷于分不清、理还乱的境地,知识服务客体的难于确定是造成这一局面的关键因素,因此,厘清知识服务的客体对于区分某种服务是知识服务或是信息服务具有重要的决定作用。信息服务的客体是那些可以通过各类文献或信息资源来满足其需求的用户。满足其需求既可以通过用户个人的信息搜寻行为,也可以借助各类信息服务机构提供的信息服务。但这些途径所指向的信息源是相同的,即客观知识世界;知识服务的客体是那些对某一方面知识有缺失感,但外部客观存在的知识资源无法满足其需求的用户,其知识诉求需要知识服务者依靠内化于自身的知识沉淀,并通过知识挖掘、知识集成和知识创新来满足。这种需求客观知识世界无法满足,必须直接求助于内化于服务者的系统化的专业知识和职业技能。

2.4 知识服务的内容

知识服务是以用户需求为导向的服务,需要针对用户的特定需求提供相应的服务。对于知识服务的内容,有学者从提供知识种类的角度考虑,认为包括知识地图服务、隐性知识服务、显性知识服务、文献型知识服务、非文献型知识服务、网络信息资源的整合式服务[15]。有学者认为知识服务是现代图书馆业务工作的主要内容,是读者服务的深化和发展,是一种高层次的信息服务,主要包括专题馆藏服务、虚拟参考咨询服务、个性化服务[16]。张晓林教授[1]认为,知识服务的内容,一方面是有机地组织数字知识资源环境,支持用户进行知识的挖掘、计算、试验和评价;另一方面是充分利用我们对知识资源结构和知识分析规律的深度理解,以专业的信息分析与知识分析专家的身份来协助用户进行知识的挖掘、计算、试验和评价。还有学者对知识服务的内容产生疑问,认为如果知识服务的内容是信息知识,那么这个信息知识到底是信息还是知识或者是信息与知识?如果知识服务的内容是知识产品，那么文献服务、信息服务是否都可称为知识服务？如果知识服务的内容是知识，那么这里的知识是人们通常理解的普遍知识还是特定范畴内的知识[17]？

以上观点试图从不同角度来划分知识服务的内容，不难看出，这些划分方法与信息服务内容的划分方法是一脉相承的，并有相互混淆之嫌。事实上，知识服务的内容是很宽泛的，判断某种服务是知识服务或是其他服务，需要看它满足客户需求所借助的主要工具和资源是否是服务提供者的专业知识，是否在服务过程中产生了新知识，并通过新知识为客户创造了价值。这里所谓的新知识，不只是服务者从客观知识世界收集、整理和加工用户所需知识，不只是对客观知识在形态上有所改变或者是内容上有所重排，而是在很大程度上提出了前所未有的新观点、新理论、新方法或者新的解决方案。

2.5 视知识服务为图书情报界核心能力的商榷

2000年张晓林教授在《走向知识服务》一文中第一次将图情机构的核心能力定位在知识服务上，此文发表后在业内引起较大反响，引发了图情界对知识服务研究的热潮。据CNKI统计数据显示，截止到2011年4月30日，该文引证文献为667篇，成为国内图情学界被引次数最高的文献之一。此后国内图情界大多直接继承张晓林教授及其科研团队对知识服务理论体系的论述，着力探讨知识服务的概念、特点、内容、原则、技术框架等。在学界大体同意图情工作要适应知识环境和知识利用过程新变化来大力开展知识服务的同时，少数研究者从知识服务的实践层面对知识服务理论研究的实际价值提出了质疑，认为知识服务不可能也不应该定位成图情机构的核心能力。如王均林[18]等指出，能完成知识服务的只是少数在情报调研和某一学科、专业领域有一定造诣，知识结构合理，研究能力强且甘愿替别人做嫁衣裳的不图名利者，并指出"欧美发达国家图书馆界还没有将这种'知识服务'确定为主要任务和核心能力，我国的图书馆有能力做这种无基础的跨越吗？"

业内围绕"知识服务能否成为图书馆核心能力"这一命题展开过广泛的争论。如李智敏[19]称图书馆读者服务"不可轻言知识服务"，而要提倡信息服务；黄连庆[20]否认知识服务是"操作陷阱"，并从社会需求、图书馆结构变化和图书馆制度三个方面分析影响图书馆核心能力定位的主要因素，针对质疑图书馆知识服务的思想误区进行了剖析。笔者认为能力有核心能力和一般能力之分，在当今图情用户知识存在环境、知识利用过程和知识需求目标发生重大变化的情形下，图情行业必须在开展一般文献服务、信息服务的基础上，从人财物资源共建共享、馆际系统间相互协作的战略高度来审视图情机构核心能力的定位。

3 知识服务实践的发展

我国图情机构不断加大对数字资源体系的建设力度,期望以丰富的网络资源、数据库资源及国内外大型联机检索系统为支持,为用户提供多种用途和多种形式的信息检索服务和知识服务。如作为中国科学院知识创新工程的重要组成部分,国家科学数字图书馆(CSDL)建立了基于个性化集成定制的"我的数字图书馆"门户,并开发了基于网络的参考咨询服务、情报分析服务、知识管理服务等系统,以用户为中心提供信息服务和知识服务。

在建设整合现有数字资源的同时,各机构纷纷结合馆藏优势,自建特色数据库。如武汉大学图书馆研制开发了"长江资源数据库"、郑州大学图书馆的"河南地方文献数据库"、四川大学图书馆的"巴蜀文化特色数据库"、上海大学图书馆的"上海作家作品数据库"等。

为了提供个性化服务,各机构在传统参考咨询的基础上推出 DRS (digital reference services),通过采用 CALIS 的分布式联合虚拟参考咨询系统(CVRS)、清华同方数字参考咨询系统(ask a librarian)、QQ、e-mail、网络表单咨询、BBS、FAQ 等形式,利用网络化、数字化手段,实时或异步地满足用户各种需要的问答式咨询服务。

为了提供针对性、适用性和及时性的知识服务,图情机构根据用户的问题和环境组成服务团队深入科研小组,支持并协助用户进行知识的挖掘、计算、试验和评价,融入用户解决问题的过程之中,提供有效支持知识应用和知识创新的服务。如郑州大学图书馆对"木粉聚醚催化合成"这一项目提供了历时 10 年的系统化知识服务,使该项目获得了省、部级科技进步及国家发明三等奖。他们成功的知识服务也获得了河南省优秀科技情报成果一等奖。

10 年来,图情机构从事的知识服务实践凸显出如下进步:① 在信息服务的基础上走向知识服务,从业人员以专业信息分析与知识分析专家的身份面向知识内容践行知识创新服务,并在服务过程中体现出图情专业人员的专业价值和优势。② 数字资源体系逐步建设、整合并完善,以用户为中心的知识服务体系在逐渐完善,传统服务、信息服务、知识服务三种服务模式并存,以适合不同用户需求。③ 图情机构组织实施以知识、人、信息技术手段相结合的知识创新管理。

但总体来看,知识服务在图情界整体发展水平不高、数字资源引进重复率高、区域之间的协作性较差[21],知识创新特点不明显的问题依然严峻。具体来说,表现如下:① 缺乏整体规划、技术难以共享。如果知识服务缺乏自上而下的整体规划,仅靠图情机构或馆员自身随着兴趣自发而为,是难以形成大气候的,知识服务实践很难由"游击战"变为"大会战"。② 自身宣传不够,与用户沟通不足。由于宣传力度不够,与用户之间缺乏有效的沟通,用户不了解知识服务项目的使用方法、使用范围和所能解决的问题,造成用户更习惯于以前那种定题—查找—获取资料的单向信息查找模式。③ 知识服务理念培育、人员配备存在问题。其中包括图情机构内部培育"以用户为中心"的服务理念,如何找到技术和服务更好的结合点,并不断激发用户的参与意愿;包括图情机构如何培育核心用户、学科馆员,建立良好的体制,充分调动他们参与的积极性;还包括如何更好地培育用户的信息素养,以有效提高用户的使用技巧。④ 技术创新问题。知识服务技术在国内图情机构已经有了一些实验性的局部应用,如何将知识服务的一些核心技术进行创新和共享,整合为高层次的知识服务应用平台,以适应社会的知识服务需要,则是今后要考虑的重要问题之一。

4 结 语

纵观 10 年来图情学界对知识服务的研究和实践,笔者认为开展知识服务一方面是新的知识环境、新的知识利用过程和新的用户需求对图情界的客观现实要求,另一方面也是图情界立足本行业对这一现实要求的积极回应和努力践行。图情界在开展知识服务研究和实践的同时,应将本行业置身于知识服务行业之中,不断总结与反思出现的问题,找准自身工作价值定位,实现不同学科之间的对话和交流,着力加强和其他知识服务行业的优势互补。

参考文献:

[1] 张晓林.重新认识知识过程和知识服务[J].图书情报工作,2009,53(1):6-8.

[2] 张晓林.从文献传递到知识传递:面向未来的模式转变——参加 ILDS2009 会议有感[J].图书馆杂志,2010(2):2-5,26.

[3] 任俊为.知识经济与图书馆的知识服务[J].图书情报知识,1999(1):27-29.

[4] 张晓林.走向知识服务:寻找新世纪图书情报工作的生长点[J].中国图书馆学报,2000(5):32-37.

[5] 党跃武,张晓林,李桂华.开发支持知识服务的现代图书情报机构组织管理机制[J].中国图书馆学报,2001(1):21-24.

[6] 李桂华,张晓林,党跃武.论知识服务的营销战略问题[J].中国图书馆学报,2001(4):11-14,32.

[7] 张晓林.构建数字化知识化的信息服务模式[J].津图学刊,2003(6):13-16,80.

[8] 党跃武,张晓林,李桂华.塑造有利于知识服务的图书情报机构发展环境[J].图书馆,

2001(5):15-18.
[9] 李尚民.图书馆信息服务与知识服务比较研究[J].现代情报,2007(12):33-34,37.
[10] 姜永常.论知识服务与信息服务[J].情报学报,2001(5):572-578.
[11] 陈建龙,王建冬,胡磊,等.一论知识服务的概念内涵——基于产业实践视角的考察[J].图书情报知识,2010(3):11-16.
[12] 陈建龙,王建冬,胡磊,等.再论知识服务的概念内涵——与信息服务关系的再思考[J].图书情报知识,2010(4):14-19.
[13] 李家清,周红.知识服务的条件及对策研究[J].情报杂志,2004(10):17-19.
[14] 杜也力,崔玉香,白铭.知识服务模式与创新[M].北京:北京图书馆出版社,2005:34,119.
[15] 徐以斌.高校图书馆实施知识服务的要素与内涵[J].图书馆,2007(6):75-77.
[16] 吴秀珍.对现代图书馆开展知识服务的思考[J].图书馆论坛,2007(5):124-127.
[17] 刘冬梅,董丽波.知识服务研究应避免的四大误区[J].情报科学,2007(10):1463-1465,1471.
[18] 王均林,岑少起.知识服务与图书馆的核心能力:与张晓林先生商榷[J].图书情报工作,2002,46(12):115-119.
[19] 李智敏.不可轻言"知识服务"——关于知识服务能否作为图书馆核心能力的讨论[J].图书馆杂志,2005(10):6-9.
[20] 黄连庆.知识服务是否是"操作陷阱"?——关于知识服务能否作为图书馆核心能力的讨论[J].图书情报工作,2006,50(9):140-142.
[21] 陆光华.中西部地区高校图书馆知识服务现状调查评述[J].图书馆建设,2009(12):54-58.

作者简介

张昕宇,女,1974年生,副研究馆员,硕士,阅览部主任,发表论文20余篇,参编专著3部。

国内外知识服务研究现状、趋势与主要学术观点[*]

李晓鹏[1]　颜端武[2]　陈祖香[2]

(1. 南京理工大学图书馆　南京 210094；
2. 南京理工大学经济管理学院　南京 210094)

摘　要　20世纪90年代以来，为适应社会对知识共享与创新的需求而产生的知识服务逐渐成为国内外学术界和服务机构研究与实践的热点。采用定性描述与定量分析相结合的方法，分析国内外知识服务研究的现状与发展趋势，归纳有关知识服务研究的主要学术观点，为图书情报领域开展知识服务提供有价值的参考和启示。

关键词　知识服务　研究现状　发展趋势　学术观点

分类号 G350

1　引　言

知识服务（knowledge services 或 knowledge-based services）源于20世纪90年代，是在知识经济浪潮和信息技术发展推动下，适应社会对知识共享与创新的需求而产生的。2006年1月本课题组通过 Google 和百度分别对"知识服务"进行网页标题限定搜索，各得检索结果数千条，2008年5月同样的策略检出结果达几万。2006年1月通过题名检索 CNKI 期刊全文库、Springer link 等数据库，得到300余条不重复的结果，而2008年5月，同样的策略仅 CNKI 期刊全文库的检得结果就达600余条。可见，知识服务的研究逐渐成为国内外学术界的热点和"新世纪图书情报工作的生长点"[1]。

---

[*] 本文系国家社会科学基金项目"图书情报领域知识服务的体系架构和服务能力评价研究"（项目编号：06BTQ027）研究成果之一。

2 国内外知识服务的研究现状与发展趋势

2.1 国外知识服务的研究现状与发展

国外关注知识服务应用实践模式的文章较多,直接研究理论问题的文章欠缺,出现频率较高的是知识密集型服务业(KIBS:knowledge-intensive business services)、知识密集型服务(KIS:knowledge-intensive services)、知识服务(KS:knowledge service)等相关概念,同时,对知识服务的起源、内涵、技术、框架和系统等进行了深入研究,并通过案例论证其应用。

2.1.1 关于知识服务的理论研究

理论研究上,大多学者认为知识服务是对知识管理的演化,是整合的服务科学、管理和工程学科的重要分支,分为面向公众和面向商业的知识服务,如 Guy St. Clair 认为知识服务是一种管理方法学,通过开发、分享知识资产,实现企业从信息管理转向知识管理,服务客户扩大到服务企业[2];加拿大知识服务项目专家组提出了知识服务系统模型和基于知识服务流程的阶段理论框架[3],N. F. Abernethy 等研究了建立在 DBMS 上基于框架的知识服务体系结构[7],丹麦研究机构(Danish Research Agency)资助的 e-Service 项目系统研究了知识服务的理论发展过程,通过服务机构与客户的典型案分析创建了 ICT-networks 在知识服务中的角色和相关产品[5],UNDP(United National Development Program)也通过规划明确了知识服务的内涵、工作任务和范围[6]。

2.1.2 关于知识服务的实现技术

实现技术上,学者们指出了服务机制和信息技术对知识服务效果的影响[7],目前的研究大都集中在语义 web 技术上,如 York Sure 认为语义 Web 技术在数字图书馆的知识库和对象语义描述上起核心作用[8],A. Sheth 发表了关于本体驱动的信息检索、分析与整合应用系统的研究成果[9],基于此,有学者构建基于本体(Ontology)的知识服务框架[10-11],指出本体的语义表达技术可将复杂的信息资源变成容易被机器理解和处理的信息;此外,一些机构对知识服务的应用做了创新性尝试,如 LMC 提供了基于知识 Byte 的计算机技术以生产定制化的多媒体知识传递体验,使知识在建筑物或全球范围内被共享[12]等。

2.1.3 知识服务学术研究涉及的领域和热点

借助 ISI web of knowledge 的大规模高品质学术资源覆盖,课题组对相关学术成果进行了检索,利用该平台特有的分析功能,得出:知识服务的论文发表从2000年的15篇逐年增加至2007年的68篇，且研究主要围绕三个学科领域：计算机科学、工商管理和哲学。同时，通过在Scopus和SCIRUS这两个学术搜索中检索，并基于学科领域和关键词对检出结果进行分析，显示：互联网上，国外关于知识服务的研究热点主要集中在三个领域，研究热点具体如表1所示：

表1　基于互联网的国外知识服务研究领域与热点一览

研究领域	基于关键词词频分析的研究热点
组织创新	创新管理、创新系统、创新模式、创新活动、创新流程等
知识管理	知识产品、知识流、知识传播、知识吸收、技术接受等
知识产业	高科技产业、知识服务业、信息服务机构、专业化服务机构等

2.2　国内知识服务的研究现状与发展趋势

国内的相关研讨更为热烈，为全面了解现状与趋势，课题组选取CNKI期刊全文库为数据源。检索得出：其中有关知识服务的论文最早出现于1981年，到1997年共有22篇，通过内容分析发现这22篇与知识服务的关联都不大。因此课题组将分析时段定为1998—2007年，以"知识服务"为关键词在核心刊中进行精确查询，检中记录662条，去除非有效记录，实际纳入统计的论文量为530篇。结果显示：CNKI期刊全文库中知识服务方面的载文量从1998年的0篇逐年递增至2007年的127篇，呈逐年上升趋势。

2.2.1　知识服务学术研究的热点及发展趋势

为了解知识服务领域的研究热点，课题组对CNKI期刊全文库的检出文献进行关键词统计，选取出现频次高于5的关键词，结果显示1998—2007年知识服务领域的研究热点是：知识服务、知识管理、图书馆、信息服务、数字图书馆、知识经济、高校图书馆、知识创新等。热点大都集中在宏观层面，领域主要在图情学和计算机科学，与国外集中在多个相关应用领域的具体研究差别很大。

此外，课题组对1998—2007年间出现频次高于10的关键词进行分析，发现以知识服务、知识管理、图书馆、信息服务为关键词的文献总体呈现增长趋势，数字图书馆、知识网格和知识组织虽增长不快，但一直有学者在研究。

2.2.2　知识服务研究热点的变化

为了解知识服务领域研究热点在1999—2007年间的变化，课题组选取检出文献中各年前 20 条关键词进行统计分析，得出：① 知识服务、知识管理、图书馆、信息服务、知识经济等一直是热点，且集中在宏观层次；② 知识服务的研究对象与应用主要在图书馆、情报所等领域，数字图书馆、图书馆学、高校图书馆、图书情报工作（机构）、图书情报学等关键词多次出现在核心刊论文中；③ 良好的基础设施、产品的创新能力以及服务模式等都是知识服务高效开展的重要因素，2002 年后创新或知识创新、服务模式成为热点；④ 2002 年起，很多学者从技术、方法层面探索知识服务，研究怎样利用相关技术和方法构建知识服务体系或系统；⑤ 营销战略、管理模式、营销创新、个性化服务、图书馆服务是知识服务领域的高频关键词。

综上，国内 1999—2007 年间的研究主要侧重于宏观理论层面的"知识经济"、"知识管理"、"信息服务"、"图书馆"、"数字图书馆"、"高校图书馆"等，并逐步深化到微观实践层面的"服务模式"、"核心能力"、"本体"、"知识挖掘"、"网格"、"语义网格"等，知识服务的研究主题越来越宽、涉及的问题越来越多，热点频出。

3 知识服务研究的主要学术观点

课题组通过大规模的文献调研和统计，获取了大量知识服务的相关研究资料，通过归纳总结，发现已有的研究主要集中在"定义、特征、与信息服务的区别、类型（模式）、流程、系统"等方面。

3.1 关于知识服务定义的研究

明确定义需要广泛的理论研讨和实践分析[13]。迄今，关于知识服务的定义主要包括：

国外，知识服务最早被定义为商业服务，即 KIBS - Knowledge Intensive Business Service[14] 和 Knowledge Services。Knowledge Services 被认为是知识管理、知识组织和知识市场结合而呈现的概念。UNPD（联合国开发计划署）认为知识服务是建立在全球知识技术状态上的建议、专家意见、经验和试验方法，它被提供来帮助请求者获得对问题的最好解答[6]。Clair 和 Reich 认为内部的知识服务可以作为一种管理途径，以集成信息管理、知识管理和战略学习到企业更宽泛的功能中[15]。加拿大的学者认为知识服务是为了满足外部客户的需求，生产和提供基于内容的有价值组织及结果输出的过程[3]。

国内，有的认为知识服务是从用户问题情境出发，对信息的搜集、分析、提炼和创新工作，如张晓林认为知识服务是在网络环境下以信息知识的搜寻、组织、分析，充足的知识和能力为基础，根据用户问题环境，融入用户问题解决的过程，提出能有效支持知识应用和知识创新的服务[1]；尤如春认为知识服务是根据用户问题解决方案的目标，通过用户知识（信息）需求和问题环境分析，提供的经过知识信息的析取、重组、创新、集成而形成符合用户需要的知识产品的服务[16]。有的研究者从信息加工的角度，认为知识服务是对现有的文献资料、各种显隐性知识进行加工的过程。此外，还有把知识服务定义为借助适当方法、手段满足客户不同类型知识需求的服务。

综上，国外的研究更多从管理学和组织机构入手，将知识服务看成是知识管理发展、延伸的概念，侧重对用户需求的关注，涉及领域较广泛。而国内知识服务的研究多来自图情领域，关注从更加全面的角度界定知识服务。归纳可见：知识服务提供给用户的可以是信息、知识产品或以知识为主的建议、方案等，其功能应建立在信息管理和知识管理的基础上，以满足用户需求和知识增值为目标。知识经济时代，知识服务应该是图书情报机构的服务功能和专门知识基础上的一种价值取向。图书情报机构应根据用户的问题需求，利用现代技术和情报学、图书馆学专业技能挖掘、整合各种信息资源，为用户提供知识资源，辅助用户解决问题，参与用户问题解决的知识服务。

3.2 关于知识服务特征的研究

国外关于知识服务的特征观点主要有：① 用户参与服务的交付过程，发挥着合作生产的关键作用[17]；② 知识开发和知识分享是知识服务的基本和关键特征[18]；③ 知识服务是解决问题的服务，是在提供者和客户之间分享不同层次知识的数据服务[19]。

国内的观点主要有：① 靳红等认为：知识服务是用户目标驱动的服务，是面向内容增值、面向解决方案，贯穿用户问题解决全过程的服务[20]；② 刘崇学认为：知识服务是面向知识内容，围绕知识增值和创新的服务，是基于专业化、个性化、综合集成的服务[21]；③ 杨晓蓉等用18个字概括了知识服务的特点：针对性、个性化、知识性、动态性、集成性、创新性[22]；④ 曾民族的阐述更为详尽：知识服务强调以知识创新为中心，注重动态过程和服务，以人和用户为核心，注重解决问题，注重应用与共享，注重信息深加工，注重知识资源增值。知识服务要致力于显性知识和隐性知识相结合，提高知识服务的应变能力、解决问题能力、预测能力、决策支持能力等[23]。

综上，可将知识服务的特征归纳为：① 知识服务是文献服务、信息服务的深化，是信息管理、知识管理与组织学习综合集成的服务；② 知识服务以用户需求为导向、注重与用户交互的服务，具有服务内容定制化、个性化特征；③ 知识服务是充分利用各种显、隐性资源，采用一定技术工具，将知识提取、挖掘出来的知识开发过程；④ 在知识服务过程中，强调知识分享和知识创新，体现用户对知识的不同解释和充分合作的过程。

3.3 关于知识服务与信息服务区别的研究

结合已有成果[15,24]，本课题将知识服务与信息服务的主要区别提炼如下，如表2所示：

表2 知识服务和信息服务的区别

区别	知识服务	信息服务
服务目的	提供解决问题的知识产品，支持用户科学决策水平和竞争优势的提升	满足于具体信息、数据、文献的提供，不注重内容对用户的帮助
服务性质	从知识内容、问题解决的需求出发，以融入智力分析，提供集成的解决方案为标志	以具体需求为出发点，以信息的采集存储、组织序化、检索提供为标志
价值取向和增值能力	着眼于智力投入的增值和解决问题的效果。提供以知识单元为单位的知识增值服务	着眼于提供的信息量是否等价于用户所需。按文献单元，提供程式化的服务
管理机制	服务效果取决于问题的解决，要激发个体、团队的智慧，尤其强调激励与协调保障体系的建设	针对明确的文献需求，依赖检索工具获取，侧重于信息资源管理平台的完善
服务内容和方式	基于分布式资源，主要为用户提供主动、有效、集成的再加工、个性化服务	以信息选择、获取、组织、存储为主，利用固有资源提供被动应答式服务
服务资源及存在方式	服务资源为数据、信息和知识，显性知识依附于载体、符号、编码、系统，隐性知识依附于人	服务资源为数据和信息，依托于载体、符号、编码、系统而存在和传播
处理基点和加工特点	以问题点为知识单元进行分析，除需要信息组织、检索、分析等工具的支持外，还需要知识挖掘、知识库、知识地图、本体等技术方法。对处理对象的内容分析、提取融入了智力因素，不仅改变原资料的形式，也在一定程度上改变其内容特征	加工处理的资源对象是以书刊文献等为基点，主要需要信息组织、检索、分析等工具的支持。一般只改变处理对象的形式特征，而不改变内容特征

此外，Andreas S. Rath 等认为知识服务主要包括三种形式[25]：① 积极主动的基于上下文的信息检索；② 从积极主动的信息检索到知识关联浏览；③ 在不同人之间分享相似任务所需的知识，包括能力识别服务、综合学习服

务、协作服务等。

与国外观点相对集中不同，国内学者对知识服务模式提出了诸多不同的分类，如孙成江等认为按服务宗旨分层模式可分四层：为解决问题提供线索，为解决问题提供文献保障，为解决问题提供可供选择的程序化知识或过程，为解决问题提供方案[26]；张晓林认为有四种运营模式：基于分析和基于内容的参考咨询服务，专业化信息服务模式，个性化信息服务模式，团队化信息服务模式[1]；田红梅认为知识服务应包括：知识信息导航、知识信息咨询、专业化和个性化服务、共建共享资源[27]；杜也力认为传统服务中的知识服务模式包括知识聚类服务、知识重组服务、参考咨询服务、定题跟踪服务[28]。

综上，信息服务主要是指信息机构或部门将收集到的信息经过加工、处理，利用各种手段、方法为社会和本机构内部提供信息产品和服务，以满足信息需求的有组织的活动；知识服务则是从各种显性和隐性信息资源中，针对人们的需要将知识进行提炼和传输的过程。

3.4 关于知识服务类型（模式）的研究

国外关于知识服务类型（模式）的研究不多，一般认为主要包括4种类型[6]：内容、产品、服务、方案，如表3所示：

表3 国外关于知识服务模式的研究

服务模式	具体解释	包含类型
产生内容	从隐含在内容价值链的消息或者信号中转换出来	对象、数据、信息、知识、智慧
开发产品	在知识内容转化的基础上提取加工形成有形的和可存储的物品	数据库、科学论文、技术报告、宣传材料、地理空间产品、统计产品、标准、政策、规则、信息系统和设备
提供服务	在内容和产品的基础上提供无形的和不可存储的劳务、功能或过程	解答、建议、讲授、促进应用、外部支援、实验室资源
分享解决方案	通过内容、产品、服务的内化完成组织的目标	方向、规划、操作、态度、整合、结果

3.5 关于知识服务流程的研究

关于知识服务流程不同学者其研究角度也不同。国外 Albert Simard 等认为知识服务由 9 个阶段构成：产生（generate）、转换（transform）、管理

(manage)、内部使用（use internally）、转移（让）（transfer）、增值（enhance）、专业化使用（use professionally）、个性化使用（use personally）、评估（evaluate），其中前5个阶段在组织机构内部发生，后4个阶段在组织机构外部发生，形成了知识服务中植入价值（embed）、提升价值（advance）、萃取价值（extract）的价值链过程，且每个阶段都包含由工作者、工作内容、工作原因三者构成的组件框架[3]。

国内陈艳春认为任何组织中的知识都由知识"沉淀"、"共享"、"学习"、"应用"、"创新"等环节构成，知识服务就是人们驱动知识之轮，将知识转化为用户需要的产品的过程[29]；还有学者将知识服务流程划分为信息搜寻、分析和整合、信息的知识化、知识应用和知识服务反馈等5个环节[25]。分析发现：更多学者是依据知识生命周期将知识服务的流程归纳为：采集－组织－挖掘－创新－分发－利用与反馈，即首先对各种资源进行采集，然后经组织、挖掘形成满足低端用户的一次产品，基于此，通过组织内的共享与交流进行知识创新，最后将深加工的产品或服务分发出去并吸收用户的反馈意见进行改进的流程。

3.6 关于知识服务系统的研究

知识服务系统的引入利于从整体上认识知识服务的内容和过程。目前的研究存在若干观点和模型：知识服务系统涵义上，Albert Simard 与 Liu Xiaoqiang 等均提出了广义的定义：知识服务系统是利用技术和基础设备对知识进行加工处理，从而对知识服务价值链、知识市场起支撑作用的系统[3,30]。在知识服务系统的架构模型方面，Ren Yan 等在ICMLC2006（Proceedings of the 2006 International Conference on Machine Learning and Cybernetics）会议上提出了企业知识服务系统的模型，从知识资源、知识管理、服务功能、服务对象等方面阐述并构建了知识服务系统[31]。Woitsch R. 从知识服务的应用主体、服务方式、用户接口等方面构建了分布式服务集合的知识服务系统架构[32]。冯勇在其论文中，构建了基于Ontology的知识服务框架，从对用户兴趣的挖掘和知识本体的研究出发，将知识服务系统表示为原始数据层、知识处理层、服务应用层、用户层的四层体系[33]。基于知识服务框架，L. Chen 等探索了利用知识网格技术、Ontology 及设计检索和优化方法构建综合分布式知识服务系统[34]。

参考文献：

[1] 张晓林. 走向知识服务:寻找新世纪图书情报工作的生长点. 中国图书馆学报, 2000,

26(5):32-37.

[2] Guy S C. Strategic planning, operational analysis, training and staff development for knowledge services. [2007-03-22]. http://www.smr-knowledge.com/knowledge.htm.

[3] Simard A. Understanding knowledge services at natural resources. [2007-03-18]. http://dsp-psd.pwgsc.gc.ca/collection_2007/nrcan-rncan/M4-45-2006E.pdf.

[4] Abernethy N F, Altman R B. SOPHIA: Providing basic knowledge services with a common DBMS. [2007-05-10]. http://www-smi.stanford.edu/pubs/SMI_Reports/SMI-98-0710.pdf.

[5] E-Service, knowledge services through ICT networks. [2007-03-26]. http://www.eservice-research.dk/project.htm.

[6] What are UNDP's "Knowledge Services"?. [2007-03-22]. http://www.undp.org/execbrd/pdf..

[7] 沈军. 团队学习与知识服务的研究现状与特点. 中原工学院学报, 2007(1):16-22.

[8] Sure Y, Studer R. Semantic Web technologies for digital libraries. [2007-03-24]. http://www.aifb.unikarlsruhe.de/WBS/ysu/publications/2005_sw_for_all.pdf.

[9] Sheth A, Ramakrishnan C. Semantic(Web) technology in action: Ontology driven information systems for search, integration and analysis. IEEE Data Engineering Bulletin, Special issue on Making the Semantic Web Real. 2003,26(4):40-48.

[10] Hu C P, Zhao Y. An ontology-based framework for knowledge service in digital library//2007 International Conference on Wireless Communications, Networking and Mobile Computing. Shanghai:IEEE Press, 2007: 5345-5348.

[11] Mentzas G, Kafentzis K, Georgolios P. Knowledge services on the semantic web. Communications of the ACM, 2007, 50(10):53-58.

[12] LMC knowledge service. [2006-07-21]. http://www.lmcins.com.

[13] E-service-knowledge services, entrepreneurship, and the consequences for business customers and citizens. [2007-04-25]. http://www.eservice-research.dk/project.htm.

[14] Sundbo J. Customer-based innovation of e-knowledge services. The ASEAT conference on Innovation in Services, Manchester, 2006.

[15] Guy S C, Martina J R. Knowledge services: Financial strategies and budgeting. Information Outlook, 2002,6(6):26-33.

[16] 尤如春. 论网络环境下的知识服务策略. 图书馆, 2004(6):85-87.

[17] Bettencourt L, Ostrom A L, Brown S W, et al. Client co-production in knowledge-intensive business services. California Management Review, 2002,44(4):100-127.

[18] Guy S C. Fix knowledge management move to knowledge services. [2007-06-25]. http://units.sla.org/chapter/cpnw/interface/2004/winter/feature.html.

[19] Maria A W. Knowledge management in electronic government//The 5th IFIP International Working Conference on Knowledge Management in Electronic Government. Austria:

Krems, 2004.

[20] 靳红, 程宏. 图书馆知识服务研究综述. 情报杂志, 2004(8): 8-10.

[21] 刘崇学. 高校图书馆开展知识服务探讨. 图书馆学研究, 2004(2): 82-83.

[22] 杨晓蓉, 王文生. 网络服务的新模式——从信息服务向知识服务转变. 农业网络信息, 2005(8): 29-31.

[23] 曾民族. 构建知识服务的技术平台. 情报理论与实践, 2004(2): 113-119.

[24] 王琤. 从信息服务到知识服务. 情报资料工作, 2006(6): 100-101.

[25] Andreas S R, Nicalas W, Mark K, et al. Context-Aware Knowledge Services//Personal Information Management: PIM 2008. Italy: Florence, 2008:1-11.

[26] 孙成江, 吴正荆. 知识、知识管理与网络信息知识服务. 情报资料工作, 2002(4): 10-12.

[27] 田红梅. 试论图书馆从信息服务走向知识服务. 情报理论与实践, 2003(4): 312-314.

[28] 杜也力. 知识服务模式与创新(第一版). 北京: 北京图书馆出版社, 2005.

[29] 陈艳春, 杨继成. 知识服务过程改进探讨. 石家庄铁路职业技术学院学报, 2006, 5(z1): 75-78.

[30] Liu X Q. Towards aggregate knowledge services system: A distributed cognition framework. [2008-05-16]. http://www.ieeexplore.ieee.org/xpls/abs_all.jsp?isnumber=4365395&arnumber=4365511&count=141&index=115.

[31] Ren Y, Li J J, Liu X, et al. Service-oriented knowledge modeling method and its application//Proceedings of the 2006 International Conference on Machine Learning and Cybernetics. Dalian, 2006:1506-1511.

[32] Woitsch R, Karagiannis D. Process-oriented knowledge management systems based on KM-services: The PROMOTE approach//Practical Aspects of Knowledge Management. 4th International Conference, PAKM, 2002.

[33] 冯勇, 樊治平, 冯博, 等. 企业客户服务中心知识推送系统构建研究. 计算机集成制造系统, 2007(5): 1015-1020.

[34] Chen L, Cox S J, Goble C, et al. Knowledge Services for Distributed Service Integration//Proceedings of UK e-Science all-hands meeting, Sheffield, 2003:27-29.

作者简介

李晓鹏, 女, 1976年生, 馆员, 博士研究生, 发表论文10余篇。

颜端武, 男, 1976年生, 讲师, 博士, 发表论文20余篇。

陈祖香, 女, 1986年生, 硕士研究生。

基于共词分析的国内知识服务研究

张 凌 周春雷 寇广增

(武汉大学信息管理学院 武汉 430072)

摘 要 针对国内关于知识服务的研究文献，采用共词分析和可视化方法，进行多维尺度分析和概念网络分析，从而厘清知识服务的产生与发展、内涵与结构，了解我国知识服务的发展现状与趋势，并提出对于我国知识服务研究发展的几点建议。

关键词 共词分析 知识服务 多维尺度分析 概念网络

分类号 G350

1 引 言

在信息服务行业重组、信息应用领域无所不在、信息新技术和新需求催生新模式的今天，信息服务发展趋势正向知识服务转移。对比传统的以资源为中心的信息服务工作，知识服务最突出的特点表现为无形性、时间性、异质性和高参与性[1]。

鉴于知识服务的特点和优势，研究知识服务具有相当重要的意义。目前，我国许多学者都致力于有关知识服务的研究，为厘清他们的研究领域、研究方向以及研究成果，总结我国知识服务的产生与发展，探讨其内涵与结构、发展的现状与趋势，笔者通过查询 CNKI 数据库，以知识服务为主题，将导出的所有文献题录信息按照关键词的两两共现次数，采用内容分析方法中的共词分析及可视化方法，进行多维尺度分析和概念网络分析，得到了一些有用结论和相关建议。

2 我国知识服务的萌芽及国外现状

我国知识服务的萌芽应是在 1985 年，沈继武指出为读者服务的工作"从以整本书刊为单位的一次文献服务，转向以单篇文章——主题内容——知识单元——信息代码为单位的多次文献信息服务"[2]。1994 年第 1 期的《中国健康教育》上，戴光强发表了《医学从技术服务扩大到知识服务——医学发展的新纪元》一文，提出了知识服务的观念。1998年3月23日，《人民日报》以新闻形式刊发了关于青岛市发达商场提出的知识服务新思路的专稿。1999年第1期的《图书情报知识》任俊为的题为《知识经济与图书馆的知识服务》的论文，在国内第一个将知识服务引入图书情报界，拉开了中国图书情报界研究知识服务的序幕。

3 研究方法及结果

3.1 数据获取及共词矩阵构造

共现分析的方法论基础是心理学的邻近联系法则和知识结构及映射原则。心理学的邻近联系法则是指曾经在一起感受过的对象往往在想象中也联系在一起，以至于想起它们中的某一个的时候，其他的对象也会以曾经同时出现时的顺序想起。根据该法则，两个词之间的联系可以用同时感知到两词的相对频率来衡量，同时，词之间的联系强度决定了用语过程中词汇的选择——只有存在关联的那些词汇才能被想起、说出或写下[3]。只要该假设成立，运用文本中词语的普遍共现现象预测词汇的关联就是可行的。目前共词也经常被用于根据科学信息（例如文献信息）来映射科学的动态发展。这样的知识结构及映射，通过共现分析展现同一研究主题文献之间的联系，形成对该领域学科结构以及与相关领域的联系的描述，再比较不同时期的学科结构描述，便可获得关于学科发展、交叉、渗透和兴衰的趋势的知识。

王曰芬等研究人员按照共现分析的方法论基础和研究的目的，将其应用的一般研究流程分为3个步骤：数据抽取、构造共词矩阵或词汇向量、数据分析，总结如图1所示：

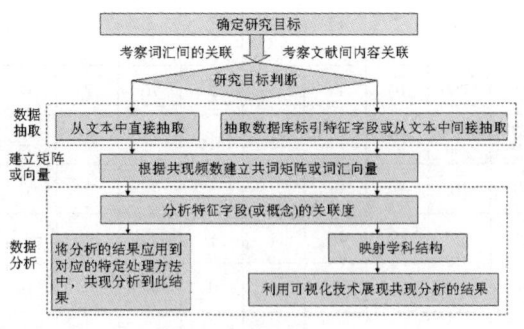

图1 共现分析应用的一般研究流程[4]

笔者为研究现阶段我国知识服务的内涵与结构，先采用"知识服务"为主题词，进入 CNKI 数据库跨库检索出对应文章 3 065 篇，导出所有题录信息后，采用半自动化方式得到所有相关文献的关键词列表 2 374 条，再统计关键词的频数。由于关键词拟定的规范不一致，统计时存在以下两个问题：① 同义关键词有不同命名；② 有些关键词无益于主题研究，如一些动词。针对上述问题，作如下处理：① 合并关键词表中同义不同名的关键词，如"大学图书馆"和"高校图书馆"等；② 去除一些无益于问题研究的高频关键词，如"发展"、"对策"、"信息"、"建设"等。

为突出反映主题，采纳频数大于 10 的关键词 80 个，最后统计出关键词两两共现的次数，得到 80×80 的共词矩阵，其截图如表 1 所示：

表 1 共词矩阵

A	B	C	D	E	F	G	H	I	J	K	L	M	N
	知识服务	图书馆	知识管理	高校图书馆	信息服务	知识经济	数字图书馆	创新	网络环境	知识创新	服务模式	学科馆员	图书馆服务
知识服务	890	227	147	140	123	62	45	14	30	35	41	22	25
图书馆	227	614	177	1	55	51	7	25	18	20	21	6	5
知识管理	147	177	475	54	17	24	31	18	3	26	2	5	2
高校图书馆	140	1	54	293	22	4	2	10	12	9	19	26	1
信息服务	123	55	17	22	229	15	11	11	13	11	16	7	0
知识经济	62	51	24	4	15	132	2	3	4	7	4	1	6
数字图书馆	45	7	31	2	11	2	112	2	1	3	1	0	0
创新	14	25	18	10	11	3	2	76	2	0	5	0	1
网络环境	30	18	3	12	13	4	1	2	72	2	4	0	1
知识创新	35	20	26	9	11	7	3	0	2	61	1	0	0
服务模式	41	21	2	19	16	4	1	5	4	1	78	3	1
学科馆员	22	6	5	26	7	1	0	0	0	0	3	56	1
图书馆服务	25	5	2	1	0	6	0	1	1	0	1	1	50

续表

A	B 知识 服务	C 图书馆	D 知识 管理	E 高校 图书馆	F 信息 服务	G 知识 经济	H 数字 图书馆	I 创新	J 网络 环境	K 知识 创新	L 服务 模式	M 学科 馆员	N 图书馆 服务
图书馆管理	8	8	17	4	3	4	0	3	0	0	0	0	0
服务创新	11	8	7	4	2	1	0	0	1	1	1	0	2
个性化服务	19	13	3	6	2	0	3	0	2	0	1	0	0
信息资源	16	5	3	3	6	5	1	1	9	3	2	0	0
知识组织	17	8	10	0	1	5	4	0	4	4	0	0	0

3.2 多维尺度分析

为反映关键词间按意义分布的形态，下面进行统计学方法里面的多维尺度分析，可以视之为一种对结果的可视化降维表示[5]。对于上述共词矩阵，为了消除频次悬殊造成的影响，用 Ochiia 系数将共词矩阵转换成相关矩阵，即将共词矩阵中的每个数字都除以与之相关的两个词总频次开方的乘积，其计算公式是：

Ochiia 系数 = A、B 两词同时出现频次/（$\sqrt{A\text{词出现的频次}}$ × $\sqrt{B\text{词出现的频次}}$）

对角线上的数据表示某词自身的相关程度，经上式计算均为 1。为方便进一步处理，用 "1" 与全部矩阵相减，得到表示两词间相异程度的相异矩阵，如表 2 所示：

表 2 Ochiia 相异矩阵

类型	知识服务	图书馆	知识管理	高校图书馆	信息服务	知识经济	数字图书馆	创新	网络环境
知识服务	0	0.692 92	0.773 91	0.725 84	0.727 55	0.819 11	0.857 47	0.946 17	0.881 49
图书馆	0.692 92	0	0.672 25	0.997 64	0.853 32	0.820 86	0.973 31	0.884 27	0.914 39
知识管理	0.773 91	0.672 25	0	0.855 25	0.948 46	0.904 15	0.865 6	0.905 26	0.983 78
高校图书馆	0.725 84	0.997 64	0.855 25	0	0.915 07	0.979 66	0.988 96	0.932 99	0.917 38
信息服务	0.727 55	0.853 32	0.948 46	0.915 07	0	0.913 72	0.931 31	0.916 62	0.898 76

续表

类型	知识服务	图书馆	知识管理	高校图书馆	信息服务	知识经济	数字图书馆	创新	网络环境
知识经济	0.819 11	0.820 86	0.904 15	0.979 66	0.913 72	0	0.983 55	0.970 05	0.958 97
数字图书馆	0.857 47	0.973 31	0.865 6	0.988 96	0.931 31	0.983 55	0	0.978 32	0.988 86
创新	0.946 17	0.884 27	0.905 26	0.932 99	0.916 62	0.970 05	0.978 32	0	0.972 96
网络环境	0.881 49	0.914 39	0.983 78	0.917 38	0.898 76	0.958 97	0.988 86	0.972 96	0
知识创新	0.849 79	0.789 666	0.847 26	0.932 68	0.906 93	0.921 99	0.963 7	1	0.969 82
服务模式	0.844 39	0.904 04	0.989 61	0.874 32	0.880 28	0.960 58	0.989 3	0.935 06	0.946 62
学科馆员	0.901 46	0.967 64	0.969 34	0.797 02	0.938 19	0.988 37	1	1	1
图书馆服务	0.881 49	0.971 46	0.987 02	0.991 74	0.1	0.926 15	1	0.983 78	0.983 33
图书馆管理	0.960 46	0.952 4	0.884 99	0.965 55	0.970 77	0.948 67	1	0.949 26	1
服务创新	0.942 42	0.949 58	0.949 84	0.963 5	0.979 36	0.986 41	1	1	0.981 59
个性化服务	0.899 3	0.917 05	0.978 24	0.944 58	0.979 1	1	0.955 18	1	0.962 73
信息资源	0.913	0.967 27	0.977 67	0.971 57	0.935 68	0.929 4	0.984 67	0.9818279439	0
知识组织	0.906 32	0.946 92	0.924 57	0.1	0.989 14	0.928 45	0.937 86	1	0.922 5
个性化	0.954 67	0.972 71	1	0.940 75	0.988 83	0.985 29	0.984 03	0.709 16	0.960 16
读者服务	0.957 86	0.920 27	0.983 52	0.937 04	1	0.968 73	1	0.917 59	0.957 67

将上述相异矩阵输入 SPSS V17.0，进行多维尺度分析（Multidimensional Scaling ALSCAL），输出结果的压力系数 STRESS = 0.19 571，判定系数 RSQ = 0.938 42，均达到满意的效果，选择二维分析组图输出，如图 2 所示：

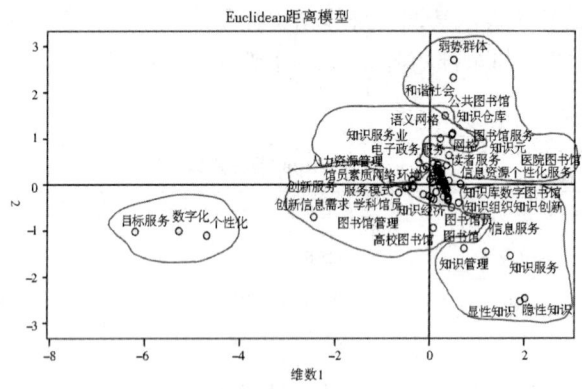

图 2　多维尺度分析结果

从图 2 可以看出，关于知识服务，我国的研究现状大致可以分为如下 5 个方面：① 图书馆服务的社会功能方面，包括专业或公共图书馆作为知识仓库、信息资源存储以及对社会读者服务，突出表现对弱势群体等个性化服务；② 知识服务与知识管理的关系方面，以数字图书馆为载体，以信息服务为基点，知识服务以对显性知识、隐性知识的知识管理为出发点，完成了基于知识库的知识组织和知识创新；③ 图书馆服务的模式创新方面，以知识经济为背景，图书馆员特别是高校图书馆的学科馆员必须对读者的创新信息需求提供创新服务；④ 知识服务的技术和产业应用方面，在网络环境下，网格技术特别是语义网格技术的应用，使得以人力资源管理和电子政务为集中应用的知识服务业兴起；⑤ 知识服务创新的内涵解析方面，何为知识服务的"创新"，实现数字化、个性化的目标服务给出了答案。

在知识服务的结构方面，我们可以从以下方面来考察：① 知识服务的目的和实质，即为对信息的获取和重组来形成符合需要的知识产品；② 知识服务的流程，是按用户行为过程组织，是动态连续服务、个性化服务；③ 知识服务的成果和效果，它融入了大量隐性知识，是面向增值和创新的服务，它强调利用自己独特的知识解决用户所不能解决的问题，提高用户知识创新效率；④ 知识服务的对象、人员和机构，知识用户具有个性化和多样化的鲜明特点，需将不同机构、不同学科、不同领域的学科馆员结合起来，形成一个知识结构合理的图书馆知识服务团队，其图书情报机构是知识服务的先导和主力，但各种从事与知识服务相关业务的咨询公司、网络公司、数据库商如同雨后春笋般大量涌现；⑤ 知识服务的基础和手段，它以知识管理为前提，专家与知识管理基础设施（如知识库、智能代理、数据挖掘、文档管理、搜索引擎等）的有效结合是其保障，可利用信息挖掘、导航库、智能代理、推送、信息发现等技术对信息进行析取、重组、创新、集成，提炼出知识。

笔者发现，国内研究集中在图书情报领域的知识服务的研究，研究内容涉及基于知识服务理念的图书馆建设、图书情报工作的核心能力定位等，并依据图书情报领域的服务特性提出知识服务的概念、形式和操作模式，以及知识服务的技术（计算机技术、网络技术等）支持与实现途径。在我国，知识服务是图书馆战略转型的产物，以便适应知识经济的发展和知识创新的需要。

3.3 概念网络可视化分析——基于 Netdraw

为进一步探讨我国对知识服务研究的各个关键词的联系，我们将上述共词矩阵导入社会网络分析软件 Netdraw，得到 80 个关键词之间的类似社会网络分析的图示（见图3），可以称为围绕知识服务的概念网络。从社会网络分析的相关理论可知，围绕图示中心概念"知识服务"的最近的一些概念为信息服务、知识管理、图书馆，这三个关键词恰好深刻地反映了知识服务的基点、前提和重要机构。在紧邻的网络层次上，继而有读者服务、知识创新、高校图书馆、网络环境、学科馆员、数字图书馆、知识组织等概念，这些都显性地反映了我国知识服务研究的热点领域和方向。在网络图示的最外层，图书馆事业、知识服务业、信息时代、人力资源管理、目标服务、电子政务、网络技术、语义网络、数据挖掘、知识服务系统、情报学、竞争情报等概念，他们具有相对较少的网络入度，应该成为我国知识服务进一步研究的方向。

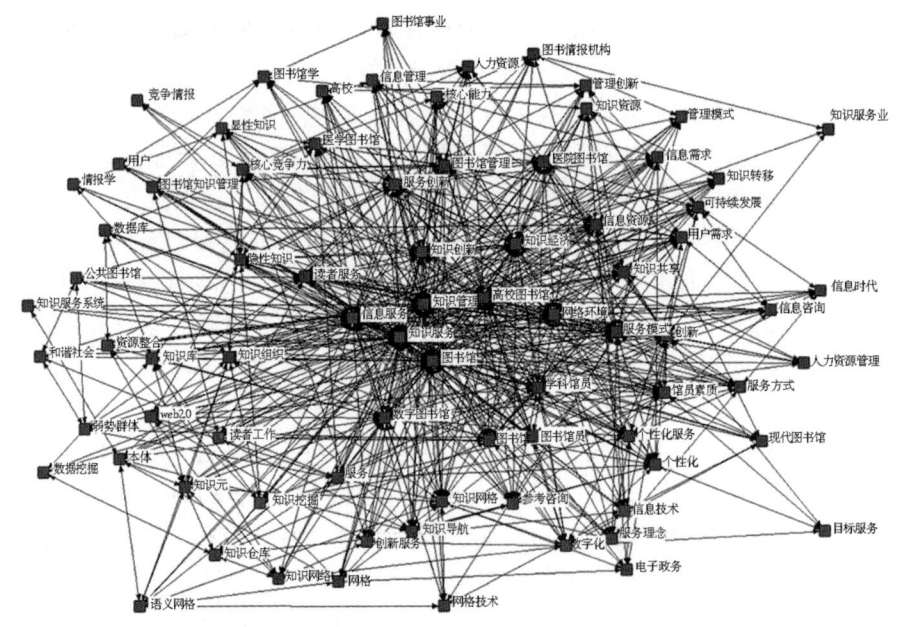

图3 围绕知识服务的概念网络图示

采用 Netdraw 的 principal components layout（主成分显示）展示（见图4），所有的概念排列成为鱼眼图形状，类似解释结构模型的层级状态图，即针对知识服务这一关键问题，所有其他概念按照对上一层级概念的入度多少依级排列，后一层概念的语义组合构成对前一个概念的解释。我们发现"信息资源"这一概念在网络中处于重要位置。事实上，知识服务是基于一切信息资源的帮助用户找到或形成问题的解决方案的增值服务。信息服务着眼于信息资源获取和提供，而知识服务着眼于对信息资源的深层次开发和利用，甚至是对信息资源的动态虚拟。这一点符合了知识管理对图书馆学理论的创新之一——知识资源论,它主张以知识资源作为图书馆学的研究对象,注重使知识资源增值,将图书馆学界定为关于知识资源的收集、组织、管理与利用,研究与文献和图书馆相关的知识资源活动的规律以及研究知识资源系统的要素与环境的一门科学。这一点,对于解释图书馆天生是知识服务的发源地和生力军是恰如其分的,这里的知识服务是广义的知识服务,是公共化的知识服务。

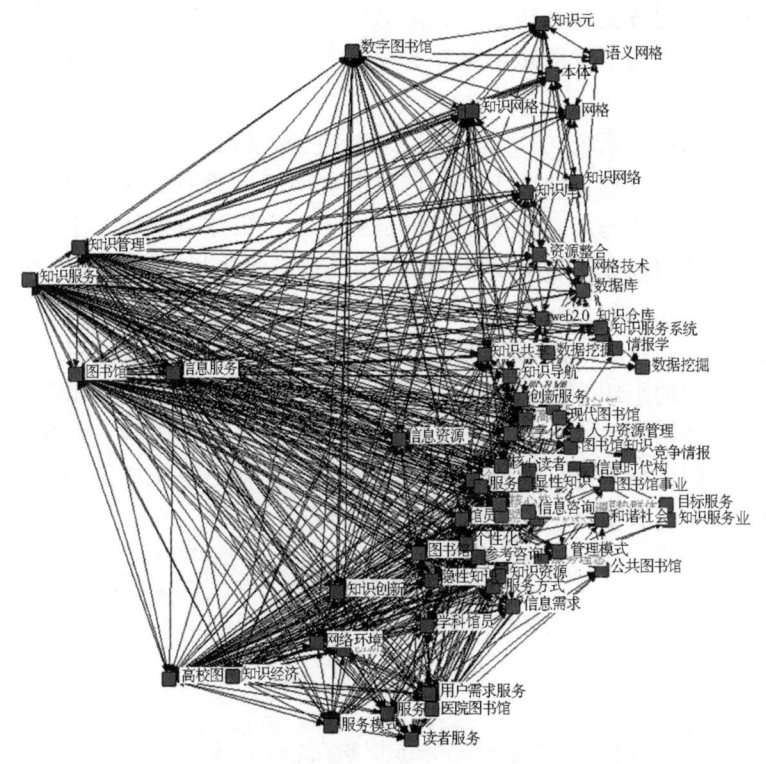

图4 围绕知识服务的概念网络主成分显示

3.4 子概念网络可视化分析——基于 E-Net

对其他有关知识服务的重要概念的子概念网络的分析,如创新服务、知识服务业、知识服务系统的子概念网络,可以通过另一个社会网络分析工具 E-Net 分析得到。E-Net 有强大的过滤功能,因为它分别统计了概念网络中的各个节点概念的连接数,可以分别浏览单个节点概念的特定网络,用于子概念网络的分析。

对于知识服务业（见图 5 左），围绕它的概念有图书情报机构、知识经济和创新这 3 个。知识服务业的诞生背景是知识经济，传统的知识服务业的核心定位是图书情报机构，它的存在价值和永恒发展趋势是创新。1996 年，联合国经济合作与发展组织在《以知识为基础的经济》的报告中把知识分为事实性知识、原理性知识、技能知识、知道谁有知识等四大形态。专门为人查找、收集、分类、集成各种信息的网上代理服务商、咨询公司以及相应的软件便应运而生。这就是知识服务业的前身，而这里是狭义的知识服务[1]。而对我国的知识服务文献分析表明，图书馆、图书情报机构作为了知识服务的主角，这一点表现了我国知识服务业发展的公共化倾向，而市场化倾向正在形成。

对于知识服务系统（见图 5 右），围绕它的概念有知识服务、信息服务、图书馆、本体、信息管理这 5 个。它的产生环境是图书馆现实的信息服务向未来的知识服务的发展，知识服务正是由于知识服务系统的产生，由以往朦胧的构想变成明确具体的实践，它的应用支持有本体技术和知识管理技术等。网络环境下构建的知识服务系统应该是一个包括决策支持、顾问系统、具有约束机制的加工系统，能够处理各种类型的信息资源，能根据用户需要进行适时的、动态的组织。它包括知识采集系统、知识处理系统、知识库存储系统和知识服务系统。在这里，语义网格技术得到了重要应用，它利用了本体的智能型和网格技术的计算性，应用于知识导航和知识元链接等方面，使得知识服务系统具有不同于其他系统的重要特点。

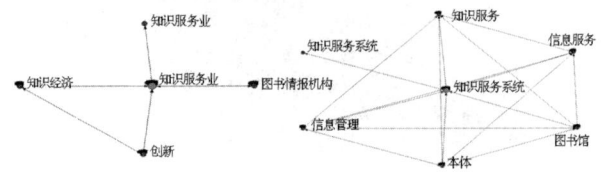

图 5 知识服务业和知识服务系统子概念网络图示

对于创新服务（见图 6），围绕它的概念有图书馆、数字化、核心竞争力、个性化、高校图书馆、参考咨询、Web2.0、知识网络、知识管理、知识服务、信息服务、网络环境这 12 个概念。由上述图示，我们可以对于知识服务这种创新服务给予如下解释，它的基点是信息服务、知识服务、知识管理，它的环境是网络环境，它的机构是图书馆特别是高校图书馆，它的载体活动是参考咨询，它的特点是 Web2.0、数字化、个性化，它的意义在于提供了图书馆的核心竞争力。

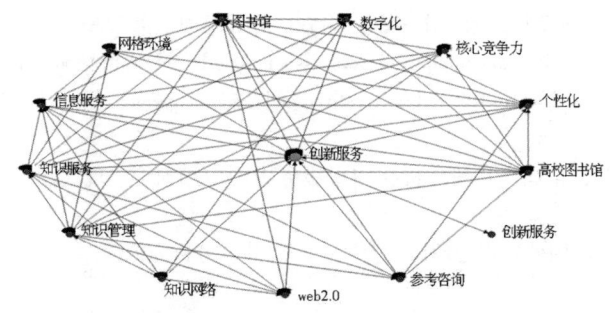

图 6 创新服务子概念网络图示

4 研究结论及建议

对于以上基于关键词的共词分析及可视化分析,我们可以得到如下结论:
① 我国的知识服务具有广义化、公共化倾向,对知识服务业的研究较少,可以发现知识服务业的子概念网络规模很小,突出表现为以图书馆等图书情报机构为载体,缺乏市场化机制,对于面向组织甚至企业的知识服务缺乏研究。② 对于知识网络的研究存在狭义倾向,我国的知识网络研究基于引文链接和知识元链接,着眼于数字资源的整体化关联,而忽略了广泛的知识网络特性,即注重知识资源的积累,建立广泛的知识和信息来源渠道,包括合作伙伴、顾问、客户、竞争对手、商业性的专业服务组织等。③ 对于知识服务创新的研究存在局限,表现在多维尺度分析上,反映出关于创新的关键词"目标服务"、"个性化"、"数字化"的欧式距离突出地偏离中心,与"创新服务"、"创新信息需求"相距甚远。知识服务的创新不仅是模式创新、机制创新,更是观念创新。知识服务创新是知识经济时代的重中之重,是永恒主题,理应引起我们的重视。④ 对于知识服务系统的研究尚不深入,相关的关键词如语义网络、数据挖掘、网络技术处于概念网络的最外层,可以发现知识服务系统的子概念网络规模也很小,这是因为知识服务的发展处于理论向实际转变的初级阶段,而知识服务系统的逐步完善则是知识服务逐步走入成熟的标志。⑤ 对于知识服务的应用范围研究尚不深入,相关的关键词如情报学、竞争情报、电子政务、人力资源管理处于概念网络的最外层,具有较少入度,而只有参考咨询具有相对较多的入度,这说明信息调研功能如综述、述评、专题报告、竞争情报等应该成为知识服务的努力方向。

参考文献:

[1] 阳林. 对知识服务业的营销思考. 商业时代,2005(18):40.

［2］ 沈继武. 藏书建设与读者工作. 武汉:武汉大学出版社,1985:3.
［3］ Wettler M, Rapp R. Computation of word associations based on the cooccurrences of words in large corpora. [2009 - 07 - 06]. http://acl. ldc. upenn. edu /W /W93 /W93 - 0310. pdf.
［4］ 王曰芬,宋爽,苗露. 共现分析在知识服务中的应用研究. 现代图书情报技术,2006(4):29 - 34.
［5］ 张勤,马费成. 国外知识管理研究范式——以共词分析为方法. 管理科学学报,2007,12(6):65 - 75.

作者简介

张　凌,女,1981 年生,博士研究生,发表论文 5 篇;
周春雷,男,1977 年生,讲师,分析师,博士研究生,发表论文 20 篇;
寇广增,男,1983 年生,博士研究生,发表论文 4 篇。

技 术 篇

知识服务技术研发与实践

王胜海　钟　瑛

（中国科技信息研究所　北京万方数据股份有限公司　北京 100038）

摘　要　认为信息技术的快速发展和应用，增强了海量数字化信息内容的处理能力，为各种知识服务算法的研发应用创造了条件。以软件算法为核心的知识服务系统具备无人值守、自动化运行的特点，可极大地提升学术探索和知识管理的效率，促进知识创新。在论述知识服务技术研发与实践的基础上，对几项知识服务技术与应用情况进行详细介绍。

关键词　知识服务　D-Rank　基于滑动窗口的低频特征部分匹配算法　共词网络　引文网络

分类号　G250　TP29

数十年来，信息技术遵循摩尔定律高速发展着[1]，目前，海量存储设备和高性能计算得到普遍应用。海量信息得以被深度挖掘和处理，大数据、高性能计算已经成为当前技术研究的重点。

1　信息技术夯实知识服务自动化的基础

信息服务机构的核心能力不在于所拥有的资源，而在于具备利用广泛的信息资源为用户创造价值的知识和能力[2]，即知识服务的能力。信息服务机构开展基于分析和基于内容的参考咨询服务被认为是典型的知识服务[3]。但传统的咨询服务过程人工参与过多，服务深度和广度都受到限制。广泛开展高水平的知识服务还需遵循海量信息资源加高性能计算的思路，即基于海量信息利用算法研发自动化的知识服务路线（为便于讨论，下文所称的知识服务皆为自动化知识服务）。实现这样的服务需要硬件、海量信息和智能算法三个条件的成熟。其中硬件是构建知识服务的物质基础，海量信息是构建知识服务的原材料，智能算法是构建知识服务的引擎。

1.1　硬件

影响知识服务的主要硬件因素包括存储设备、CPU 和网络。知识服务依赖于海量数据，海量数据存储需要高性能的存储设备的存储能力。知识服务的成果依赖于智能算法基于海量数据的计算，因此需要廉价且高性能的计算能力。同时，知识服务的成果需要从服务器传递给用户，因此需要高性能的通讯网络架起用户和知识服务之间的桥梁。

当今的存储技术已经非常成熟，IBM 等领先的存储系统研发机构推出的新型存储系统单体容量可达数百 TB，并且具有很高的性价比[4]。与此同时，高性能计算能力和网络也得到快速发展，国际 TOP 500 组织最近公布的最新全球超级计算机 500 强排行榜，位居榜首的日本超级计算机"京"的运算速度达到了每秒 8 162 万亿次[5]。中国互联网基础资源的发展使资源商更好地将知识服务带给网络用户成为可能。截至 2011 年 6 月底，我国 Ipv4 地址数量为 3.32 亿，较 2010 年底增长 19.4%。我们拥有的 Ipv6 地址全球排名第 15 位。国际出口带宽达到 1 182 261.45 Mbps[6]。这些均为知识服务的发展创造了硬件条件。

1.2 海量信息

当前，纸本文献的数字化和基于数字化平台直接创造的数字化信息的积累也达到了非常可观的规模。以国家数字图书馆推广工程的建设为例，在数字资源建设方面，该工程计划到"十二五"末，数字资源总量达到 10 000TB，相当于 26 亿册图书，或 926 万小时视频。其中电子图书可达到 200 万种，电子期刊达到 12 000 种，电子报纸 2 000 种，音频资源 20 万小时/100 万首曲目，视频资源 30 万小时/150 万部集[7]。海量的品质信息得以数字化，网络化、数字化知识服务成为"有源清渠"。

1.3 智能算法

搜集资料和整理、分析资料曾被视为科学研究最费时费力的工作，现在借助人工智能算法的力量，信息服务人员可以为用户的这一过程提供直接的服务和支持。通过智能搜索技术可以快速帮助用户找到所需要的信息，甚至借助文本挖掘等算法直接得出各种有价值的研究线索和提示信息。相信随着信息处理技术的发展，越来越多的人工智能算法会应用到信息服务中，向用户直接提供各种知识服务，直接辅助用户的科研创造过程。

2 知识服务发展与应用

纵观数字化、网络化的图书馆情报信息服务的发展，大致可以分为资源服务、知识服务、社区服务三个阶段，如图 1 所示：

在资源服务阶段，服务方主要关注客户所需要的文献资源，以便能快速

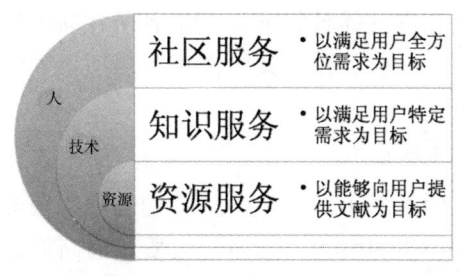

图1 数字化、网络化的图书情报服务发展阶段

全面地满足用户的文献需求。

在知识服务阶段,服务方会利用计算机技术对资源进行特定的处理,开发形成这种特定知识服务,满足用户的特定知识需求。下文所讲的知识脉络分析的服务、论文相似性检测服务和wolfram[8]等都是基于资源加技术的思想研发的向用户提供知识服务的代表。

在社区服务阶段,服务方会全面调动资源、技术和人等要素,建设三要素实现互动的互联网社区,并基于社区的互动面向用户提供服务,满足用户全方位的需求。

3 知识服务促进学术创新

信息服务时代,信息服务人员以购买和组织文献资源为主要工作,以满足用户的文献资源需求为最终服务目标。知识服务时代,信息服务人员则将视角扩展到各种知识服务技术,关注资源和技术两个方面,以满足用户的直接信息需求为服务目标,借助各种知识服务手段,参与用户搜集资料、整理资料和分析资料的全过程。

采用知识服务手段,借助技术和算法的力量,大大提高了科研资料收集和整理的效率,根据人们的需要有针对性地组织和分析知识,解决用户最终信息需求。自动化的知识服务可以实现 7×24 全天候服务,通过网络,可以为任何联网用户提供服务,没有了时间、空间的限制,服务能力得到大幅提升。作为一种服务,它的特点在于它是一种面向知识内容和解决方案的服务,它的目的是提高科研学习效率和质量,促进学术创新。

4 几项知识服务研发成果

北京万方数据股份有限公司(以下简称万方数据)在近20年的信息服务中积累了千万量级的高品质学术信息资源,并拥有依托集群技术和分布式管理技术的网络化存储和高性能计算能力,笔者所在研发团队以此为基础,研发了万方数据知识服务平台,并在其中推出了多项得到学术界好评的知识服务成果。

4.1 D-Rank 排序算法

检索是知识发现的重要手段,是一种基础的知识服务,只有找到用户需要的信息才能提供进一步的服务,因而检索质量的高低直接决定了知识服务的优劣。排序是和检索技术密不可分的一项技术,高质量的排序是高质量检索的重要组成部分。检索本身解决的是匹配问题,对于检索命中的若干匹配结果进行显示,则是排序的问题。将与用户期望的结果最匹配的排在最前面,是每个检索系统追求的目标,其排序方案设计的优劣,直接影响用户的检索体验和效率。

笔者所在团队研发了一款功能强大、高效的 WFIRC 检索引擎,内置 D-Rank 多指标文档排序算法[9],可实现千万量级文献数据基础之上的毫秒级检索排序响应。这种排序是根据文献两大类指标的不同权重算法设计实现的。

文献检索系统结果排序可使用的指标大体可分为两类:一类包括文献自身属性,比如都柏林核心集规范包括的题名(Title)、主题(Subject)、日期(Date)、创建者(Creator)等字段;一类是延伸属性,比如与检索表达式的相关度、文献所在刊物的外部评价级别(例如是否被某种索引工具收录,是否为核心期刊等)及文献被引用次数等。

基于网络搜索引擎排序算法和常用文献检索工具排序算法以及对文献排序属性的研究,D-Rank 算法优选了可用的排序指标:在文献自身的属性中,D-Rank 算法中优选了题名、创作者、时间等几个指标,这些指标能够比较全面地概括资源的主要特征,用户可以通过这些元素对资源进行检索和排序;在延伸属性中,优选的指标包括相关度、被引用次数、刊物级别、浏览次数和下载次数、作者级别、核心作者引用以及核心期刊引用等。这类指标能够较为深入地说明资源与用户的需求之间的匹配程度,并含有对资源质量的判断。

D-Rank 排序算法结合文献的上述两类属性项目,采用综合指标排序算法,实现用户检索时希望得到最相关、文献质量最高、最新发表等隐性检索需求。具体地说,D-Rank 包含两类排序:一类是单指标排序,另一类为多指标综合排序。单指标排序是指只采用单个属性项目进行排序的方法。多指标综合排序是指采用多个属性项目按照不同权重组合起来进行排序的方法。这里包含两个关键点,即采用哪些排序指标组合和每个指标所占的权重。D-Rank算法优选推荐了三种指标组合排序算法:

- 按经典论文优先排序：使用文献被引用数、刊物级别、作者级别、核心刊引用、核心作者引用、相关度等作为排序指标，并且前5个权重设置较大，最后一个权重设置较小。按经典论文优先排序的效果是将相对比较新、和检索主题相关且是领域最权威、最重要的文献显示在检索列表的前面，以便于用户查阅领域内的经典文献。
- 按新论文优先排序：使用时间、相关度、核心刊引用等作为排序指标，并且第一个权重比较大，其他权重较小。按新论文优先排序的效果是将和检索主题相关、在领域内相对权威和重要的且是新近发表的文献显示在检索列表的前面，以便于用户查阅领域内最新发表的值得查阅的文献。
- 按相关度优先排序：使用相关度、被引用数、刊物级别等作为排序指标，并且第一个权重比较大，其他权重较小。按相关度优先排序的效果是发表时间相对较晚、在领域内相对权威和重要的且是和检索主题最相关的文献显示在检索列表的前面，以便于用户查阅限定领域内的文献，进行学习和综述研究等。

4.2 基于滑动窗口的低频特征部分匹配的论文相似性检测算法

长期以来，造假、抄袭、剽窃等科研失信行为在国内外学术界时有发生。这种失信行为不仅阻碍影响科学研究的正常进行，损害科学共同体的尊严，也破坏了学术发展的生态环境。如何遏制这种行为也是知识服务研发的课题之一。

"基于滑动窗口的低频特征部分匹配算法"[10]是笔者所在研发团队研发的一套基于概率论的创新型算法，具有检索速度快、检索效果准的特点。该款服务系统已经得到了全面应用，收到了积极的效果。

- 首先，它有利于改善科研管理工作。科技部部长万钢在"科研诚信与学风建设座谈会"上的发言中表示，科技部将在项目申报和成果验收中使用抄袭剽窃检测软件等技术手段，主动排查科研失信行为。
- 其次，它能够发挥宣传教育作用。利用技术手段进行论文相似性检测，可增强学者们的学术规范意识，鼓励他们在科研活动中自觉遵循既定的标准和规范。在所开展的论文相似性检测中，不当引用或引用不规范的情况占相当大的比例，这也说明了加强学术规范方面的教育与训练的重要性。
- 再次，为期刊编辑人员提供实用的辅助工具。在抄袭剽窃检测软件出现之前，国内外许多负责任的学术期刊如果怀疑投稿属于一稿多投或存在剽窃行为，会采取人工搜索和比对的方式，或凭借审稿人的经验进行验证和判断。反抄袭剽窃软件的开发应用，使编辑部的投稿检测方式发生了革命性的变化。尽管最后还是需要编辑人员和审稿人对论文是否确实存在剽窃问题进行定性，但无论是对可能存在问题的论文进行筛查还是对论文是否存在剽窃问题进行判断，技术手段都发挥了重要作用。

另外，该工具还可以促进知识产权保护。利用反抄袭剽窃软件，可以帮助作者或学术出版机构发现自己拥有版权作品的潜在的抄袭者，从而维护自己的知识产权。国际学术数据库也可以利用相关的技术手段维护学术期刊和作者的知识产权。

通过完善反抄袭剽窃技术和其他相关检测技术，进而扩大技术手段在学术出版和科研项目立项与成果验收中的应用，对于提高我国的科研水平和科研成果的质量有着重要意义。

4.3 基于共词网络和引文网络的知识脉络分析算法

《现代汉语词典》将知识定义为人类在改造世界的实践中所获得的认识和经验的总和。人类在认识和改造世界的过程中形成了各种知识，这些知识内容之间存在着内在逻辑关系。特定知识内容形成知识节点，若干知识节点内在的逻辑关联便构成网络化的知识体系，形成了知识网络。

在这种知识网络中，某个知识点作为一个知识网络节点，和其他相关知识点之间形成网络关系，节点与节点之间的距离代表知识点之间关联的紧密程度。在这样的知识网络中，从任意知识节点出发，都能找到和其临近的其他知识点。因为任何知识点都不可能是孤立的，甚至从任一知识点出发，都能遍历整个知识网络。但是这样的知识网络也存在一个问题，因为随着时间的发展，人类认知会进步，知识也会发展。因此，不同年度的知识网络应该具有不同的形状。

基于这样的认识，在知识网络的基础上增加时序分析的维度，就形成了知识脉络的概念。即为某一知识点在不同年代画出一张知识网络图，不同年代的网络图按顺序链接起来，形成某一知识点在不同年代的知识网络形状演变脉络图，简称为知识脉络。

知识脉络研究的理论较为丰富，对于计算机技术而言，可以实现自动化的主要有两种：一是共词网络分析法。由文章关键词及其共现关系形成的网络称为"共词网络"。每篇文献的关键词形成一组共现，一个关键词作为一个知识点，存在共现关系的关键词作为相关知识点；每共现一次，相应的关系权重对应增加，如此构建形成知识网络；然后根据时间维度拆分，即可形成知识脉络。二是引文网络分析法。引文网络即文献之间的引用关系形成的网络关系。对一篇文章的相关的知识点进行分析，并将这些知识点映射到引文网络中，通过合并相同知识点形成知识网络；然后增加文献发表时间，进而形成知识脉络。

基于以上研究，笔者所在研发团队研发实现了知识脉络分析服务[11]。该系统基于万方数据知识服务平台收录的海量文献资源，通过基于共词网络和引文网络的分析方法，对知识脉络服务进行了完整实现。

知识脉络从一个知识点出发，结合时间维度形成的脉络分析，对学术选题、学术研究等方面均有一定参考意义。它从时间维度揭示了知识点的关注度，有助于学者了解学科发展规律和研究选题。它基于时序揭示了知识点之间随时间变化的演化关系，有助于发现知识点之间的交叉、融合的演变关系，有助于学者发现新的研究方向、研究趋势和研究热点，是一项得到广大用户认可的知识服务。

5 结 语

信息技术的发展，硬件条件、海量数字化信息积累条件和智能算法条件的成熟，为知识服务的发展创造了条件，笔者就工作经历总结了相关工作，今后一段时期必是各种知识服务研发和应用的爆发期，各种知识服务的成熟和规模化应用将极大地提高知识管理和学术探索的效率，促进知识的创新发展。

参考文献：

[1] 翁寿松.摩尔定律与半导体设备[J].电子工业专用设备,2002,31(4):196-199.

[2] 张晓林.走以用户为中、服务驱动的发展模式[J].图书情报工作,1999(1):5-2.

[3] 张晓林.走向知识服务:寻找新世纪图书情报工作的生长点[J].中国图书馆学报,2000,26(5):32-37.

[4] IBM XIV storage system series[EB/OL].[2012-03-12].http://www-03.ibm.com/systems/storage/disk/xiv/overview.html.

[5] 新华网.更多中国超级计算机进入全球500强排行榜[EB/OL].[2012-01-21].http://news.xinhuanet.com/world/2011-06/21/c_121563786.htm.

[6] 第28次中国互联网网络发展状况统计报告[EB/OL].[2012-02-13].http://tech.qq.com/zt2011/cnnic28/.

[7] 数字化让我们共享海量信息 把国家图书馆搬回家[EB/OL].[2012-04-05].http://culture.people.com.cn/GB/87423/13910105.html.

[8] Wolfram|Alpha:Computational knowledge engine[EB/OL].[2012-04-05].http://www.wolframalpha.com/.

[9] 王胜海.文献检索系统排序指标研究与实践[J].数字图书馆论坛,2007(12):36-40.

[10] 王晓光.科学知识网络的形成与演化(Ⅰ):共词网络方法的提出[J].情报学报,2009(28):599-605.

[11] 王胜海.利用技术手段遏制科研不端行为的实践与思考[J].中国科技资源导刊,2010(5):11-14.

作者简介

王胜海,男,1976年生,高级工程师,发表论文17篇。

钟 瑛,女,1980年生,助理研究员,发表论文8篇。

基于 CSSCI 本体的知识服务模式研究

韩静娴　周志峰　王昊

摘　要　为充分发挥知识在组织科学决策中的作用，将本体机制引入信息服务领域以实现知识服务的解决方案，对基于本体知识应用的三个方向，包括知识地图、知识检索和知识创新等进行总结。在此基础上，以 CSSCI 知识服务为例，在假设 CSSCI 知识本体已经构建完成的情况下，提出并论证基于 CSSCI 本体的知识服务模式，即知识检索服务和科学评价服务，以提高 CSSCI 的服务质量。

关键词　CSSCI 本体　语义网　知识服务　知识地图　知识检索　知识创新

分类号 G354

1　引　言

知识应用是指运用已有的知识去解决有关问题的方法和过程，而知识服务是指从各种显性知识和隐性知识资源中按照人们的需要有针对性地提炼知识，以解决用户问题的高级阶段的信息服务过程，是通过知识应用给用户提供问题解决方案的一种观念[1]。知识服务的类型和层次主要取决于三个要素：一是知识源。知识领域的范围决定了能够解决问题的范围。二是知识应用方式，这是知识再利用的过程，决定了知识能够服务的类型和对象。三是面向的用户群体。因不同的用户群体提出问题的内容与方式不同，相对应的解决方案也会不尽相同。

中国社会科学引文索引（CSSCI）收录了中国大陆人文社会科学领域 400~500 种精品期刊的来源文献及其相关资源，如关键字、作者、期刊、学科、被引文献等。其目的是利用所蕴含的学术资源为广大科学工作者提供信息服务。然而，限于当前 CSSCI 的信息组织方式，其仅能提供来源文献和被引文献的查询服务，对其他重要学术资源如主题、学者、学科、期刊等的揭示力度不够，无法满足用户了解学术资源之间共现关联的需要。

为此，笔者提出了基于 CSSCI 提供知识服务的研究设想，一方面为 CSSCI 服务提供者设计了一个可操作的解决方案，使其能够提高服务水平；另一方面使CSSCI用户能够更加有效地获得知识服务,便于创造出更大的社会财富。根据上文提出的知识服务三要素,笔者认为在稳定现有用户群体的基础上,对CSSCI知识源、应用模式进行探讨,以改善服务是当务之急。为此,笔者引入本体机制,构建了一个CSSCI本体[2-3],本文的重点就是基于该知识本体,探讨CSSCI知识应用模式,研究CSSCI知识服务的具体内容及其实现方式。

2 基于本体的知识应用模式研究

知识共享和应用是体现知识价值的唯一途径。通过知识的实践应用,不仅可以使知识发挥其最大效益,充分支持领域内的科学研究和实践决策,而且还能够发现知识管理流程中的不足,从而有目的地进行修正,真正完善知识管理。笔者对基于本体的领域知识应用模式进行了总结,认为主要存在知识地图、知识检索和知识创新三个应用方向。

2.1 知识地图

知识地图最早是由英国情报学家布鲁克斯(B. C. Brooks)提出的一种理论思想,他认为可以将学科领域中的各个知识单元根据其固有联系联结成学科认识地图[4]。其后,认识地图逐渐演化成知识地图,成为一种以可视化节点方式来组织和描述领域内知识单元及其关系的知识管理工具,知识地图的思想、理论、方法和应用等都得到了迅速发展[5-7]。特别是随着本体机制的引入,知识地图有了具体可操作的组织基础,加上可视化技术的发展和成熟,其逐渐由理论方法转变为实践工具。笔者将知识地图纳入到了知识管理体系结构的知识应用环节,用于实现本体中蕴含知识的可视化展示,以作为领域知识浏览的可视化导航、知识检索结果的可视化展示以及知识推理过程和结果的可视化描述。

知识地图不仅可以使人们对指定领域的知识范畴有个概括性的认识,而且能够进行知识间导航,提供对领域知识顺序浏览的引导服务。图1为学者与主题资源的知识地图片段,若开始仅想了解学者苏新宁的情况,则可以根据该知识地图的引导,发现"科学评价引文分析"为苏新宁的研究方向之一,而该方向的相关学者还包括邱均平、周萍、杨建林等,进一步可以导航至杨建林的研究主题,发现其感兴趣的主题"创新力评价",进而获得该主题的相关学者及其论文做进一步研究,如此完成了"学者→主题→学者→主题→其他学术资源"的系列导航,实现对所需领域知识的全方位浏览。

知识检索的结果一般为领域中某一具体知识点,可采用列表方式返回结

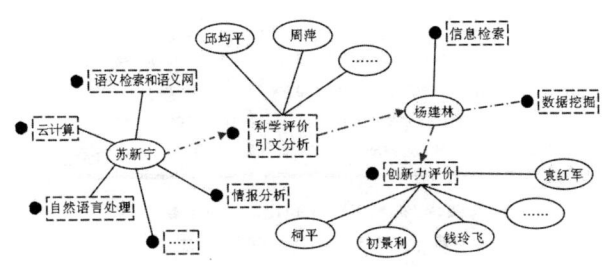

图1 学术资源(学者和主题)知识地图片段

果,如要检索"苏新宁的研究方向有哪些",可以列表显示其相关主题,但是这样的检索服务并不令人满意,用户乐于看到的不仅仅是该知识点内容,更重要的是该知识点的上下文知识,例如"这些研究方向的相关学者分别有哪些"、"这些研究方向的相关主题有哪些"、"这些研究方向的相关论文有哪些"等,即描绘出检索结果的上下文知识地图。以知识地图的可视化方式展示知识检索结果(知识点)及其相关信息(上下文知识)是提高信息服务水平的一种可操作途径。

知识本体以面向对象方式对领域内知识进行有效组织,以期囊括领域内所有知识点。然而领域中的潜在和隐含知识并非直接存储在本体中,往往难以获取,需要通过对本体中的知识进行推理和挖掘来发现。在这个过程中,也可以采用知识地图对知识推理和挖掘的过程和结果进行可视化描述。从图2可以看出,用户试图了解学者苏新宁和王昊之间的合作关系,然而学者之间的合作关系知识没有直接存储在本体中,此时可以根据本体规则库中设定的逻辑规则进行蕴含推理。假设存在规则"若 a 发表的论文集合与 b 发表的论文集合存在交集,则 a 和 b 是合作关系",运行上述规则,苏新宁和王昊之间潜在关系的推理过程及最终结果均显示在图中,经过计算,两者之间存在合作关系,有11篇论文是其共同发表的。

无论是用于知识导航,还是检索结果展示和推理过程描述,要实现知识地图应用,必须将领域知识组织成一个巨大的网状结构,实现领域知识间的互联,即本体是实现知识地图应用的基础和前提。

2.2 知识检索

关于知识检索的概念,目前还没有统一的定论,不同学者在各自领域都给出了探索性的定义。笔者认为可以从广义和狭义两个层次来探讨知识检索。从广义上讲,知识检索就是综合应用多学科的思想、方法和技术,模拟人类关于知识处理与利用的智能行为和认知方法,实现各种类型信息准确检索的

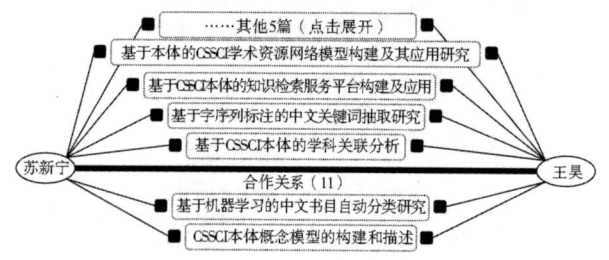

图2　学者合作关系推理过程和结果的知识地图可视化展示

一种高级信息检索理论与模式[8];从狭义上讲,知识检索就是将信息资源进行预处理,使之转化为知识资源,并将其按照一定的方式组织和存储起来,然后按照用户需求,利用现代信息检索技术对知识资源进行有效查找的方式和过程[9]。

　　本文将知识检索作为知识管理系统模型中的一种知识应用方式,严格上讲属于狭义的范畴,即试图基于知识本体,利用语义检索[10]这一现代信息检索技术,改善检索服务质量,达到知识检索服务的层次,使用户能够更准确、更全面、更方便地获得所需资源。其内涵主要包括两层含义:① 提供本体中知识资源的检索服务,即采用语义匹配[11]方式,实现本体库中知识的有效查找[12]。例如在学术资源本体中,用户试图查找"语义网"主题,如果该主题在知识库中存在,此时不仅应该返回该主题的释义,更重要的是返回与该主题相关的所有知识点,包括相关的学者、论文、主题、期刊、时间、项目基金等学术资源,甚至可以列出该主题的上位主题、相似主题和下位主题,提供真正的知识检索服务,以方便用户选择和改变检索策略,从而能够快速准确地了解和掌握领域知识。② 提供基于本体的其他资源检索服务。领域本体构建完成后,还可以将其应用于相同或相关领域的资源检索中。例如将CSSCI学术资源本体(包含了CSSCI中收录的所有学术资源知识)应用于CNKI期刊论文检索系统中,当用户以"语义网"作为检索词时,可以利用CSSCI本体获取"语义网"的相关知识,如相似主题"语义检索"、"本体"及相关学者"刘柏嵩"、"董慧"等作为用户检索策略修正的参考[13];在获得相应的检索结果(期刊论文)后,也可以利用CSSCI本体中的相似论文提供检索扩展等。

2.3　知识创新

　　知识创新,顾名思义,是形成领域新知识的所有活动的总称,是一种创造知识的行为。知识创新通常用于评价研究成果的学术贡献、专家学者的研究水平以及领域研究的活跃程度。一般认为，知识创新能力越强，产生的领域新知识越丰富，研究成果的学术贡献就越多，专家学者的研究水平相应较高，所属领域的研究热情也越为高涨。因此，提高领域的知识创新能力、加大知识创新力度是增强领域知识成熟度的重要途径，是实现领域知识管理的重要标志。

在本文中，知识创新被认为是知识服务的一种实现方式，是基于领域本体进行知识推理的一种知识应用结果，这个结果是一种新的领域知识，可以作为领域本体的有益补充。在图2中的"学者合作关系"的描述中，苏新宁和王昊之间是否具有合作关系的知识原先并没有存储于领域本体中，基于对两位学者发表学术论文的交集运算，认为两者之间存在合作关系，且合作度为11；又如在两位学者的"主题相似关系"推理中，基于本体中保存的主题间相似度的累加可以计算出学者之间的相似度，若该值大于指定阈值，则认为两者之间存在"主题相似关系"。阈值的人为设定在很大程度上取决于领域专家的经验，而这种经验知识存在于领域本体之外。上述两个例子均实现了一定程度的知识创新，可以进一步将这种通过知识推理获得的学者间的关系知识纳入到领域本体的范畴中。

笔者对基于本体的知识创新模式进行了归纳：① 基于领域内知识推理的知识创新。这种知识创新模式实际上就是对领域内潜在知识和隐藏知识的挖掘与发现。在现有领域知识的基础上，通过综合和比较分析、逻辑和蕴含推理、机器学习和数据挖掘等方法和技术，进一步发现领域内其他尚未保存在本体中的知识，其知识创新模式见图3（a）。图2中的"学者合作关系"的发现就是此类创新模式的典型案例。又如，基于领域中频繁出现的主题之间的相似度（本体知识），可以构建主题的描述矩阵，进而采用聚类方法，获得领域的研究热点，辅以年度参数，甚至可以描述出热点的发展轨迹并分析其发展趋势等。② 基于外部知识影响和作用的知识创新。其知识创新过程见图3（b），指在现有领域知识的基础上，通过各种计算方法和推理挖掘技术，在外部知识的影响和作用下，产生新的领域知识的过程。这种外部知识可以来自于另一领域的知识本体，也可以是存在于人脑中尚未形成知识的经验和感觉。上例中"学者主题相似关系"的发现就是此类创新模式的典型案例。又如，基于学术单位的相关主题以及主题之间的相似度，可以计算出学术单位之间的主题相似度，进而分析学术单位的研究侧重及合作可能，此时则需要借助外部知识建立学术单位之间的隶属关系，以免计算出现偏差，假设武汉大学信息资源研究中心挂靠于武汉大学信息管理学院，可以认为前者相关的主题均隶属于后者，这样在借助主题计算武汉大学信息管理学院和南京大学信息管理学院间关系时才具有较高的可靠性和准确度。

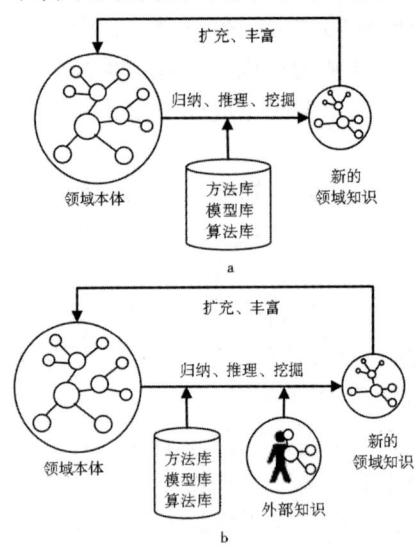

图 3　基于本体的知识创新模式

知识地图用于对领域本体中知识的展示，是可视化技术在知识服务领域的典型应用，实现了本体知识的顺序浏览；知识检索则是检索技术和知识服务的有效结合，一方面能够实现本体知识的随机浏览，另一方面借助本体有效提高了检索效率，实现了语义匹配技术；知识创新则是知识应用的高级模式，借助知识推理技术实现了对隐含知识的发现和新知识的创造。知识地图、知识检索和知识创新是三种典型的知识应用，据此可提供丰富的知识服务。

语义网是新一代的网络平台，是指其中信息具有"机器可处理"特征的 Web 环境。Berners-Lee 从网络和 Web 角度提出了语义网的 7 层体系结构，认为语义网不仅仅包括一个网络结构，更重要的是它是集领域信息采集、知识本体构建、语义检索实现等技术在内的一个完整的 Web 服务环境，是一种能够提高检索效率、改善 Web 服务质量的一种的新的 Web 服务模式。本文则是从知识应用角度出发，认为语义网实质是知识应用和服务网络化的一种工具[14]，是以知识本体为基础，在网络环境中实现知识地图、知识检索、知识创新等的一种具体的知识应用可操作平台。

3　基于 CSSCI 本体的知识服务模式

知识应用是为了实现知识服务，以更好地帮助用户解决问题。在 CSSCI

本体已经构建完成的基础上[2]，根据前文提出了基于本体知识应用的三个方向，笔者对 CSSCI 学术资源知识的服务模式也做了归纳，认为主要可以从两个方面来提高知识服务的水平和质量，即基于 CSSCI 本体的知识检索服务和科学评价服务。

3.1　基于 CSSCI 本体的知识检索服务

这里所谓的 CSSCI 知识检索服务，是对知识地图、知识检索、知识创新综合应用的结果。具体包括三层含义：① 实现对 CSSCI 本体中各学术资源知识点的查询和可视化展示，结合知识地图，提供知识定位和知识关联解析服务。图 4 是对来源文献资源检索和定位的结果，以学术资源知识地图的形式展示了指定来源文献的基本信息及其上下文知识，揭示了来源文献与期刊、学科、学者、被引文献等学术资源知识之间的关联，不仅能够强化对中心知识点的理解，而且也有助于用户了解学术资源间的关联，并方便实现关注知识点的转移。② 基于知识间语义关联实现对用户检索表达式和检索结果的知识推荐，提供关注点转移和查询扩展服务。例如当用户试图以"知识服务"作为检索词进行来源文献查询时，可以返回"知识服务"的相关词汇，如"知识检索"、"知识管理"、"信息服务"等作为参考，用户可以据此修正自己的检索策略以更好地符合自己的检索需求。又如，当选定某一来源文献作为检索结果时，可以根据本体中存储的文献间关联返回该来源文献的相似文献、引证文献、被引证文献、同引证文献、同被引文献等知识推荐作为查询扩展，帮助用户进一步确定检索结果。③ 基于推理规则实现学术资源间语义

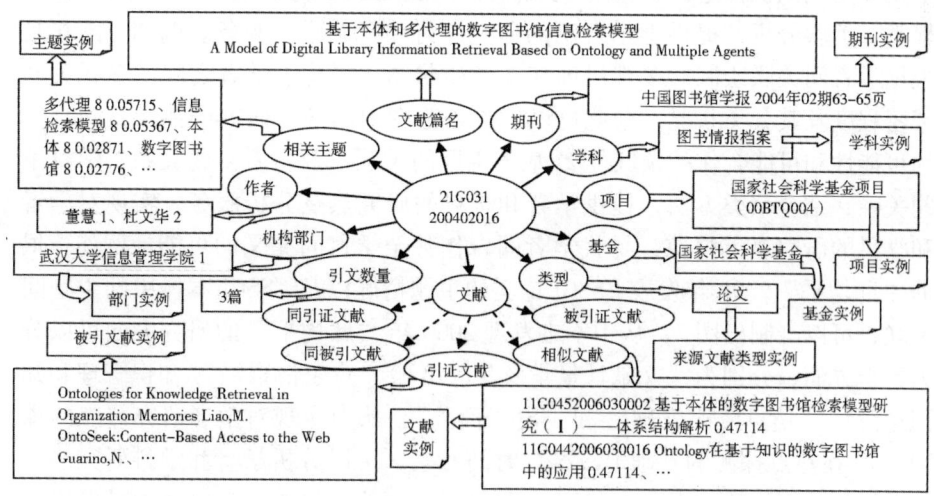

图 4　基于 CSSCI 本体的文献知识地图

关系的蕴含推理，提供领域知识的扩展和创新服务。"杨建林"和"邓三鸿"之间的关系在 CSSCI 本体中没有存储（见图5），然而可以根据本体规则库的逻辑规则进行蕴含推理，从而发现他们之间的合作、被引和共引关系及其关联依据，这是对图2所示案例的具体实现和实践应用。

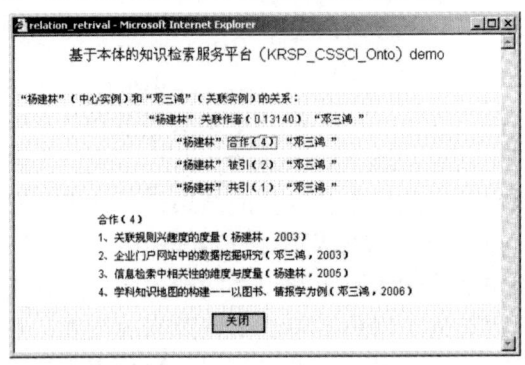

图5　基于规则的学者间关系的蕴含推理

3.2　基于 CSSCI 本体的科学评价服务

其主要目的是基于现有知识，结合数据挖掘等现代信息分析技术，发现领域中的潜在和隐含信息，从而实现学术引导和科学评价。要提供这一知识服务，需要综合应用知识地图、知识检索和知识创新。笔者认为也可以从三个角度实现知识再造：① 基于同类学术资源间的两两关系，进行多维尺度和聚类等关联分析，提供学术资源的分类探讨和资源联合服务。例如，图6是根据学者间关联绘制的多维尺度和聚类树状图，描述了学者之间的多元关联紧密程度及其分类状况，据此可以了解该范围内的各个研究群体及其间合作的可能性和可能合作的领域。② 基于主题间关联以及学者主题关系、学科主题关系，结合聚类方法，提供学者和学科的研究热点分析服务，实现对学者和学科的研究热点追踪，寻找学者间合作甚至学科间交叉的可能。例如，根据"邱均平"2000年发表 CSSCI 论文的主题情况以及 CSSCI 本体中的主题间关联，可以绘制出图7，从中不难发现2000年"邱均平"的研究方向可以分为5个方面，分别为"文献计量学及其应用"、"竞争情报"、"知识管理和知识经济"、"信息资源管理"和"电子商务"，从而实现对学者研究热点的探测。③ 在热点探测的基础上，结合时间元素，可以分析学者和学科研究热点的发展趋势，为研究人员提供研究方向选择、学术焦点确定以及学科发展决策等方向的知识服务。如图8所示：

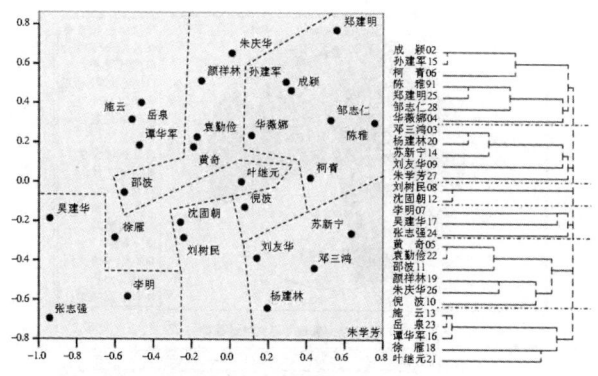

图6 "南京大学信息管理学院"学者间关系的多维尺度和聚类分析结果

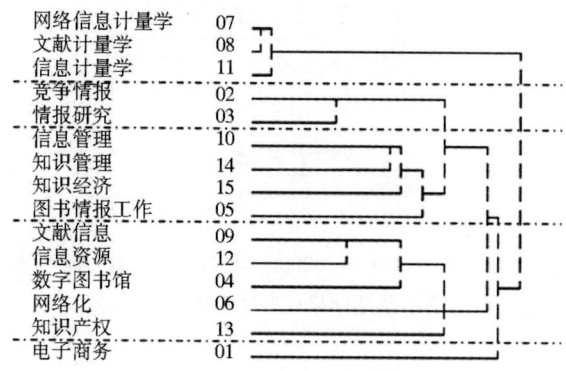

图7 学者"邱均平"2000年主题聚类结果

图8展示了基于CSSCI知识本体的"图书情报档案学"的研究热点总体分布及部分热点的发展趋势状况,展示了该学科的研究热点主要有16个,其中"信息资源管理"、"文献计量学"和"公共图书馆事业"分列前三,在2000—2006年期间发展略有起伏,但总体状况比较稳定,可以认为是"图书情报档案学"研究的主体内容。

4 结 语

随着知识经济时代的到来,用户信息素质不断提高,他们对信息服务的要求也越来越高,现有的CSSCI服务已经无法满足用户多方面、多层次的需求。在这种背景下,本文在提出影响知识服务三要素的基础上,认为可以通过改善知识源(即构建CSSCI本体),根据知识应用方式扩展CSSCI服务模式

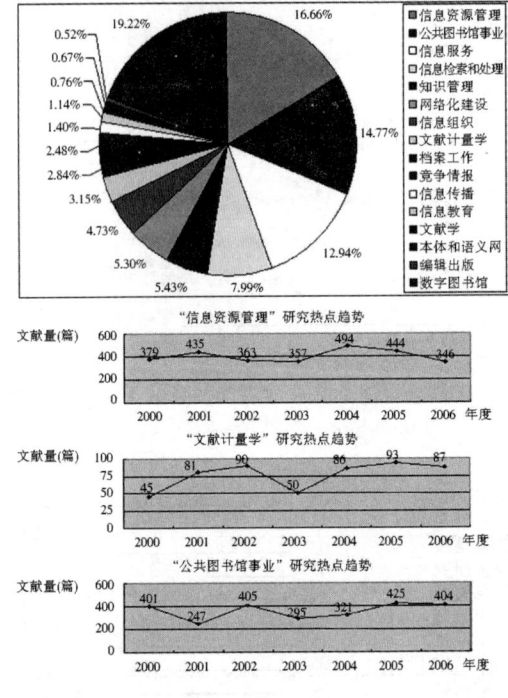

图8 基于CSSCI本体（2000-2006）的"图书情报档案学"研究热点及部分热点发展趋势

的方法来提高CSSCI的服务质量。因此，本文重点总结并论述了基于本体的知识应用方式，并基于CSSCI本体提出了知识服务模式及其操作方式。

论文通过一定的实践应用论证了文中提出的改善CSSCI服务质量的解决方案，但无论是知识检索服务，还是科学评价服务，都仅停留在实验探讨的阶段，尚未开发出完整的可实用的知识检索和科学评价服务平台，今后将进一步对CSSCI知识服务模式进行可操作化研究，争取早日开发出实用平台。

参考文献：

[1] 张晓林. 走向知识服务——寻找新世纪图书情报工作的生长点[J]. 中国图书馆学报, 2000(5): 32-37.

[2] 王昊, 苏新宁. CSSCI本体概念模型的构建和描述[J]. 中国图书馆学报, 2009(3): 51-59.

[3] 王昊, 杨建林. 基于本体的CSSCI学术知识地图构建研究[J]. 情报理论与实践, 2009(12): 106-111.

[4] Brookes B C. The foundations of information science. Part IV. Information science: The changing paradigm[J]. Journal of Information Science, 1981, 3(3): 3 – 12.

[5] Ong T, Chen H, Sung W K, et al. Newsmap: A knowledgemap for online news[J]. Decision Support Systems, 2005, 39(4): 583 – 597.

[6] Eppler M J. A Process-based classification of knowledge maps and application examples [J]. Knowledge and Process Management, 2008, 15(1): 59 – 71.

[7] Rao L, Mansingh G, Osei-Bryson K. Building ontology based knowledge maps to assist business process re-engineering[J]. Decision Support Systems, 2012, 52(3): 577 – 589.

[8] 张玉峰, 李敏, 晏创业. 论知识检索和信息检索[J]. 中国图书馆学报, 2003(5): 23 – 26.

[9] 程慧平, 陈永超. 国内知识检索研究进展[J]. 图书情报工作, 2011, 56(10): 126 – 129.

[10] Kiryakov A, Popov B, Terziev I, et al. Semantic annotation, indexing, and retrieval[J]. Web Semantics: Science, Services and Agents on the World Wide Web, 2004, 2(1): 49 – 79.

[11] Jiang X, Tan A. Learning and inferencing in user ontology for personalized semantic Web search[J]. Information Sciences, 2009, 179(16): 2794 – 2808.

[12] 董慧, 杨宁, 余传民, 等. 基于本体的数字图书馆检索模型研究(Ⅲ)——历史领域资源本体构建[J]. 情报学报, 2006(5): 564 – 574.

[13] Tran T, Cimiano P, Rudolph S, et al. Ontology-based interpretation of keywords for semantic search[C]//Proceedings of the 6th International Conference on the Semantic Web and 2nd Asian Conference on Asian Semantic Web(ISWC'07/ASWC'07). Heidelberg: Springer-Verlag Berlin, 2007: 523 – 536.

[14] Warren P. Knowledge management and the semantic Web: From scenario to technology [J]. Intelligent Systems, 2006, 21(1): 53 – 59.

作者简介

韩静娴, 苏州大学图书馆馆员。

周志峰, 温州大学图书馆馆员, 博士研究生。

王昊, 南京大学信息管理学院副教授, 博士。

基于 Web 资源的组织知识服务研究[*]

潘旭伟[1]　李　娜[1]　沈铁伟[2]　吴益民[2]　傅丽君[1]

(1. 浙江理工大学管理科学与工程系　杭州 310018；
2. 浙江国泰密封材料股份有限公司　杭州 311255)

摘　要　指出当前 Web 已成为大量组织获取知识的重要来源，如何结合组织中知识工作者的任务和问题等业务情境，从海量的 Web 资源中获取知识并为知识工作者提供适时恰当的知识服务，成为一个重要的课题。从知识服务理念出发，在阐述组织知识服务含义与特点的基础上，分析利用 Web 资源为组织提供知识服务的需求，构建包括运行时阶段和构建时阶段的基于 Web 资源的组织知识服务实现流程。在此基础上，建立基于 Web 资源的组织知识服务系统，并通过具体实例说明其应用与效果。

关键词　Web 资源　知识服务　知识管理　情境
分类号　G203

1　引　言

随着互联网的普及与发展，Web 成为知识获取的重要途径，因此如何有效地利用 Web 资源为组织提供知识服务得到了广泛关注。目前这方面的研究和应用主要集中在 Web 企业竞争情报系统和 Web 知识管理系统两方面。前者通过对 Web 上有关自己、竞争对手、竞争环境以及竞争策略的情报信息进行采集、整理、归类，为企业提供情报服务，如陈慧等研究了基于 WebGIS 的企业竞争情报系统[1]；孙孝珍将 Web 资源和企业竞争情报系统结合，提出了基于企业竞争情报系统的 Web 资源管理的方法[2]；而国外更侧重于 Web 竞争情报系统的应用与价值实现，如 Shih 等通过挖掘 Web 上专利发展趋势来发现企

---

[*] 本文系浙江省自然科学基金重点项目"面向复杂产品设计的可拓自适应知识服务研究"（项目编号：Z6110334）和浙江理工大学研究生创新基金项目"基于 Web 资源的研究型企业知识服务研究"研究成果之一。

业竞争情报[3]；Rogojanu 等对竞争情报与战略实施相结合为企业形成竞争优势展开了探讨[4]。后者则侧重于对 Web 上的各种知识资源进行整合从而满足组织的知识需求。针对异构的 Web 知识资源的共享、集成和重用问题，Du 等通过对 HTML 的 Web 页面的本体抽取实现对 Web 知识的管理[5]；潘星等则从知识服务视角出发给出了一种基于知识服务的知识管理系统架构[6]。随着 Web2.0 的出现和应用，基于 Web2.0 的 Web 知识管理不断得到探讨，如 Bojārs 等利用语义 Web 实现跨越不同 Web2.0 社区知识的连接和重用[7]；刘向斌等设计实现了基于 Web2.0 企业知识管理系统[8]。从现有的研究和应用来看，不管是 Web 企业竞争情报系统还是 Web 知识管理系统，都还主要集中于如何获取和整合 Web 上的各种知识资源，而对于如何将 Web 知识资源与组织中知识工作者的具体任务或问题等情境进行有机结合，从而为他们提供高质量的知识服务还没有予以有效探讨。

近年来，强调帮助知识工作者完成任务或解决问题的知识服务概念被提出。关于知识服务的概念、模型和框架等已有一定探讨，并展开了部分应用。如 Muller 等对知识服务的定义、特征和作用进行了分析[9]；夏立新等探讨了基于知识供应链的知识服务模型[10]；王道平等构建了基于 Web 服务的敏捷供应链知识服务系统结构[11]；李贺等提出通过知识构建对知识服务过程中的知识获取、知识组织和知识开发等环节的优化思路[12]；Seo 等提出了面向知识服务的状态驱动建模方法[13]；Li 等构建了一种新的面向可视化的知识服务平台[14]。尽管知识服务的概念、模型和框架等得到了一定研究，但是如何挖掘组织内外部各种知识资源，特别是 Web 知识资源，为组织中的知识工作者提供有效知识服务还未得到系统研究。

从上述分析可见，目前在 Web 知识资源利用方面还侧重于对 Web 知识的获取和整合，未能从知识服务视角出发为知识工作者提供针对特定任务或问题的个性化知识；而知识服务强调了对知识工作者的任务和问题等的关注，但对于如何有效利用 Web 资源提供知识服务还缺乏探究。因此，如何根据组织中知识工作者在完成任务和求解问题过程中的知识需求，充分地利用 Web 上的知识资源为其提供恰当的知识服务成为了一个重要课题。

2 组织知识服务及其特征

知识服务从知识管理的不断发展中逐渐派生而来，但又不同于知识管理——知识服务侧重于向用户提供知识及问题解决方案，不只是简单的信息集合[10]，它"以信息知识的搜集、组织、分析及重组信息和知识的能力为基础，根据用户的问题和环境，融入用户解决问题的过程中，提供能够有效支持知识应用和知识创新的服务"[15]。

结合对知识服务的理解，本文认为组织知识服务是以组织中知识工作者在特定任务或问题等业务情境下的及时知识需求为驱动，从各种显性与隐性知识资源中，挖掘和发现对其有价值的各种有机联系的动态知识资源，从而为知识工作者适时提供其所需的个性化知识资源和智力服务，促进其任务的完成或问题的解决，实现知识的价值增值。组织知识服务有如下一些特点：

2.1 组织知识服务是面向任务和问题情境的

组织知识服务是从知识工作者的任务和问题等业务情境出发，其关注的焦点和最后的评价不是"是否提供了知识"，而是"是否通过提供的知识和智力服务解决了问题"。因此，组织知识服务是指帮助知识工作者找到或形成解决方案，它非常重视知识工作者在执行特定任务或问题解决过程中的业务情境感知，从而形成业务情境感知的知识需求，使知识服务成为贯穿任务完成和问题解决过程中的服务。

2.2 组织知识服务所提供的知识是有机联系的

组织知识服务根据特定业务情境下知识工作者的知识需求，从各种知识资源和智力服务中，通过对知识的析取、挖掘和重组等方式形成与其业务情境紧密相关的有机联系的知识资源和智力服务，使提供的知识和智力服务更具有针对性，保证知识服务的质量。因此，组织知识服务关注和强调利用自己独特的知识和能力，对现成知识资源进行加工形成新的具有独特价值的、有机联系的知识资源，为知识工作者解决依靠其知识和能力所不能解决的问题。

2.3 组织知识服务是一种个性化服务

组织知识服务是融入知识工作者之间和知识工作者决策过程的服务，不是游离于知识工作者之外的服务。因此，组织知识服务是面向知识工作者的个性化服务，包括主题化的服务和个人化的服务。主题化服务根据对知识工作者的任务或问题等的把握，按照专业主题来组织和实施知识服务，保证知识服务的质量。个人化服务针对知识工作者的具体需要和业务过程提供知识服务，通过持续跟踪，保障对知识工作者个体的了解和联系，并根据其任务或问题的变化来动态连续地提供知识和服务，保证知识服务的效率。

2.4 组织知识服务的实现过程是一个价值增值过程

组织知识服务给知识工作者提供恰到好处的知识、智力服务和问题解决方案，促进了其任务的完成和问题的解决，在提升知识工作者知识获取能力、知识利用能力和知识创新能力的同时实现了其自身价值，从而使知识服务的价值得以实现。因此，知识服务的实现过程是一个价值增值的过程。

3 基于 Web 资源的组织知识服务流程

3.1 利用 Web 资源为组织提供知识服务的需求

从组织知识服务角度来看，在利用 Web 资源为组织提供知识服务的过程中，关键是将 Web 上的大量知识资源（即知识服务的供应方）高质量地提供给知识工作者（即知识服务的需求方）。根据上述对组织知识服务含义与特征的阐述，本文认为利用 Web 资源为组织提供知识服务需要满足如下要求：

3.1.1 需要根据组织知识服务需求确定主题 Web 站点

Web 上的知识资源非常丰富，对一个组织而言，其所需的知识资源只是其中很少的一部分，采集整个 Web 上的知识资源不仅困难，也没必要。因此，应该根据组织总体的知识需求，通过对 Web 上的站点进行分析，确定组织所需要的主题 Web 站点。

3.1.2 自动地采集主题 Web 站点中的知识资源

一个组织所确定的 Web 站点通常也有一定数量，这些站点中的知识在不断的增加和更新中，人工跟踪是不现实的，需要采用网络爬虫等方式自动地不断采集新的知识资源，并存放到组织知识库中。

3.1.3 需要对采集的 Web 知识资源进行优化和有机整合

自动采集到的 Web 知识资源是原始、无序的，而知识服务需要根据知识工作者的任务或问题提供有机联系的知识，因此需要对原始采集到无序知识资源的内在内容和特征进行析取，对知识进行分类、聚类和关联等优化处理，有机地整合原始知识资源，建立起知识之间的关联关系，从而为知识服务的质量和效率提供保证。

3.1.4 感知知识工作者的任务或问题等情境信息并集成到其知识需求中

知识服务最重要的特征是面向任务完成和问题求解，其出发点和归宿点都在于帮助知识工作者完成任务和解决问题。因此，在向知识工作者提供知识服务的过程中，首先必须感知其当前的任务或问题，并将其集成到知识工作者的知识需求中，这才能保证最终提供给知识工作者的知识是其所需要的，并且能够根据其任务或问题的变化动态连续地提供知识和智力服务。

3.1.5 需要具备对知识服务结果的反馈跟踪能力

在利用 Web 知识资源为知识工作者提供知识服务过程中，有必要对所提供的知识在促进知识工作者任务完成和问题解决中的作用进行评估反馈，并利用反馈信息进一步对知识进行优化整合，促进知识服务质量的不断提升。

3.2 基于 Web 资源的组织知识服务流程

从上述利用 Web 知识资源为组织提供知识服务的需求出发，设计建立了基于 Web 资源的组织知识服务流程。根据是否需要对知识工作者的知识需求做出实时响应，将该流程分为运行时（run Time）和构建时（build Time）两个阶段。如图 1 所示：

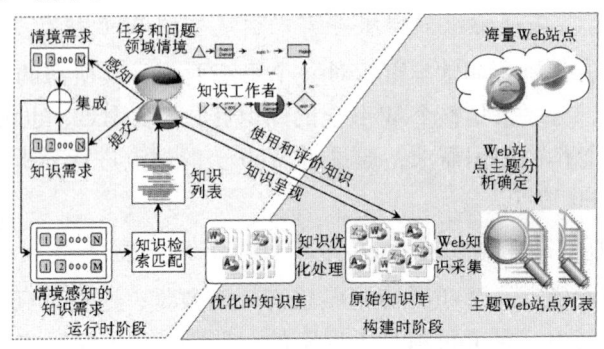

图 1　基于 Web 资源的组织知识服务流程

3.2.1 运行时阶段

此阶段需要对知识工作者的知识需求做出实时响应，提供满足其需求的、具有有机联系的知识产品或服务，促进其任务的完成或问题的解决，主要体现在图 1 中左边虚线框所示部分。运行时阶段的运行直接反映了知识服务的质量和效率，其主要任务包括：① 在知识工作者提交知识需求的同时感知并获取其任务或问题等情境信息；② 集成知识工作者提交的知识需求和感知的情境需求，形成情境感知的知识需求；③ 根据感知情境的知识需求，从 Web 知识资源库中检索获取能满足要求且有机联系的知识产品或服务列表；④ 根据知识工作者具体需要呈现知识，促其完成任务和解决问题；⑤ 知识工作者对知识服务的结果进行评价、反馈及跟踪。

3.2.2 构建时阶段

这时并不需要实时地响应知识工作者的知识需求，主要任务是识别获取 Web 站点中组织者所需的知识资源，并对这些知识资源进行有机组织和优化处理，主要体现在图 1 中右边实线框所示部分。尽管此阶段运行的并不直接反映知识工作者的知识服务需求，但却是实现高质量、有效率知识服务的基础与保障。该阶段的主要任务包括：① 对互联网上的 Web 站点进行主题分析，确定组织所需 Web 知识资源获取的主题站点，形成主题 Web 站点列表；② 自动地采集主题 Web 站点中新增或更新的知识，并将采集到的知识存入原始知识库；③ 对采集到的 Web 知识资源内容和特征进行分析、提取并对知识进行分类、聚类和关联等优化处理，将处理结果存入优化知识库。

因此，从图 1 看出，在构建时阶段实现了对组织所需的主题 Web 站点上知识资源的自动采集，并在此基础上重组优化这些知识，建立起了知识间的有机联系，为组织知识服务提供了基础和保障；在运行时阶段实现了对知识工作者任务或问题等情境的感知，并有机地集成到其知识需求中，有效地保证了知识服务的质量，实现了个性化的知识服务。以上两个阶段的有机结合，有效地满足了利用 Web 资源提供知识服务的需求。

4 基于 Web 资源的组织知识服务系统

根据上述基于 Web 资源的组织知识服务流程，采用面向服务和系统分层思想以及中间件技术构建了基于 Web 资源的组织知识服务系统体系框架，如图 2 所示：

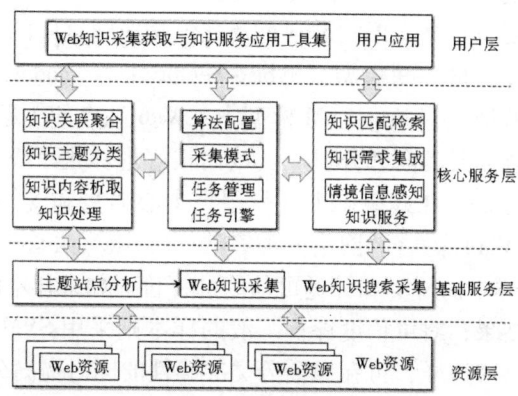

图 2 基于 Web 资源的组织知识服务系统体系框架

该体系框架共分 4 层，分别为资源层、基础服务层、核心服务层和用户层，其中基础服务层与核心服务层中的每个中间件都可以作为一个独立的服务组件使用，保证了该体系框架的可扩展性、低耦合性和实用性。在该系统体系框架指导下，采用 J2EE 框架，并结合其他相关开源组件，如 Heritrix、

Luncene 等开发实现了系统。

4.1 资源层

资源层是指分布在互联网中丰富的可供组织使用的各种 Web 知识资源，其中既包括 Web 数据表格等结构化知识，也包括网页、技术文档等半结构和非结构化知识。资源层是 Web 知识获取的对象，是实现基于 Web 资源的组织知识服务的基础。

4.2 基础服务层

基础服务层主要负责 Web 知识资源的采集。由于 Web 知识资源非常丰富，对一个组织而言并不需要采集所有 Web 站点上的知识资源，因此在采集 Web 知识之前，首先需要分析确定与组织相关的主要 Web 站点。

4.2.1 主题 Web 站点分析识别

互联网从整体上可被看作是由超文本链接形成的一种复杂网络结构。这些网页文本和链接能够反映 Web 知识的领域特征以及知识间的主题关联程度，并以此形成特定主题的 Web 知识资源网络。Web 站点主题识别是对 Web 资源在一个较高层次上的分析、综合和归类过程，为保证 Web 站点主题分析识别的准确性、实用性和高效性，需要对 Web 站点的主题特征进行建模，并在此基础上采用合适的 Web 站点分类或聚类算法来判别 Web 站点的主题类别。Web 上的资源主要以超文本形式的网页及其包含在网页中的超链接结构存在，为此，采用了混合向量空间模型（hybrid vector space model，HVSM）来描述 Web 站点的主题特征[16]。在 HVSM 模型中，Web 站点的主题特征向量由内容特征元素和结构特征元素两部分组成，从而很好地体现了 Web 站点的内容特征和超链接结构特征。在此基础上，采用类中心向量和支持向量机（support vector machine，SVM）融合的网站分类算法[17]，该算法首先利用类中心向量法进行 Web 站点样本的分类和分类可信度的评价。如果样本的可信度评价高，则直接作为分类结果；对可信度评价一般的样本则采用 SVM 进行分类，并作为最终的分类结果。这样，可在保证分类准确性的同时提高分类效率。

4.2.2 Web 知识采集

由于 Web 知识资源丰富，且在不断的增长中，因此 Web 知识采集需要借助网络蜘蛛（spider）自动来进行。spider 的任务包括：自动采集目标主题 Web 站点的知识资源，并提交服务器进行处理；同时负责自动监控目标 Web 站点的变化，对资源库进行及时更新。从主题 Web 站点搜索与采集知识过程中，采用了开源 spider 程序——heritrix（http://crawler.archive.org/）程序来实现。

4.3 核心服务层

核心服务层在任务引擎的协调下,对采集到的知识进行内容析取、分类等知识处理,并根据知识工作者的任务和问题情境提供知识服务,主要由任务引擎、知识处理和知识服务三大组件构成。

4.3.1 任务引擎组件

任务引擎组件是 Web 知识采集获取、知识处理和知识服务等业务逻辑的协调和控制单元,主要负责管理和设置网络搜索采集任务、知识采集抽取模式、知识处理和知识服务的算法配置等。任务引擎组件相当于整个基于 Web 资源的组织知识服务系统的"心脏",在它的驱动下,实现整个系统各个组件之间的协同有效运作。

4.3.2 知识处理组件

知识处理组件是对采集到的 Web 知识予以有效应用的关键,主要负责对采集到的知识资源的解析、分词描述、知识的分类和关联聚类等。它能够自动通过分词等方式描述知识资源本身的内容,而且还能够建立和描述知识资源间的关联,用于指导 Web 知识的发现服务过程。在具体实现中,首先采用 HtmlParser(http://htmlparser.sourceforge.net)对采集到的 Web 知识进行解析,并用 Lucene(http://lucene.apache.org)进行分词并建立索引。在此基础上,根据这些知识在内容上的相似性进行关联聚类。

4.3.3 知识服务组件

知识服务组件将根据知识工作者的任务和问题情境向其提供有机联系的知识集合。即知识服务组件将直接服务于用户,主要负责知识工作者任务和问题情境的感知、知识需求的集成以及知识检索匹配等。在具体实现中,主要从组织的工作流和其他有关任务列表中获取知识工作者的直接情境信息,并通过关联和推理等方式获得扩展情境信息,从而形成用户当前的综合情境信息,详细方法可参见本课题的已有研究[18-20]。在此基础上,将情境信息与知识工作者提交的知识需求集成,形成感知情境的知识需求,并通过基于相似度的知识检索匹配算法获得与知识工作者当前情境下的知识需求相匹配的知识集。

4.4 用户层

用户层作为系统的最上层,是负责与用户进行交互的界面和提供服务的接口,它提供了系统的各种应用服务工具集合,主要是知识资源的浏览、分类导航、知识检索等知识服务工具。在用户层,可采用"推(push)"和"拉(pull)"的方式向知识工作者提供其在特定任务和问题情境下所需的知识,并支持用户以收藏、推荐和评价等方式来反馈知识服务的质量,达到跟踪知识服务的目的。

5 应用实例

本文构建的基于Web资源的组织知识服务流程及系统在某密封产品制造企业进行了具体的应用。该密封产品制造企业是密封行业的骨干企业,随着市场竞争的加剧、客户要求的提高以及技术与产品的快速变化,近年来该企业逐步加大了在新产品开发、市场策划和客户服务等领域的建设和投入,以适应市场和客户的需求。而新产品开发、市场策划和客户服务等领域都是知识密集型领域,该企业在这些领域的现有基础较为薄弱,迫切需要借助外部知识资源提升其在这些领域的能力。互联网上提供了丰富的知识资源,如何利用这些知识资源完成自身任务成为该企业的重要课题。接下来对基于Web资源的组织知识服务方法和系统在该企业的应用情况进行介绍。

5.1 主题Web站点的分析识别与确定

为在Web知识采集过程中更具有针对性,首先需要分析确定与该企业产品开发、市场策划和客户服务等知识密集型业务有关的主题Web站点。针对不同的知识密集型业务,确定不同的主题词之后,系统将对互联网上的站点进行主题分析与识别,返回与输入主题词相符的主题Web站点列表,并通过人工的方式对返回的Web站点进行确认,确定其是否作为企业Web知识资源采集的站点。同时为了避免系统自动处理的遗漏,也支持企业用户根据对有关Web站点的了解直接将这些站点添加为企业知识采集的Web主题站点。该企业针对密封产品开发的Web主题站点分析识别与确定过程,如图3所示:

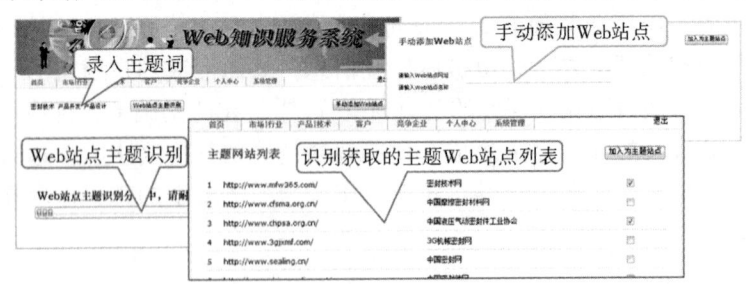

图3 实例:主题Web站点的分析识别与确定

5.2 Web 知识的采集与呈现

在确定了企业的主题 Web 站点后，系统将每天自动从这些 Web 站点中采集获取知识资源，并呈现给企业中的知识工作者。此外，对采集到的知识在进行内容析取后，根据内容进行了分类，以供不同用户快速地浏览查看分类知识。自动采集并呈现的不同类别知识。如图4所示：

图4 系统采集并呈现的不同类别知识

5.3 任务和问题情境感知的知识服务

当用户登录到系统中后，系统将自动通过与该企业的工作流集成接口获取用户当前的任务情境信息，并根据工作流中定义的任务关系以及其他信息，通过关联和推理得到用户的综合情境信息。在此基础上，系统将自动为用户推荐适合于其当前情境的 Web 知识列表。与此同时，用户也可以输入自己的知识查询需求，并选择是否与情境信息集成进行知识检索。用户在使用各种知识的过程中，可以根据知识对自己任务完成或问题解决中的作用对知识进行评分、评价、推荐和收藏等，以利于该知识更好地被应用。在识别用户某产品工艺设计任务情境下知识服务和评价的应用过程，如图5所示：

在该企业成功使用本文所构建的基于 Web 资源的组织知识服务系统三个月后，通过匿名调查问卷方式对系统的应用效果进行了调查评估。调查主要从该知识服务系统提供知识的及时性、知识质量、知识间的关联便捷性、对工作的有用性和总体评价等 5 个方面采用 5 级制进行评价。其中知识间的关联便捷性是指提供给用户的知识之间是否是有机联系的或用户能否根据所提供的特定知识便捷地访问其他关联知识；对工作的有用性是指知识服务系统的使用对任务的完成或问题的解决有多大帮助。参与该系统使用的所有用户都参与了问卷调查，其中不同业务领域的用户数分别为市场策划业务 8 人，

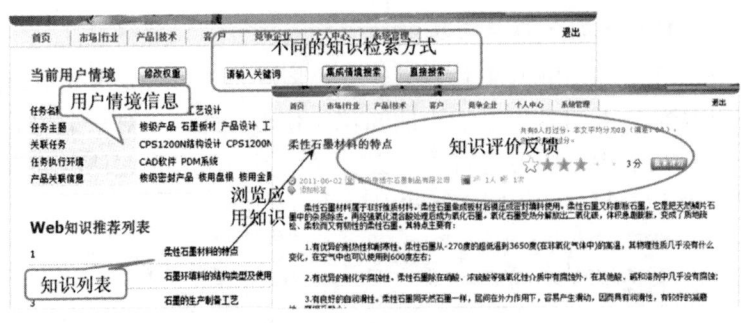

图 5　任务和问题情境感知的知识服务与应用示意

产品开发业务 15 人，客户服务业务 9 人。根据调查问卷反馈的数据统计结果见表 1，其中百分比为评分在 4 分（5 分为最佳）以上人数占该业务领域参与调查总人数的比例。

表 1　系统使用的有效性评估结果

指标	市场策划（%）	产品开发（%）	客户服务（%）
及时性	100.00	93.33	88.89
知识质量	75.00	60.00	77.78
关联便捷性	87.50	66.67	77.78
有用性	100.00	66.67	88.89
总体评价	100.00	73.33	88.89

从表 1 可见，基于 Web 资源的组织知识服务系统在该企业的应用取得了良好效果，有效地帮助了相关知识工作者及时地获取 Web 上的知识资源，较好地促进了其工作效率的提升。不过从表 1 也看到，不同业务领域的应用效果存在较大差异，其中市场策划领域的应用效果最佳，而产品开发领域效果最差，主要原因在于完成市场策划工作的关键是及时获取最新的信息或知识，对知识质量等方面的要求不是很高；相反，产品开发工作对知识质量和知识之间的逻辑关联性等方面则提出了较高的要求，而由于 Web 知识本身在这方面存在不足，故影响了知识服务系统总体的应用效果。

6　结　语

本文基于知识服务理念，阐述了组织知识服务的含义与特征，系统地研究了利用 Web 资源为组织提供知识服务的流程、系统与应用。应用案例表明，本文的方法与系统能根据组织中知识工作者的任务或问题情境动态地利用 Web 上的资源为其提供知识服务，提高了其知识利用的效率。

参考文献：

[1] 陈慧,朴英花. 基于 WebGIS 的企业竞争情报系统分析[J]. 工业技术经济,2010,29(5):95 – 97.

[2] 孙孝珍,刘敏榕. 基于企业竞争情报系统的 Web 资源管理研究[J]. 情报理论与实践,2009(2):61 – 64.

[3] Shih M J, Liu D R, Hsu M L. Discovering competitive intelligence by mining changes in patent trends[J]. Expert Systems with Applications, 2010, 37(4): 2882 – 2890.

[4] Rogojanu A, Florescu G, Badea L. Competitive intelligence-How to gain the competitive advantage[J]. Metalurgia International, 2010, 9(6):221 – 232.

[5] Du T C, Li Feng, King I. Managing knowledge on the Web – Extracting ontology from HTML Web[J]. Decision Support Systems, 2009, 47(4):319 – 331.

[6] 潘星,王君,刘鲁. 一种基于 Web 知识服务的知识管理系统架构[J]. 计算机集成制造系统,2006,12(8):1293 – 1299.

[7] Bojārs U, Breslin J G, Finn A, et al. Using the semantic Web for linking and reusing data across Web 2.0 communities[J]. Web Semantics: Science, Services and Agents on the World Wide Web, 2008, 6(1): 21 – 28.

[8] 刘向斌,杨珉. 基于 Web 2.0 的企业知识管理系统设计与实现[J]. 计算机工程,2009,35(8):104 – 109.

[9] Muller E, Doloreux D. What we should know about knowledge-intensive business services[J]. Technology in Society, 2009, 31(1): 64 – 72.

[10] 夏立新,韩永青,邓胜利. 基于知识供应链的知识服务模型研究[J]. 中国图书馆学报,2008,34(2):60 – 64.

[11] 王道平,贾洁,郝玫. 基于 Web Service 的敏捷供应链知识服务系统设计[J]. 图书情报工作,2010,54(5):106 – 109.

[12] 李贺,刘佳. 基于知识构建的数字图书馆知识服务优化研究[J]. 图书情报工作,2010,54(2):127 – 130.

[13] Seo W, Yoon J, Lee J, et al. A state-driven modeling approach to human interactions for knowledge intensive services[J]. Expert Systems with Applications, 2011, 38(3): 1917 – 1930.

[14] Li G Z, Song X G. A new visualization-oriented knowledge service platform[J]. Procedia Engineering, 2011, 15:1859 – 1863.

[15] 张晓林. 走向知识服务:寻找新世纪图书情报工作的生长点[J]. 中国图书馆学报,

2000,26(5):32-37.
[16] 董宝力,祁国宁,顾新建.基于混合向量空间模型的主题网站识别[J].清华大学学报,2005,45(9):1795-1801.
[17] 董宝力,祁国宁.面向制造网络的节点发现技术研究[J].浙江大学学报,2006,40(5):738-742,909.
[18] 潘旭伟,李娜,周莉,等.情境感知的自适应个性化信息服务体系框架研究[J].情报学报,2011,30(5):514-521.
[19] 周莉,潘旭伟,谢玉开.情境感知的电子商务个性化商品信息服务[J].图书情报工作,2011,55(10):130-135,29.
[20] 潘旭伟,李泽彪,祝锡永,等.自适应个性化信息服务:基于情境感知和本体的方法[J].中国图书馆学报,2009,35(6):41-48.

作者简介

潘旭伟,男,1977年生,副教授,发表论文50余篇;
李　娜,女,1977年生,硕士研究生,发表论文4篇;
沈铁伟,男,1982年生,经济师,发表论文3篇;
吴益民,男,1963年生,教授级高级工程师,发表论文70余篇;
傅丽君,女,1989年生,硕士研究生,发表论文2篇。

基于知识载体通信能力的知识服务模式分析

杨延铮[1]　肖　燕[2]

(1. 西北工业大学图书馆　西安 710072;
2. 广东省立中山图书馆　广州 510110)

摘　要　借鉴 Proper 和 Bruza 的信息载体概念,从智力资源实体等四方面总结和分析知识服务模式。提出人和信息系统的"认知"能力主要表现为知识载体的通信能力;人作为智力资源实体提供知识服务,需要借助合适的协作机制设计将个体认知扩展为群体认知,使个体的服务转化为"系统"的服务;基于虚拟资源实体的知识模式、基于领域应用的知识服务模式和协同服务模式分别从智能代理技术、本体与语义网技术、协同服务技术三个层面提升信息系统的通信能力。

关键词　信息载体　知识载体　知识服务模式　通信能力
分类号　G203　G358

知识是固化在一定信息载体上的智力资源,是智力资源的转化形式。知识服务的核心是知识传递,知识传递的效率取决于知识载体的通信能力。本文从此入手,为理解知识服务模式提供新的思路。

1　知识服务与通信能力关系的分析

美国学者 Proper 和 Bruza 于 1999 年给信息载体 (information carrier) 下了一个定义:"网络上任何可访问的、能给其他实体提供信息的实体"[1]。按照这一定义,不仅文献、网页、自由文本、查询等单个信息对象,数据库、信息集合、词表、分类系统等复合信息对象,甚至人和信息系统都可以视为信息载体。显然,无论是信息性还是信息量的角度,不同信息载体的信息粒度是不同的。信息粒度 (Information Granulartity) 是一种用来描述信息单元的相对大小或粗糙程度的概念,最早由模糊论创始人美国科学家查德教授 (L. A, Zadeh) 于 20 世纪 70 年代提出。

人作为知识的动态载体，具有认知能力，能够主动学习、交流，能够对知识进行组织、控制和传播，也具有选择和决定知识传递对象和方向的能力；但个体的人能够获取的知识是有限的，能够选择和传递的对象也是有限的，并且受时空等诸多因素制约，所以人有时对知识组织和传播的无序状态难以控制。文献作为知识的静态载体，不具备主动获取知识的能力，其传递知识的能力也取决于使用它的对象，但文献却有助于知识组织和传播的有序化。

人作为知识载体，能够准确评估服务对象获取知识的能力，文献则不能。以计算机和网络为载体的信息系统作为知识存储和传播媒介，既能拓展人的通信能力，又能利用人工智能等信息技术模拟人脑思维使系统具备"获取"知识的能力，从而具有某种意义上的不同于人脑的"认知"能力；同时也能更有效地对知识进行有序组织和传播，揭示其内在联系。

知识服务能否引发充分的服务需求并不断提高服务的质量和效率，很大程度上取决于知识载体的通信能力，在这方面，计算机信息网络的优势显而易见。

根据以上分析，影响知识服务生存与发展的基本要素可概括为以下几方面：① 知识载体是否具备足够的获取和传递知识的能力（即通信能力）；② 知识元是否得到有效组织；③ 知识服务的过程是否可以满足服务对象获取知识的动态需要；④ 是否有充分的服务需求；⑤ 高质量、高效率的知识服务能否产生良好的效益。

知识载体的通信能力作为第一要素，显然在知识服务过程中具有十分重要的作用。

2 基于智力资源实体的知识服务模式分析

最早提供知识服务的领域是以人为知识载体的，如学校。现在图书馆、情报所参考咨询部门、各种评估公司、咨询公司甚至包括律师事务所、会计师事务所和医院等机构都涉及知识服务领域。这些机构可视为智力资源实体，智力资源实体是各种智力单元的集合，共同特点为：人是构成智力资源实体的基本单元，主要利用人们掌握、获取和交流知识的能力进行知识服务。计算机网络的兴起与发展不仅为传统的知识服务领域提供了新的服务平台，而且催生了新的知识服务类型，如 e-learning 系统、问答/咨询系统、虚拟社区、数字参考咨询服务、远程医疗等。

基于智力资源实体的知识服务模式主要特点表现为：① 个人为最小化单元的知识载体，面向特定领域服务，具有专业知识结构和个性化特点；② 智力资源实体主要关注知识资源的组织、更新、调度以及服务的质量和效率；

③ 资源单元的主要任务是了解服务对象的服务需求并正确评估服务对象获取知识的能力，并在此基础上提供服务；④ 一个智力资源提供方可以同时为多个请求方服务，大大提高了智力资源的利用效率；⑤ 一个服务对象也可以同时获得多个智力资源提供方的服务，并需要有效的协同机制；这种协同既依赖于信息系统和相关技术，也依赖于社会合作。

为更直观表述，笔者给出了基于智力资源实体的知识服务模式抽象模型（见图1）。

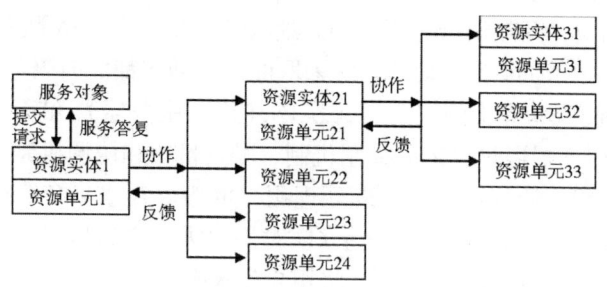

图1 基于智力资源实体知识服务抽象模型

该模型强调的是协作机制对于基于智力资源实体知识服务模式的重要性，将个体认知扩展为群体认知，使个体服务转化为"系统"服务。

该模型一般流程如下：① 服务对象通过资源实体提供的网络服务平台提交服务请求；② 资源单元通过资源实体平台响应服务对象的服务请求；③ 资源单元提供服务答复，或将服务请求转发给有协作关系的资源实体（资源单元）；④ 协作方将服务结果反馈给服务对象。

模型的有关说明：① 知识服务的质量和效率既取决于资源单元的知识获取和交流能力，也与资源实体对知识资源的组织、调度有关。② 资源单元提供服务不受地域限制，资源单元与资源实体之间可以是隶属关系，也可以是协作关系。③ 在开放的互联网环境下，资源实体之间的协作关系显得至关重要。④ 彼此协作的资源实体之间应尽量实现服务系统的无缝链接，使用户不会受到资源实体之间合作方式的影响。⑤ 大多数基于智力资源的知识服务模式的服务系统是实时交互的，因此对服务时效要求敏感，这意味着此类系统必须具备及时和畅通的通信能力。

3 基于虚拟资源实体的知识服务模式分析

所谓基于虚拟资源实体的知识服务模式即基于 Agent（智能代理）的知识服务模式。Agent 作为一种软件机制，是在分布式协作系统中能持续自主地发挥作用的计算实体，一般认为，Agent 应具有如下特点：
- 自治性：Agent 是独立运行的实体，能控制自身的行为和内部状态，并能自主实现特有功能；
- 社会合作能力：Agent 相对独立但不孤立，可与其他 Agent 主体进行信息交换。在某个 Agent 不能独立完成某项任务时，能够借助通讯机制与其他 Agent 进行协作来达到预期目标；
- 反应和学习能力：Agent 能够感知环境，并能对环境信息和突发事件做出及时的响应，并在运行过程中动态地收集信息，进行功能的动态调整；
- 主动性：Agent 是主动的，它采取的一切动作都面向服务目标。

可将 Agent 视为虚拟的智力资源实体（代理服务器）和资源单元（功能代理）。代理服务器通过一定的控制机制、触发机制和协调机制（规则库、推理算法）来组织、调度各功能代理处理用户的服务需求。负责响应用户服务请求的功能代理主要负责三类任务：① 对用户需求进行解析，形成关于用户的知识，构造或更新用户模型；② 将用户需求提交给 Agent 协调者；③ 从 Agent 协调者那里接收服务结果并回馈给用户。第一点很重要，是系统正确评估服务对象的关键，它使得系统具有学习能力。Agent 协调者负责将使用者的服务需求分解成一系列子任务并提交给相应的功能代理，它使得系统具备自组织能力和自适应能力[2]。可见基于 Agent 智能代理的知识服务具有主动学习和对信息加以更新、反馈的通信能力。

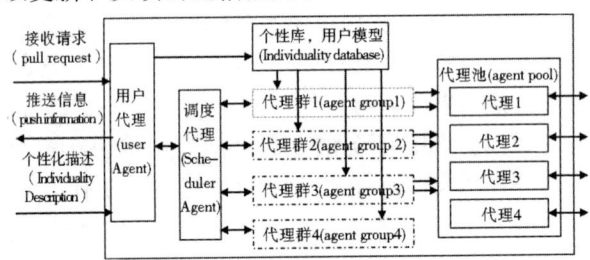

图2　基于 Agent 的知识服务抽象模型

通过图2描述的框架，可见虚拟资源实体知识服务模式对知识载体通信能力有较高的要求。

4　基于领域应用的知识服务模式分析

基于领域应用的知识服务模式基本原理是利用各种高级知识服务技术充分捕获各种知识源之间及其与用户信息需求之间的信息流。模式的关键在于领域知识的构建以及信息生产者、利用者、信息服务提供商、信息系统角色的重新定位，目前主要研究方向是知识门户、本体及语义网技术在知识服务中的应用。

按照知识服务基本过程，知识门户包括知识获取、存储、共享、重新利用和创新等环节，集成知识搜索、知识共享和知识推送等基本服务。知识门户与知识地图和知识源紧密关联、密不可分，当用户提出需求时，知识门户同时与知识地图和知识源产生联系：一方面通过Web知识地图进行知识发现，通过其提供的各种注册知识，获取知识资源的相关信息；另一方面通过所集成的各种知识管理功能对知识资源加以应用。

本体是一种能在语义和知识层次上描述系统的概念模型，目的在于以一种通用的方式来获取领域中的知识，提供对领域中概念共同一致的理解，从而实现知识在不同应用程序和组织之间的共享和重新利用。本体提供了描述和捕获概念之间、不同信息对象之间信息流的机制，使得信息系统对信息的理解上升到语义层次，成为某种"认知主体"，进而捕获知识源与用户信息需求之间的信息流。因此，本体在知识服务领域具有很大的应用前景，目前在信息检索、信息集成、机器翻译、数据挖掘、知识获取等方面都有应用。

本体的具体功能主要体现在通信、互操作和系统工程。通信方面，本体提供的共同词汇使得交流准确无歧义，形成共同理解。不同模型方法、范例、语言和软件工具可以借助本体进行转换映射从而实现不同系统之间的互操作。在系统工程的主要体现有四个方面：① 从可重用性的角度来说，本体能够对重要的实体、属性、过程及其相互关系进行形式化描述，使其成为软件系统中可重用或是共享的组件；② 在知识获取上，使用已有的本体作为基础来指导知识的获取，能够提高获取的速度、准确性和可靠性；③ 本体提供的形式化表示可以自动对结果进行一致性检查，使得软件系统更加可靠；④ 本体可以支持需求的识别以及能确定信息系统的规范[3]。

语义网不是独立的、另一类的Web，而是现有Web的进一步发展、延伸。在语义网中，一切可以确定的内容，例如人、时间、事件、物体等，都作为实体分布于网络中，每个实体都有一个统一的资源标识，更有利于知识组织。语义网的作用是联接相关事件和实体，把这种信息流结构用于描述由机器处理的大量数据。语义网的核心就是元数据，通过在现有Web基础上增加共享的、标准的、机器可理解的元数据，使得原来Web环境下难以实现的许多应用成为可能或者变得更有成效。例如知识获取与知识发现、知识过滤、基于agent的自动Web服务等[4]。

通过知识门户、本体及语义网等技术的应用，基于领域应用的知识服务模式可以显著提高信息系统知识载体的通信能力。

5 基于协同的知识服务模式分析

协同是指系统内部各组成要素之间一种理想化的状态,系统各层次、各要素之间的非线性相互作用,实现系统整体功能大于各子系统或要素功能的简单相加,称之为协同效应。

知识协同(Knowledge Collaboration)是指利用协同效应,根据服务目标整合信息系统和知识组织的资源以及服务能力,通过协同运作的知识服务与管理,使知识服务产生协同效应的过程。通过"协同"方式进行的知识服务,能够弥补知识缺口,有效解决知识获取路径单一的问题,并及时实现知识的嵌入和补充,获得多主体、多目标、多任务的"1+1>2"的知识服务协同效应。协同的知识服务是实现知识创新的有效方式[5]。

目前信息检索系统、数字图书馆、搜索引擎、e-learning系统、知识管理系统等社会信息服务保障系统尚未完全发挥应有的系统效能,仍然存在"信息孤岛"、"应用孤岛"和"服务孤岛"等现象,原因是多方面的,既包括技术因素,也包括认知能力的局限和经济利益的制约。

基于协同的知识服务模式在集成化知识服务基础之上实现了信息服务系统之间的协同保障和资源与服务的共享,建立了具有协同效应的服务平台,进一步提高了知识服务能力,从而有助于消除知识服务的"孤岛现象",并通过实现知识的获取、传递和利用过程的协同效应,不断增强知识服务的绩效。

协同知识服务模式的基础是互联网发展过程所形成的信息资源分布与结构体系、社会组织体系和人际关系网络(SNS)。目前信息服务应用的主流协同技术主要分为两类,一类是软件技术,主要有分布应用集成技术、面向服务的架构(SOA)[6]、网格技术[7],核心是形成协同保障的服务环境;另一类是标准技术,主要有Z39.50与OAI协议技术和开放联接标准,核心是解决系统间数据交换与互操作的问题。

从认知论角度分析,分布式认知理论可作为协同知识服务模式技术应用的理论支撑,按照分布式认知理论观点,认知活动不仅仅依赖于认知主体,还涉及其他认知个体、认知对象、认知工具及认知情境。随着数字电视、3G通讯、新一代计算机网络等信息技术的发展,人类许多认知活动越来越依赖于这些认知工具[8]。分布式认知理论认为要在由个体与其他个体、人工构件所组成的功能系统的层次来解释认知现象,强调个体、技术工具相互之间为了执行某个活动而发生的交互[9]。在这种情境下,认知活动被看作是一种通过媒体间的表征状态传播而发生的运算。媒体包括了内部表征(个体大脑记忆）和外部表征（包括计算机和印刷品等）两个方面；表征状态则指活动中信息和知识资源的转换方式，功能系统将表征媒介相互协调在一起[10]。

协同服务模式利用各种协同服务技术实现信息服务系统之间的协同保障、资源共享和服务共用，建立具有协同服务功能的知识服务平台，极大提高了信息系统的信息服务保障能力。协同的知识服务模式能以整体效益最大化的方式运作，因而使得知识载体具有更强的通信能力，客户也可以从相互协同的服务主体那里获得更有效率、质量更佳的知识服务。

6 结 语

信息技术的发展延伸了人的认知能力，使得知识载体和信息服务系统具有某种程度的"认知"能力，通常表现为知识载体的通信能力。计算机网络环境下，智力资源实体提供知识服务，需将个体认知扩展为群体认知，使个体服务转化为"系统"服务；基于虚拟资源实体、基于领域应用和协同的知识服务模式分别从智能代理技术、本体与语义网等信息流捕获技术、协同服务技术三个层面提升信息系统的"认知"能力。从知识载体通信能力的角度出发，有助于更好地理解各种知识服务模式。

参考文献：

[1] Proper H D, Bruza P D. What is information discovery about?. Journal of the American Society for Information Science,1999,50(9):737-750.

[2] 马林山.基于智能 Agent 的虚拟协作咨询模式研究.情报科学,2007(3):419-421.

[3] 何海芸,袁春风.基于 Ontology 的领域知识构建技术综述.计算机应用研究,2005,22(3):14-18.

[4] 曾铮.基于语义网技术构造知识服务系统.情报学报.2005,24(3):336-340.

[5] 樊治平,冯博,俞竹超. 知识协同的发展及研究展望.科学学与科学技术管理,2007(11):85-91.

[6] 徐罡,黄涛,刘绍华,等.分布应用集成核心技术研究综述.计算机学报,2005,28(4):433-444.

[7] 李玉海,余玲,胡伟雄.数字图书馆中的网格层次结构分析.情报理论与实践,2007,30(2):256-258,288.

[8] 周国梅,傅小兰.分布式认知——一种新的认知观点.心理科学进展,2002,18(2):147-153.

[9] 任剑锋,李克东.分布式认知理论及其在 CSCL 系统设计中的应用.电化教育研究,2004(8):3-6,11.

[10] Decortis F, Noirfalise S, Saudelli B. Distributed cognition as framework for cooperative

work. [2005 - 12 - 22]. http://www-sv.cict.fr/cotcos/pjs/TheoreticalApproaches/DistributedCog/DistCognitionpaperDecortis.htm.

作者简介

杨延铮,男,1972年生,馆员,发表论文8篇。

肖　燕,女,1978年生,馆员,发表论文5篇。

基于 SECI 模型的高校图书馆知识服务型信息共享空间（KSIC）研究[*]

魏辅轶　周凤飞

（天津工业大学图书馆　天津 300160）

摘　要　基于 SECI 模型构建一个 KSIC 模型，实现从知识管理概念到实体知识空间的转变，并将显性知识和隐形知识的转化过程与特定的服务手段对应起来，通过四个知识空间实现知识服务型信息共享空间中的知识交流和创新。

关键词　信息共享空间　知识管理　知识服务　SECI　KSCI

分类号 G250

1　从 IC 到 KSIC

信息共享空间（IC）研究近年来成为图书馆学中一个逐渐升温的学术课题，无论是单纯的理论研究还是颇具实证意义的空间构建性研究都大量涌现，为我国图书馆 IC 建设提供了丰富的知识基础。

目前我国的 IC 建设还处于理论研究和实践操作相互碰撞和交融的阶段，能提供成熟的有参考价值的 IC 案例并不多见。多数的研究还集中在介绍国外的案例或者从硬件设施和制度的角度构建自己的 IC 空间，缺乏从整体知识服务空间的角度研究不同知识服务的协同系统。在这样一个背景之下，有些学者提出了构建知识服务型的信息共享空间（KSIC）。"KSIC 以满足用户最终需求为目的、KSIC 是个性化的服务模式、KSIC 是一种连续的服务过程、KSIC 服务是协同性服务、KSIC 是知识创新的服务"[1]。KSIC 的目的就是将知识服务的方法与 IC 的理念和服务方式结合起来，实现 IC 的目标之一：推动研究和学习。

---

[*] 本文系天津市文化艺术科学研究规划项目"高校图书馆 KSIC 构建研究"（项目编号：B08029）研究成果之一。

2 KSIC 的服务战略

我们认为 IC 是信息和信息服务在有限时空内的无限集中，KSIC 是知识和知识服务在有限时空中对特定服务对象的有效汇集。KSIC 作为一个特殊的知识服务组织模式在运行管理的层面上应该有其自己的服务战略。人员充足、知识资源储备完善的图书馆可以采用推送型的服务战略；如果图书馆馆舍较为优良而人力资源不足则可以采用以空间服务为主导的服务战略，或者混合式的知识服务战略等。KSIC 服务战略是将知识管理的内涵与 IC 在理论上结合并在实体上加以体现，形成一个规范化的具有知识管理功能的 IC 服务系统流程（这里对其他服务战略不加详细的解释）。

KSIC 服务战略是将知识管理的核心理论"隐性知识和显性知识之间的转化关系"与 IC 的空间实体相对应，在 IC 空间内通过知识和知识服务的累积形成一个空间化的隐性知识和显性知识的换转空间系统，实现不同服务的有效协同，促进知识的创新和有效流动、隐性知识和显性知识之间的有效转化，最终形成一个有效的知识服务空间系统和学习支持系统。

3 KSIC 服务模型的构建

3.1 SECI 的四个知识空间

SECI 模型是知识管理领域的经典模型理论，其最初原型是野中郁次郎（Ikujiro Nonaka）和竹内弘高（Hirotaka Takeuchi）于 1995 年在他们合作的《创新求胜》（*The Knowledge-Creating Company*）一书中提出的[2]，如图 1 所示：

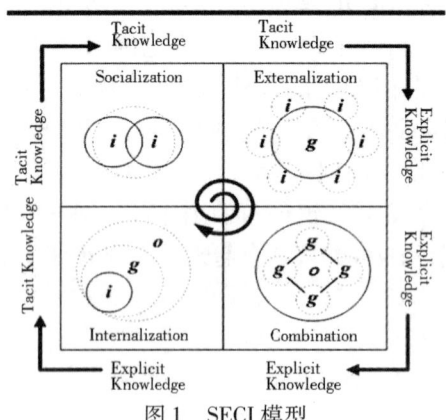

图 1　SECI 模型

图片来源：http：//sociallearnlab.org/wiki/index.php/PKM

社会化（Socialization）是指个人的隐性知识向他人传递并实现隐性知识的群体共享。外化（Externalization）即客观化，是指隐性知识向显性知识的转化，是一个将隐性知识用符号化的概念和语言清晰表达的过程，是知识创造过程的关键。结合（Combination）是指零散的显性知识向体系化知识的转化，是一个通过各种方式把形形色色的知识概念组合化和系统化的过程。内化（Internalization）是指显性知识向隐性知识的转化，从组织的知识储备到个人的知识创造的转化。以此为基础，野中郁次郎和竹内弘高提出与四个过程相呼应的四个"场"（Ba）：创始场（Originating Ba）、对话场（Interacting/Dialoguing Ba）、系统化场（Cyber/Systemizing Ba）、练习场（Exercising Ba）[3]，使 SECI 模型成为知识创造与组织学习领域的重要理论之一[4]。

3.2 基于 SECI 的 KSIC 服务模型

本文基于上述理论，将野中郁次郎和竹内弘高提出的四个"场"映射为 IC 中四个不同的知识空间，构建一个基于 SECI 模型的 KSIC 服务模型。

创始场是个人之间彼此交互表露其感觉、情绪、经验与心态的场所[4]，其作用是通过类似师徒传授的方法将隐性知识扩散开。IC 中的创始场就好似一个通过初步的咨询和对话帮助用户的隐性知识需求表现的空间，称为知识咨询空间。

对话场是将拥有特殊知识与能力的一些人组成一个计划小组、特案小组或跨越业务单位之小组，让这些小组的成员在互动场所彼此交换想法，同时也对他们自己本身的想法加以反省及分析的场所[4]。在 IC 中这样拥有特殊知识与能力的人就是学科馆员服务团队，通过学科馆员服务与用户深度探讨，以此为基础提出解决策略。这个 IC 称为知识服务空间。

系统化场是将新的显性知识与现有的资讯与知识组合，以便再产生更新的显性知识，并使之系统化，利用"线上网路"、文件与资料库等资讯强化这项知识的转化程序的空间[4]。在 IC 中其作用体现在为用户提供的知识资源和利用知识资源的各种硬件设备上，将图书馆现有的知识资源从馆藏中传递给用户，与用户的显性知识需求结合，这个空间称为知识传递空间。

练习场是在资深教师与同事的指导下，以观摩或实际演练等方式不断地练习，能应用实际生活上或模拟的显性知识，并持续将这些知识内化的空间[4]。这方式在 IC 中的表现即是提供一个实践的空间，让用户可以在 IC 内及时模拟所得到的新知识，在实践中创造新的个人隐性知识。这个空间称为知识创新空间。

这四个知识空间既具有一定的独立性，又在整个大的 IC 之中通过不同的知识需求和知识服务互相联系起来。这样就把用户在 IC 中的知识行为整合在一个系统化的知识空间之内，并将用户整个知识服务过程与用户需求变化的情况用四个抽象的空间加以描述，如图 2 所示：

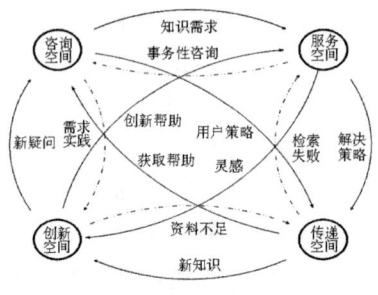

图 2　四个知识空间

这四个空间的"边缘"是通过知识需求、解决策略、新知识和新疑问加以连接，将知识、信息和实体的空间联系在一起，形成一个由知识、信息到现实空间的转化，在不同的空间中对不同的知识和知识的作用对象施加不同的知识管理和知识服务活动，使得读者的隐性知识在知识空间中被激发出来成为显性知识，进而再从空间中获得新的显性知识加以吸收和创新成为新的隐性知识。

在这样四个密切联系的知识空间模型中，每一个空间并不是一定要遵循固定的"边缘"循环模式，除了可以按照图中所显示的"边缘"循环模式进行，也可以在某些情况下由用户根据自己的需要决定是否下跳过一个空间直接进入下一个空间，或者退回前一个空间，甚或终止循环直接跳出空间。

在图 2 中可以看到，用户在咨询空间中已经具有了解决策略时，就会跳过知识服务空间直接进入知识传递空间；在传递空间中出现知识获取困难（无法获取、获取限制、无法阅读等）时就会从知识传递空间直接进入咨询空间寻求帮助。

当用户在服务空间受到启发突然获得研究灵感时就直接接入创新空间进行研究和创新；相应地在创新空间中出现知识问题和创新困难需要学科馆员解决时也可以直接接入服务空间。

当用户的实践需求比较强烈或者已经具有实践计划和知识创新想法时，就可以从咨询空间直接进入创新空间；当用户需要一般性的事务咨询（使用方法、空间布局、硬件设施操作等）即可从服务空间接入咨询空间；当用户在传递空间中不能检索和获取知识信息时就会退回服务空间再制定检索的策略和方法；当用户在进行知识创新而感到资料不足时就会回到传递空间再次检索和获取知识资料。

从知识的转化过程上看，基于 SECI 的四个知识空间符合隐性知识和显性知识之间的转化规律，有利于促进知识的再生和创新；从用户知识活动的规律上看，将用户的知识活动与知识空间紧密地结合在一起，符合用户知识活动的习惯，满足一般性的知识获取以及知识创新活动的要求，形成了一个空间、知识、活动三者统一的 KSIC 的主体结构；从对用户的学习支持来看，对用户的研究与学习起到了启发和引导的作用。

一个以知识服务为核心战略的 KSIC 在构建时应该具有这样四个基础的知识空间，以此为基础可以根据不同的需要对整个空间进行适当的扩充和完善。

4 四个知识空间的服务模式映射

基于 SECI 的 KSIC 其主旨是通过四个不同知识空间的协作和联系、不同知识服务在空间中的协同和互补，将整个 KSIC 的空间紧密地集合起来。基于 SECI 的 KSIC 并不太强调某一个具体知识服务方法的创新或者是技术手段和硬件设施的先进性，而是将重点放到不同的知识服务手段在隐性知识和显性知识转换过程中的作用，将不同的服务方法和实体空间按照从 SECI 中抽象出来的四个知识空间之间的知识流动关系组织起来；强调的是四个知识空间之间的知识服务协同，在信息的流动、需求的变化和服务的深入中实现隐性知识和显性知识之间的转换。

根据 SECI 模型和四个知识空间中知识转化过程方式知识服务方式、KSIC 实体映射以及作用等因素组织成一个二维的关系表，如表 1 所示：

表 1 四个知识空间的服务模式映射

	知识过程	知识服务方式	知识空间位置	KSIC 实体映射	作用
社会化	T→T	咨询、启发、引导、意见收集、询问	知识咨询空间	咨询台和咨询人员、意见簿、电话服务、网络咨询台	隐性知识需求发掘
外化	T→E	深度交谈、学科咨询、订题解答、策略制定	知识服务空间	咨询室、咨询设备、学科馆员或团队	知识交换
结合	E→E	文献借阅、网络服务、数据库服务、文献复制、文献传递	知识传递空间	文献馆藏、计算机设备、网络设备、复印机、阅览设施	知识传递

续表

	知识过程	知识服务方式	知识空间位置	KSIC实体映射	作用
内化	E→T	实践场所服务、实践设施、模拟实践服务	知识创新空间	实践空间、实践设备	知识运用创新

注：T：隐形知识，E：显性知识。

这样就将抽象的知识过程和具体服务内容结合起来，完成了从概念到具体工作职能和做法的变化，让隐性知识与显性知识的转化过程在现实中更具有可操作性和实践意义；同时也将知识的转化过程与所需要的实体空间联系在一起，使不同的空间区分实现不同的知识服务功能，不同的功能在不同的空间中得以更为有效地实现。

5 KSIC 的实现

笔者根据前文的理论模拟构建了一个初步的 KSIC 实体模型，用来帮助我们更直观地理解四个知识空间在实体上的表现（见图 3）。

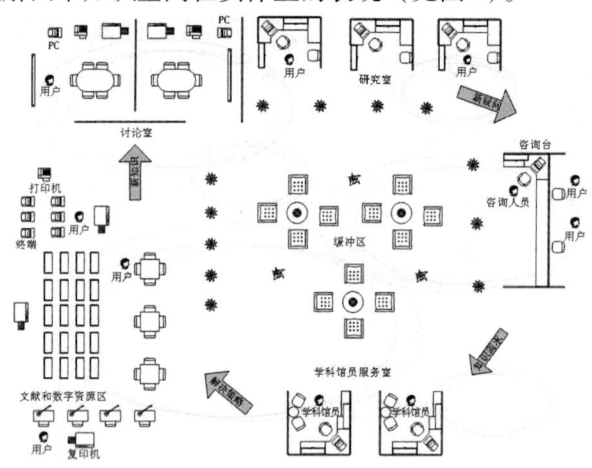

图 3 KSIC 实体模型

模型可以分为 5 个不同的功能区域，右侧的咨询区、下方的学科馆员服务区、左侧的文献和数字资源区、上方的知识创新区以及中部的缓冲区。

咨询区在整个空间中所起的作用是与用户进行最初的接洽和交谈，使用询问、启发、引导、意见收集等不同的服务方法初步了解用户的需求和想法，并尽力解决一些简单的事务性问题和常见问题，促使用户的隐性知识需求向馆员的隐性知识需求传递和转变，为下一步隐性知识需求的显性化做好准备工作。

学科馆员服务区的主要作用的通过学科馆员的咨询和交谈在初步咨询了解用户需求的基础上，利用自身的专业知识和背景知识，使用深度交谈、学科咨询等服务方法与用户进行知识的交流和互换，促使隐性知识向显性知识传化，并最大限度地了解用户的知识需求；同时学科馆员要针对用户的知识结构和知识需求为用户制定一套有效的信息获取方法和策略，帮助用户在文献和数字资源区检索目标信息。

文献和数字资源区的功能是在有限的区域内尽可能地通过文献借阅、网络服务、数据库服务、文献复制、文献传递服务来提供各种文献信息资源，实现知识传递的作用，促成显性文献知识向个人显性知识的转化，并提供必要的设备保障检索策略的有效实施。

讨论与实践区是用户在获取必要新知识后，利用空间内的实践空间和实践设备进行新知识消化和吸收的场所。在这个空间内，用户使用空间中的讨论室和研究室对获取的知识进行深度的加工和利用，使得显性知识转化为个人的隐性知识，从而进一步形成新的信息需求。

缓冲区是用以分割空间，美化信息空间环境，并提供用户休息、整理思维的一个辅助区域空间。

基于SECI模型的KSIC在空间的实体上并没有过高的要求，所能提供的服务也可以根据图书馆自身的条件加以选择。但是其基础的四个空间的基本构架是实现SECI功能基础。这样整个知识服务的流程将成为一个完整的循环整体，可以在其空间内不断地循环反复，也可以超越循环灵活地在不同空间内跳跃，从而不断地创造新的知识。

6　KSIC的未来

"知识服务的内涵可以归纳为：知识服务从用户实际的信息需求和所处的信息环境出发，遵循用户的信息获取途径来组织服务的流程；其核心在于知识创新过程，在显性知识的加工中融入了对隐性知识的挖掘和共享，将显、隐性知识集成，形成了智力型的知识产品；并强调专业人员和用户的共同参与，关注的重点从信息本身扩展到服务过程，是一个'一站式'的综合服务"[5]。KSIC由于符合知识在信息活动中的转化特征，因此能更好地在高校图书馆的服务中体现IC的作用和理念，更高效地为科研和学习服务。

参考文献：

[1] 朱雷,孙振球. 知识服务型信息共享空间(KSIC)特性及其运营模式探究. 图书馆论坛,2008(3):145-148.

[2] 野中郁次郎的SECI模型.[2009-07-08]. http://wiki.mbalib.com/wiki/SECI%E6%A8%A1%A1%E5%9E%8B.

[3] 知识创造的SECI模型和知识螺旋.[2009-07-08]. http://www.kmcenter.org/html/s14/200812/08-5787_2.html.

[4] Nonaka I. SECI Ba and leadership: A unified model of dynamic knowledge creation. Long Range Planning,2000(33):5-34.

[5] 个人知识管理工具与方法 PKM.[2010-01-27]. http://sociallearnlab.org/wiki/index.php/PKM.

[6] 张文莉. 基于现代图书馆开展知识服务的思考. 图书馆,2009(4):65-67.

作者简介

魏辅轶,男,1979年生,馆员,发表论文3篇。

周凤飞,女,1963年生,研究馆员,发表论文20余篇。

基于 Web Service 的敏捷供应链知识服务系统设计[*]

王道平　贾　洁　郝　玫

（北京科技大学经济管理学院　北京 100083）

摘　要　针对敏捷供应链成员企业知识共享的问题，提出敏捷供应链知识服务的概念，介绍敏捷供应链知识服务系统的特点，分析 Web Service 的相关技术；并基于 Web Service 采用面向服务的体系结构在供应链成员企业之间构建敏捷供应链知识服务系统的三层结构，以期充分利用供应链中的知识，使整个供应链达到敏捷化，为供应链成员企业赢得更多的优势。

关键词　敏捷供应链　面向服务的体系结构　Web 服务　统一描述、发现和集成协议

分类号 TP302

1　引　言

市场竞争日益激烈，企业之间的竞争逐渐演变为供应链之间的竞争。供应链之间的竞争要求供应链成员企业更紧密地协作，达到共赢，这就要求供应链成员企业充分共享信息，充分利用供应链中的知识，使整个供应链足够的敏捷化。将知识服务引入到敏捷供应链中，为敏捷供应链上下游的成员企业提供知识服务，可以为供应链成员企业争取更多的竞争优势。

现有研究成果认为，知识服务不同于知识管理。知识管理主要是组织为了提高生存能力和竞争优势，对于存在于组织内外部的个人、群组或团体内有价值的知识，进行有系统的定义、获取、存储、分享、转移、利用和评估等工作[1]。而知识服务主要是向用户提供知识及问题解决方案，不只是简单的信息集合[2]。

---

[*] 本文系国家自然科学基金项目"面向敏捷供应链的知识服务体系及管理策略研究"（项目编号：70872010）研究成果之一。

本项目将敏捷供应链知识服务定义为：从各种显性和隐性信息资源中，以敏捷供应链成员的即时知识需求为驱动，挖掘和创新有价值的动态信息资源，并在知识服务平台中共享，以此为敏捷供应链成员提供所需的各种智力支持和智力服务的高增值服务。在一个完善的知识服务体系中，用户可以通过对知识服务的搜索、组织、分析、重组来解决组织中的问题，进行有效的知识应用和创新。

关于敏捷供应链知识服务系统，现有研究成果并不多，主要有图书馆情报领域的知识服务以及供应链知识管理系统的研究。

在国外，Chandra 等对以客户为中心产品设计的供应链知识管理系统进行研究[3]；Lau 等研究了供应链中采购知识管理系统的具体设计[4]；Ioannis Savvas 等针对公共行政组织中每天产生的大量文件，采用过程导向的方法，通过基于 Web 的知识管理系统，提供了一个最新的和准确的法律框架[5]。

国内夏立新等研究了基于知识供应链的知识服务模型，认为基于知识供应链的图书情报机构知识模型有利于知识服务目标的实现[2]；潘星和刘鲁等针对共享、集成和重用异构分布的 Web 知识资源的问题，结合 Web 服务技术对知识服务进行了研究，给出了一种基于知识服务的知识管理系统架构[6]；黄河和史忠植等构建了开放知识服务体系 OKSA，在开放的 Web 资源环境中建立动态的、跨平台的虚拟知识环境，使得人们能够获取、发布、共享和管理各种 Web 资源，并向用户提供按需的知识服务以支持协同工作、问题求解和决策支持等[7]；许有志，王锐兵等针对农业领域进行了敏捷知识管理系统研究[8]；刘向斌，杨珉基于 Web2.0 设计并实现了企业知识管理系统[9]。

本文通过分析敏捷供应链知识服务系统的特点及设计原则，结合现在系统开发的关键技术，设计了敏捷供应链知识服务系统的整体结构。

2 敏捷供应链知识服务系统设计分析

2.1 敏捷供应链知识服务系统的特点

由于敏捷供应链知识服务系统是为敏捷供应链上下游成员企业提供知识服务，所以它具有与其他系统不同的特点，在设计整体结构时需考虑以下 4 个特点：

2.1.1 面向多用户的定制化知识服务

面向不同知识用户的定制化服务包括个性化的服务行为、多样化的服务过程和定制化的服务结果，是为不同用户量身定做的，能满足用户的个性化知识需求。

2.1.2 多元化的专业知识服务

敏捷供应链中知识服务所需知识往往涉及多个领域和企业主体，有行业信息、市场信息、销售信息、物流信息、生产信息、供应信息、客户信息、科研信息等等，因此知识服务提供方需要建立广泛的知识网络，注重知识资源的积累，建立广泛的知识和信息采集渠道，包括供应链合作伙伴、顾问、竞争对手、政府相关部门、商业性的专业服务组织等。

2.1.3 即时动态的敏捷知识服务

由于内外部环境的快速变化，敏捷供应链中用户需要即时性和动态性的知识服务，所提供的知识服务方案也要随着用户知识需求的变化而变化。

2.1.4 价值增值的创新知识服务

提供给用户的知识服务，决不是从现成的数据中可以直接获得的，而是对知识信息的有效利用和再创新，是一个知识价值不断增值的服务过程。

2.2 敏捷供应链知识服务系统的设计原则

基于敏捷供应链知识服务系统的4个特点，设计知识服务系统的过程中需要坚持以下4个原则：

2.2.1 精简化

知识服务系统的服务对象是敏捷供应链成员企业，最重要的一个设计原则就是精简。系统中的知识必须能够使敏捷供应链成员企业之间更好地协作，更好地应对市场变化，提高供应链的竞争优势。系统中不应该存在冗余知识，这样会影响知识服务系统的效率，降低供应链的敏捷性，使整个供应链对市场的变化不敏感或导致做出错误的决策。

2.2.2 即时化

敏捷供应链知识服务系统的一个目标是使供应链成员企业得到即时的服务，对市场的变化尽快做出反应，获得市场先机，把握住市场机遇。

2.2.3 个性化

敏捷供应链知识服务系统针对供应链中不同的企业角色，向系统用户提供个性化的服务。供应链中的供应商、制造商、分销商、零售商等不同角色需要不同的知识服务内容，知识服务系统应该为他们设计个性化的知识服务内容和知识服务过程。

2.2.4 多元化

敏捷供应链知识服务系统中的知识是多元化的，它所包含的知识涉及到供应链的方方面面，包括行业信息、市场信息、销售信息、物流信息、生产信息、供应信息、客户信息、科研信息等等。多元化的知识可以为供应链成员企业提供全方位的知识服务内容，使成员企业对市场上的各种变化做出全方位的分析，最后使成员企业做出全面的决策。

3 敏捷供应链知识服务系统结构设计

3.1 系统的设计思想

敏捷供应链知识服务系统是为供应链成员企业提供知识服务，使供应链成员企业可以快速地对市场变化做出响应，提高他们的整体绩效水平。所以其目标就是在各个供应链成员企业异构的基础上，使各个成员企业可以更方便、更快、更好地使用知识服务。而要实现敏捷供应链知识服务系统，就要考虑到各个供应链成员企业的异构情况，所以本项目利用面向服务的体系结构（Service-Oriented Architecture，SOA）实现敏捷供应链知识服务系统。SOA 具有松散耦合、粗粒度、标准化的接口等特点，这些特点都可以很好地支持敏捷供应链知识服务系统的动态异构特点。

SOA 为基于服务的分布式系统提供了概念性的设计模式，而 Web Service 则提供了 SOA 的具体实现技术。Web Service 技术建立在广泛使用的 HTTP 协议上，采用 XML 来统一数据描述格式，使用简单对象访问协议（SOAP）替代了传统的组件调用方式，而且基于 XML 的 Web Service 表现为一系列的功能模块，并能够通过标准接口进行访问，为用户提供了一种共享数据和功能的有效方式，能够较好地解决异构应用之间松散耦合环境下的互操作、集成和协作问题。

笔者利用 SOAP 进行消息的传递，UDDI 注册中心对各个服务提供者提供的服务进行注册管理，XML 作为数据交换的格式，这样就可以实现基于标准的、平台无关的、粗粒度、松散耦合的知识服务系统。

3.2 系统总体结构设计方案

笔者将敏捷供应链知识服务系统分为三层：企业用户层、服务提供层、数据层。系统结构设计，如图 1 所示：

3.2.1 数据层

数据层主要包括供应链各个成员企业的数据库、知识库和知识服务系统的数据仓库、集成知识库。数据层的主要工作是供应链成员企业将自己企业数据库和知识库中可以在整个供应链内共享的数据和知识提交到知识服务系统的数据仓库和集成知识库中。各个成员企业出于自身利益的考虑，其知识

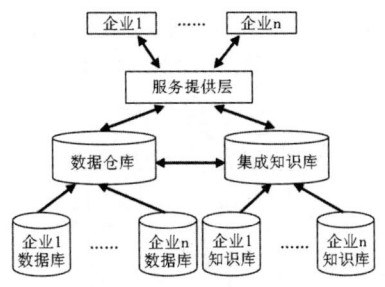

图1 敏捷供应链知识服务系统结构设计

共享意愿是不同的，企业不可能把自身的全部知识在供应链内共享，所以知识服务系统的数据层的数据仓库和集成知识库中的数据和知识都是成员企业经过科学决策认为可以在整个供应链内共享的。

数据仓库和集成知识库是整个知识服务系统的基础，也是数据层的核心。敏捷供应链知识服务系统中的数据仓库和集成知识库的设计与企业自身的知识管理系统的设计有本质的不同，企业知识管理系统的知识库是为了更好地共享企业现有的对提升企业竞争力有贡献的全方位的知识，而敏捷供应链知识服务系统中数据仓库和集成知识库的数据和知识都是对提高供应链成员企业的敏捷性和整体运作效率有贡献的数据和知识，只有认真分析各种数据和知识对供应链整体绩效的贡献率，从众多的数据和知识中筛选出有用的数据和知识才可以精简数据仓库和集成知识库的容量，进而保证知识服务系统的高效和供应链的敏捷性。

在认真分析各种数据和知识的贡献率之后，对数据仓库和集成知识库进行合理的结构设计。对于各种数据信息和整齐的信息可以将其存放在数据仓库，对于文字性的信息可以将其存放在集成知识库。数据仓库可以用数据库来实现，存储供应链中的各种数据信息和整齐简短的文字信息，如各种原料的信息、产品库存信息等；集成知识库用文件库、方法库、规则库等来实现，用来存储各种文字性的信息。

在设计完数据仓库和集成知识库之后，各个成员企业就可将共享的数据和知识提交到知识服务系统的数据仓库和集成知识库中。各企业将数据库中的数据集成到数据仓库的过程是一个需要解决多重矛盾的过程，其间需要考虑到各个成员企业有可能使用不同的数据库，采用不同的数据存储格式，而且每个字段还有可能代表不同的意义，这些都需要进行统一，使其具有一致性。一般这些共享数据需要经过抽取、转换和装载的过程，才可以在数据仓库中使用。首先需要进行数据的预处理，把数据净化，然后进行转换，使整

个数据仓库中的数据一致,最后进行装载。这样数据仓库的数据才算准备完毕。数据仓库的体系结构可以参考,如图2所示:

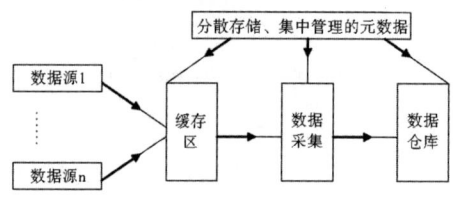

图2　三级数据仓库体系结构

各个成员企业提交到集成知识库中的知识也需进行多重操作才可以使用。另外,集成知识库和数据仓库可以互相协同,通过敏捷供应链中数据仓库的实时变化对集成知识库进行引导,提高知识服务的速度、精度和认知自主性,并使知识服务系统在结构上具备实时维护与自我进化的能力,从而保证敏捷供应链成员企业能够及时获取市场信息、抓住市场机遇。

3.2.2　服务提供层

服务提供层是知识服务系统的核心,它采用SOAP进行消息通信,UDDI注册中心进行服务的注册查询管理,为各个成员企业提供知识服务。其流程设计见图3。

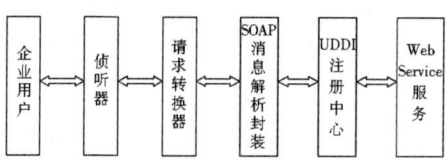

图3　服务提供层流程设计

首先,服务的提供者将自己提供的服务在UDDI注册中心进行注册,注册中心就会使用XML文档来描述服务提供者及其提供的Web Service,UDDI注册中心会提供三种信息:白页、黄页和绿页,其中白页包含地址、联系方法(联系人)和已知的标识符,黄页包含基于标准分类法的行业类别,绿页包含关于提供的Web Service的技术信息,其形式可以是指向文件或URL的指针,而这些文件或URL是为服务发现机制服务的。UDDI注册中心存放着知识服务系统提供的所有Web服务信息和交互参数,同时UDDI注册中心还提供相应的搜索方法。当服务请求者向UDDI注册中心发出服务请求,寻找符合其要求的服务时,UDDI注册中心可以在已经注册的服务中查找最适合的服务,提

供给服务请求者,并将服务请求者和服务进行绑定,实现服务的调用过程,如图 4 所示:

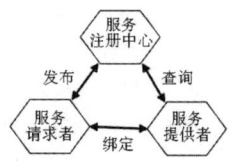

图 4　UDDI 注册中心功能

Web 服务之间的数据交换和传递都是以 XML 形式进行的,并且都是通过构建在 HTTP 协议上的 SOAP 协议完成信息交换,这种解决方法在一定程度上减少了合作伙伴协作过程中实现信息集成和信息共享的难度,实现了数据交换格式与通讯协议的同构化。

3.2.3　企业用户层

基于 Web Service 的敏捷供应链知识服务系统中,企业用户层的各个成员企业可以通过 Internet 访问知识服务系统,使用其提供的各种服务。成员企业在登录知识服务系统时可以通过使用用户名和密码增加系统的安全性保证。另外,成员企业可以把自己开发的知识服务注册到 UDDI 中,提供给供应链中所有成员企业使用。如果考虑到供应链中成员企业间对知识服务的使用有不同的级别要求,可以通过权限设置,使知识服务系统的功能更全面。

4　结　语

为使供应链成员企业更快更好地对市场变化做出反应,做到供应链的敏捷化,本文设计了敏捷供应链知识服务系统,将系统分为三层,并进行了详细阐述,采用面向服务的体系结构可以在不改变各个成员企业现有信息系统的情况下,使各企业方便地使用知识服务系统提供的各项服务。

在 SOA 的具体实现过程中,本文利用 SOAP 进行消息的传递,UDDI 注册中心对各个服务提供者提供的服务进行注册管理,XML 作为数据交换的格式,这样就可以实现基于标准的、平台无关的、粗粒度、松散耦合的知识服务系统。但是具体实现过程中,只是讨论了各个层的功能,并没有讨论具体技术的实现细节,这也是我们以后努力的方向。

参考文献:

[1]　林东清.知识管理理论与实务.北京:电子工业出版社,2005.

[2] 夏立新,韩永青,邓胜利.基于知识供应链的知识服务模型研究.中国图书馆学报,2008(2):60-64.
[3] Chandra C, Kamrani A K. Knowledge management for consumer2focused product design. Journal of Intelligent Manufacturing,2003,14(6):557-580.
[4] Lau H C W, Ning A, Pun K F. Aknowledge2based system to support procurement decision. Journal of Knowledge Management,2005,9(1):87-100.
[5] Han K H, Jun W P. Process-centered knowledge model and enterprise ontology for the development of knowledge management system. Expert Systems with Applications,2009(36):7441-7447.
[6] Savvas I, Bassiliades N. A process-oriented ontology-based knowledge management system for facilitating operational procedures in public administration. Expert Systems with Applications,2009(36):4467-4478.
[7] 潘星,王君,刘鲁.一种基于Web知识服务的知识管理系统架构.计算机集成制造系统,2006,12(8):1293-1299.
[8] 黄河,程勇,史忠植,等.语义Web中开放知识服务体系的研究.计算机工程,2006,32(11):58-60.
[9] 许有志,王锐兵,王道平.面向农业领域的敏捷知识管理系统研究.情报杂志,2008(7):54-56.
[10] 刘向斌,杨珉.基于Web2.0的企业知识管理系统设计与实现.计算机工程,2009,35(8):104-109.
[11] 芮雄健,王忠民.UDDI的原理与实现.计算机工程与设计,2005,26(6):1602-1605.
[12] 舒剑,胡春明,葛声,等.Web Service运行管理平台的研究与实现.计算机研究与发展,2004,41(3),442-450.
[13] 于宗民,刘义军,祁国辉.数据仓库项目管理实践.北京:人民邮电出版社,2006.

作者简介

王道平,男,1964年生,教授,博士生导师,发表论文30余篇,出版学术专著5部,主编教材6部;

贾洁,女,1986年生,硕士研究生;

郝玫,女,1979年生,讲师,博士研究生。

基于知识构建的数字图书馆知识服务优化研究

李 贺 刘 佳

(吉林大学管理学院 长春 130025)

摘 要 在阐述知识构建的涵义和主要功能基础上,从分析数字图书馆知识服务内涵及存在问题入手,指出知识构建能够为数字图书馆知识服务营造智能的知识空间和和谐的知识生态环境,提出知识构建对知识服务过程中的知识获取、知识组织和知识开发等环节的优化思路,并结合 CNKI 网格资源共享数字图书馆平台进行实证分析。

关键词 知识服务 知识构建 数字图书馆

分类号 G250

1 研究背景

知识经济时代,知识服务已成为社会发展的必然要求。目前的图书馆知识服务研究一直是在信息服务的框架下进行的,知识服务与信息服务的界限不清,知识服务仍停留在提供文献、信息服务的层面,服务能力和服务水平相对滞后。

知识构建作为一种崭新的资源构建形式,采用先进的知识技术和理念,提供信息资源开发链上较高层次的知识与智力,营造了智能的知识空间及和谐的知识生态环境。

本文针对知识经济环境下,图书馆服务能力滞后于用户知识需求的现状,在分析知识构建核心功能的基础上,提出基于知识构建的数字图书馆知识服务的优化思路。

2 知识构建与数字图书馆知识服务

2.1 知识构建的内涵与主要功能

知识构建(Knowledge Architecture,KA)是一种对知识资源进行优化整合的结构体系，是基于信息构建基础上的资源构建形式，具有知识组织、知识导航、知识标识和知识检索的功能，是使知识更易于理解和吸收的工作理念、工作过程与工作方法。

按照信息资源的开发链，"事实－数据－信息－知识－智慧－创新"的过程，知识构建提供的是信息资源开发链上较高层次的信息或知识，提供的是知识服务，它更突出人与内容的结合[1]。与信息构建相比，知识构建主要是解决人们处理事务时利用知识的问题，所以知识构建的系统架构需以信息构建的一些思路和方法为基础，并嵌入更多的、复杂的背景因素。知识构建以信息构建的组织系统、标识系统、导航系统和搜索系统为基础，并需要进一步发展为知识组织、知识标识、知识导航和知识搜索，这些内容构成知识构建的核心要素和主要功能[2]。

2.2 数字图书馆知识服务的涵义与主要内容

数字图书馆的建设已经进入了以服务为主导的发展阶段。新型数字图书馆是一种以用户为中心来聚合资源、服务、信息利用活动的动态机制，其目标与功能都着力于支持用户利用信息、提炼知识、解决问题，成为用户工作环境和流程的有机部分。这种机制恰好体现了知识服务的根本目标与本质要求，它的挑战也正在于以知识服务来重塑其新的生命力。新型数字图书馆形态本身既体现了服务内容及服务功能的转变，又体现了资源构建的新模式来支持和保障其有效发展[3]。

2.1.1 数字图书馆知识服务的涵义

数字图书馆知识服务是为适应知识经济发展和知识创新的需求，依托数字图书馆平台及环境，以图书情报学专业知识为基础，通过分析用户的知识需求和问题环境，对相关信息进行搜寻、组织、析取、重组、创新和集成，为用户解决问题的整个过程提供符合用户需要的知识与知识产品的服务。

2.1.2 数字图书馆知识服务的主要内容

知识获取、知识组织与知识开发是数字图书馆知识服务的主要内容。知识获取是开展知识服务的前提和基础；知识组织是图书馆内部活动的总规则，探索知识间的内在联系及未来动向，形成动态的知识体系；知识开发是通过知识重组和知识再造，形成用户决策所需要的知识、解决方案或适合市场需求的知识产品的过程。知识服务的最终目的是知识的应用，以便最大限度地创造知识效益和实现知识创新，进而提升数字图书馆的核心竞争力。数字图书馆知识服务的过程如图 1 所示：

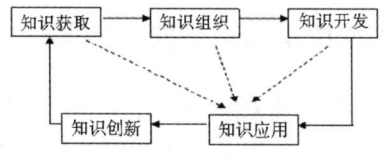

图 1　知识服务过程

2.3　数字图书馆知识服务存在的问题

知识服务已在部分数字图书馆得到开展，但相关的一些管理和技术问题还处于探索阶段，知识服务的实施过程中还存在以下问题：

2.3.1　知识获取能力有限

据发达国家的一些科技组织统计，科技人员在一个科研项目中用于查找和阅读相关资料的时间已占整个项目完成时间的一半以上。这表明，尽管网络技术的发展使得科研人员获取最新知识信息更迅速、便捷，但在海量信息中如何及时发现自己切实所需的知识信息仍然是困扰科研人员的一个问题。目前文献数据库的检索结果以论文实体居多，而不是具体的知识或信息[4]。对知识获取的研究多集中在对知识获取模型、系统、方法的设计和研究上，大多是在已经确定获取什么样的知识基础上进行的，缺乏对新知识需求的研究，降低了组织对新知识的吸收能力。隐性知识的获取仍存在一定的难度。

2.3.2　知识组织缺乏深度

对知识组织的研究一直是在信息组织的框架下进行的，导致知识组织与信息组织的概念界限不清，知识组织水平仍停留在数据和信息层面。以往研究更侧重于解决资源物理上的分布和异构，知识组织效率不高，智能化程度低，不能克服知识分散造成的检索困难，更难以实现自动更新[5]。

2.3.3　知识开发存在障碍

用户的信息行为、信息意识以及具体的知识需求是图书馆知识开发的基础和依据，因此正确、全面分析用户需求是图书馆知识开发的重点和难点。隐性知识的开发与共享也存在一定的难度，这不仅关系到技术问题，也关系到机制和观念问题。个体知识的垄断导致知识交流产生瓶颈，不利于知识的开发和利用。

通过对上述问题的分析可见，基于信息构建的数字图书馆服务尚未达到知识服务的理想水平，知识服务急需一种新的资源构建理念，即知识构建给予支持。

3 知识构建对数字图书馆知识服务的优化

知识构建是在传承信息构建精华后又吸收了知识管理理论而形成的[6]，对知识服务的各环节都起到优化作用。知识构建更加重视用户需求的范畴分类和界面设计，使之更具个性化和可视化。在内容方面，重视知识与信息的转化、知识元本体的抽取与标引、基于知识元链接的知识网络形成与语义网络应用、知识结构的学科分类与完整性、知识仓库和知识元数据库的建设与应用以及知识网格的建设，为知识服务营造一个和谐的知识生态环境[7]。使知识更易于理解和吸收，以便知识得到最有效的利用，进而实现知识创新。

语义网格技术的出现，打破了网格、语义网和 Web 服务各自独立发展的限制，体现了三种技术在知识构建和数字图书馆建设中走向融合的趋势，体现了数字图书馆的发展方向。[8]语义网格技术能够形式化地描述知识，使其负载的语义能够为机器所解析和认识，使数字图书馆中的知识实现负载平衡与松散耦合[9]，从而将知识、服务和用户有效地整合起来；能够为知识构建的有效知识组织、共享、集成和管理建立起基于语义关联、智能应用的互联环境，优化知识空间[10]。

语义网格环境下知识构建对数字图书馆知识服务的优化主要体现在以下几个方面：

3.1 知识构建对知识获取的优化

基于知识构建的语义网格是一个智能互联环境，是由知识链路组成的知识网络图，即由"知识结构"、"知识单元"、"知识元"采用关联和链接技术组成的层次知识链网状知识关系图[11]。

3.1.1 基于知识元标引的知识发现

知识元标引是实现跨领域知识集成与知识发现的基础，其实质是基于文本创新点的知识元和知识单元的挖掘与应用，由此而构建的知识（元）库就是为进行知识挖掘而可重新利用的结果[12]。知识元标引和语义层的语义标注，其本身就是在各知识单元之间及每个知识单元内部建立网络化知识链和语义链的过程，体现了知识引用与被引用、语义关联的关系，也为用户知识发现和知识再组织提供了最直接帮助。

3.1.2 基于知识元的知识检索

知识元的认知属性使信息检索从字面匹配深入到知识元的层次，提高了检索效率，在信息源的知识标引和检索中具有重要意义。建立以知识元为单位的概念本体可以起到对知识的位置标识和组织结构的作用，同时也提供人们了解知识用法的格式。概念本体的模型化为知识采集与知识利用之间架起桥梁[13]。通过知识检索，用户不但能跨各专业知识仓库获取相关的知识单元，而且能从知识元库中直接获取自己所需要的知识元，还能基于知识网络和语义网络发现更多密切相关的知识（单元），进而使用户的知识需求得到全面满足[14]。

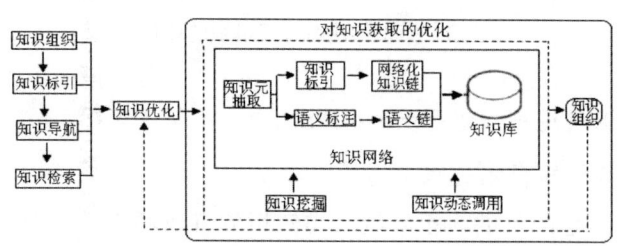

图2　知识构建对知识获取的优化

3.2　知识构建对知识组织的优化

知识组织本身也是知识构建的核心内容之一。语义网格环境下，知识可通过基于语义的范式来组织，以确保有效地检索和修改操作。

3.2.1　利用知识地图实现知识的定位与导航

语义网格侧重于智能信息处理，以实现信息资源和知识资源的智能共享。知识网格能删除冗余知识，并提炼所含的知识来合理扩展有用的知识。它也会有助于从已有的良好知识、范例和类似文本的知识源中衍生出新知识[11]。利用知识元的特性，语义网格可在知识结构、知识单元、知识元之间，通过知识链和语义链形成知识链网络和语义链网络，进而构成知识地图。知识节点、知识描述、知识关联、知识链接共同构成的知识地图，能够准确表达知识及其相关属性。知识地图是已获取的知识及其关系的可视化网络结构，是知识资源的导航与定位系统，它不仅能提示知识的存储地点及其关联，提供用户所需要的知识，而且还能够直观地提供知识的视觉展示[13]，为人们的知识学习与创新研究进行了直接的链接导航。

3.2.2　构建知识网络库建立科学知识体系

通过知识网络库的构建，形成了学科横向交叉和学科纵向延伸的科学知识体系，描述了人类知识学习和知识创新的知识网络结点，缩短了人类知识学习和创新活动之间的距离，用户可以跨知识单元库学习所感兴趣的知识，更可以通过知识单元库直接学习解决问题的知识和办法[15]，便于知识的理解和吸收,并促进知识的开发与利用,以实现知识创新。

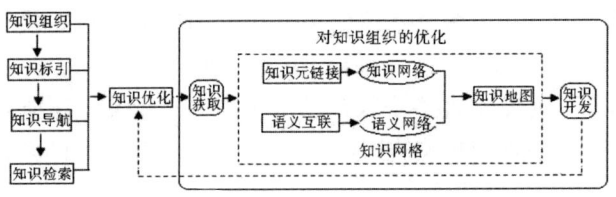

图 3　知识构建对知识组织的优化

3.3　知识构建对知识开发的优化

3.3.1　基于知识元的知识创新

知识网格构建的目的在于实现人类知识的有效利用。知识网络通过网格计算实现知识动态调用,达到知识动态利用[11]。数字图书馆知识元标引过程,既体现了标引者应用知识结构的背景,又体现了识别作者的知识创新点和知识链接的层次关系,其本身就是对知识的创新生产、增值管理和有效利用的最佳方式。用户对知识组织系统的知识检索,实际就是利用知识链接原理,在知识仓库中获取知识单元,或同时在知识元库直接获取所需的知识元,并通过知识元的动态组合,实现知识的聚变和裂变,进而衍生为新的知识单元,这实际就是知识学习和知识创新的完美结合[14]。

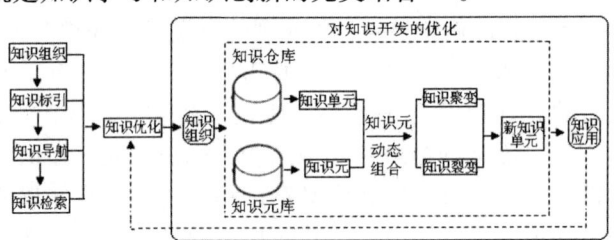

图 4　知识构建对知识开发的优化

3.3.2　基于语义网格的个性化服务

以语义网格为平台,利用其提供的高效计算和信息服务能力可以为数字图书馆个性化推荐服务解决分布、异构环境下推荐的规模和时效问题;利用其提供的语义处理能力解决分布、异构信息环境下用户偏好的精确获取、网格服务的智能管理、候选网格节点的自动筛选与维护以及推荐服务的个性化集成等问题;利用网格工作流技术实现"服务"的自动组合与数字图书馆个性化推荐流程的自动化;利用语义网格监控技术解决候选网格节点的实时信息获取问题，最终形成分布、异构信息环境下以用户为中心的一站式个性化推荐解决方案[16]。

4 知识构建对数字图书馆知识服务优化的案例分析

CNKI 网格资源共享平台是基于知识网格的门户式数字图书馆解决方案，它充分吸收了网格技术的思想，并结合了知识挖掘、智能代理、分布式知识库等技术。它将互联网上分布异构的知识资源集成整合为内容关联的知识网络，形成一体化的知识资源体系和知识服务体系，并为用户提供在资源高度共享基础上的各种增值应用服务。本文通过对此平台的分析就前文提出的知识构建对数字图书馆知识服务的优化研究加以验证。

4.1 知识构建对数字图书馆知识获取的优化

CNKI 全文数据库中能够提炼出明确表述一个知识内容的知识元，形成相互印证、相互关联的"网络化知识元数据库"，并与各种数据库的全文进行链接，构成内容广泛的知识网络，为用户提供方便的知识获取途径[14]。

CNKI 的 KBase 知识库管理系统是以管理非结构化数据对象为主，具备智能信息处理能力，是面向网格应用的国产专用数据库管理系统。由 HotStar 数据库引擎、Smart Text Miner 文本挖掘引擎、Web 挖掘引擎、自然语言处理引擎、概念关系库等 5 部分组成，为用户提供一个高度智能化的信息处理环境，可实现知识资源深度整合挖掘[17]。从 CNKI 数据库的作者库中，可以得到描述、评价、管理我国各学科专业研究队伍的专业知识；从期刊和硕博士论文的引文数据库中，可以得到学科相关的知识、成果评价的知识、核心期刊的知识等；由全文文献的智能化聚类，可以得到专业细化、面向课题的知识等[14]。用户通过图书馆门户可以透明地访问所有资源，享受一站式服务，实现异构跨库统一检索，进行无缝知识漫游。

4.2 知识构建对数字图书馆知识组织的优化

CNKI 平台采用统一标准导航系统，具有对知识资源进行学科划分的作用。包括知识导航、媒体导航、机构导航、名人导航、基金导航等。平台利用各种知识关联关系，采用多种链接技术将《中国知识资源总库》（以下简称《总库》）的大量文献组织成为具有知识网络结构的资源系统，便于人们在阅读文献的同时，实时通过链接找到相关内容。知识网络链接操作系统具备各种资源链接规范，可以自动或半自动地将《总库》所有资源内容组织为知识网络结构，如知识元、引文、基金可以自动与所有数据库链接[18]。

CNKI-DL 通过 TPI 为用户单位提供了专门的数据接口，经过《总库》出版者的许可,可以将用户单位所需知识资源从不同子库中抽取到本地,重新组合建库发布;也可以揉和以自身特有资源,作为内容丰富的特色数据库为本单位提供更好的服务[14]。

4.3 知识构建对数字图书馆知识开发的优化

利用知识网络链接技术实现资源的知识网络化整合,通过相关语义联想检索、相近概念导航、知识元链接、引文链接、相似文献链接、读者推荐文献链接和可定制的元数据链接等发现新知识、开发新知识。

个性化信息服务系统能够为不同用户提供不同的服务和知识,如订阅推送服务、定题推送服务等,满足用户的个性化需求;通过收集和分析用户信息来研究用户的兴趣和行为,实现主动推荐的目的。

CNKI 平台是基于知识网格的数字图书馆解决方案,但目前知识元的关联仍局限在词汇层次,并没有深入到语义层面。为实现更高层次的、基于知识的智能应用,CNKI 平台需要在基于语义的标注,基于语义的浏览与检索,实现数字图书馆信息资源在语义层面上的全方位互换等方面进行深入的研究与应用。

5 结 论

结合知识构建的功能和目前数字图书馆知识服务存在的问题,本文提出了利用知识构建对数字图书馆知识服务过程进行优化的思路。知识构建集知识元、知识结构、知识环境于一体,以多种知识技术为支撑,为数字图书馆知识服务用户获取知识、共享知识、利用知识、创造知识提供动态性、个性化、深层次的服务,并将最终推动图书馆核心竞争力的提升。知识构建理论为数字图书馆知识服务的研究注入了新的活力,促进了数字图书馆知识服务的创新研究,并将极大地推动图书馆学和图书馆事业的发展与进步。

参考文献:

[1] 周晓英. 信息构建与知识构建. 情报理论与实践,2005(4):352-354.

[2] 姜永常. 知识构建的基本原理研究(上)——知识构建中的知识状态演变及其基本原则. 图书情报工作,2009,53(2):106-110.

[3] 王红露. 走向知识服务的范式演进. 图书馆学研究,2008(4):64-66.

[4] 曹锦丹,刘鑫,刘莉. 创新研究中的知识获取与需求特征. 情报科学,2003(12):1240-1242,1337.

[5] 王晰巍,靖继鹏,赵晋. 知识构建对知识管理的优化研究. 情报科学,2007(7):972-978.

[6] 柯平,王平.从信息构建到知识构建:基于知识构建的第二代知识管理.图书情报工作,2004,48(6):20-24.

[7] 姜永常.CNKI 数字图书馆知识服务研究.情报学报,2004,23(3):265-274.

[8] 毕强,牟冬梅.语义网格环境下数字图书馆知识组织理论、方法及其过程研究.图书情报工作,2007,51(8):6-9,20.

[9] Zhuge H. Semantic grid: Scientific issues, infrastructure, and methodology. Communications of the ACM, 2005, 48 (4): 117-119.

[10] 姜永常.知识构建的基本原理研究(下)——知识构建的技术支撑.图书情报工作,2009,53(3):100-104.

[11] 储节旺,周绍森.知识网格:知识管理变革的新动力.科研管理,2006(5):55-60.

[12] 温有奎,温浩,徐端颐,等.基于知识元的文本知识标引.情报学报,2005,24(12):663-667.

[13] 姜永常.知识构建的基本原理研究(上)—知识构建中的知识状态演变及其基本原则.图书情报工作,2009,53(2):106-110.

[14] 姜永常.基于知识构建的数字图书馆知识服务研究[学位论文].哈尔滨:黑龙江大学,2007.

[15] 温有奎,徐国华,赖伯年.信息整流与知识增值服务.情报学报,2003,22(6):273-277.

[16] 孙雨生,董慧.基于语义网格的数字图书馆个性化推荐研究—体系结构与总体框架.情报理论与实践,2009(6):63-66,62.

[17] 张宏伟,张振海.CNKI 网格资源共享平台——基于知识网格的门户式数字图书馆解决方案.现代图书情报技术,2005(4):6-9.

[18] "医院数字学习中心"整体解决方案三要素.[2009-09-23]. http://cnki.net/gycnki/daObao/cnkidaobo18/gycnki018_06.htm.

作者简介

李 贺,女,1964 年生,教授,博士生导师,发表论文 30 余篇。

刘 佳,女,1983 年生,博士研究生,发表论文 7 篇。

实 务 篇

国外文献信息服务机构知识服务实践研究

——以 LANL 研究图书馆、CISTI、MPDL 为例

李 麟　初景利

（中国科学院国家科学图书馆　北京 100190）

摘　要　以美国洛斯阿拉莫斯国家实验室（LANL）研究图书馆、加拿大科技信息研究所（CISTI）、德国马普学会数字图书馆（MPDL）三家图书馆为例，分析国外文献信息服务机构的知识服务实践，总结知识化、网络化时代知识服务的模式与机制，主要包括图书馆服务模式转型优化、机构知识资产管理、科研数据管理与服务、构建虚拟研究环境、改进学术信息交流模式和环境 5 个方面。

关键词　美国洛斯阿拉莫斯国家实验室研究图书馆　加拿大科技信息研究所　德国马普学会数字图书馆　知识服务　研究图书馆

分类号 G252

1　概　述

当前，科学研究正迅速走向数字化、网络化、开放化、知识化，数据密集型科研正在成为科学研究的新的驱动力，新的科学研究范式正在形成。科研人员对科研信息的需求更多地侧重于在复杂创新需求下的知识组织、知识集成、知识融汇、知识发现、知识创造，需要文献信息服务机构从战略上提升知识服务的支撑能力，需要探索知识化服务的新模式、新机制。

美国洛斯阿拉莫斯国家实验室（以下简称 LANL）研究图书馆、加拿大科技信息研究所（以下简称 CISTI）、德国马普学会数字图书馆（以下简称 MPDL）均为国际一流的研究型图书馆，为科学研究提供强有力的服务，服务的用户群体呈分布式结构，服务需求各不相同，但均十分强调面向科研创新和战略决策，强调提供分布式、嵌入式的信息服务和知识服务。

这三家机构的知识服务实践在一定程度上能够体现和代表当前国际领先的文献信息服务机构的知识服务实践水平与发展趋势。本文重点从实践角度研究总结上述三家机构的知识服务模式和机制，为探索知识化、网络化环境下的知识服务的新模式、新机制提供借鉴。

2 LANL 研究图书馆、CISTI、MPDL 简介

LANL 隶属于美国能源部，是目前全球最大的跨学科研究机构之一，其研究图书馆主要支撑 LANL 的化学、计算机、地球环境、材料、物理等的跨学科研究和国家安全科学研究。LANL 研究图书馆在数字图书馆技术、信息标准和协议以及 Web 构建方面在国际上享有盛名。

CISTI 隶属于加拿大国家研究委员会（National Research Council，NRC），是 NRC 的信息服务机构，向加拿大科研界提供高附加值的科学、技术、医学领域的信息资源和信息分析服务，支持加拿大国家创新，促进创新和研究成果的产业化。

MPDL 与马普学会的各研究所图书馆一起，为马普学会的 80 多个研究所提供服务，涉及数字资源提供与揭示服务、数字资源存储服务、为用户提供数字科研环境。

3 知识服务模式与机制

3.1 图书馆服务模式转型优化

随着信息技术的飞速发展，科学研究的范式正逐渐发生变化。"科技创新需要更加灵活地挖掘、发现、集成、分析和利用各领域各类型的信息资源，需要通过对大量信息内容的深度分析发现知识的结构、趋势与演变等，帮助科技决策者和科研人员更好地鉴别科学问题，认识发展规律，进行正确决策，帮助科研机构、团队和科研人员集成科学知识、建设个性化的信息基础设施，大幅提高创新效率。"[1] 用户需求驱动图书馆信息服务模式的转型和优化包括两个方面：一方面，需要探索新的服务模式，提升服务效果；另一方面，优化图书馆现有业务，转变部分业务的运营模式，提高服务效率。

3.1.1 理念：图书馆作为中央结点

网络环境、技术条件和用户信息获取的需求迫使图书馆定位发生了变化，不再是"拥有"多少资源，而是能够使用户"获取"多少资源，并在此基础上拓展服务方式。将图书馆定位为中央结点，联结机构、个人及社交网络、学术数字资源以及互联网，整合各方面的资源，为用户提供资源、服务以及

解决方案的获取通道。这必然要求研究图书馆的职能转变。

LANL 研究图书馆将图书馆定位为提供知识、工具和相关技术的场所，包括：建立机构知识库、研究成果管理与科技信息长期保存和获取、重视对科研数据的管理、参与学术信息交流环境的建设、提供快速开发市场的解决方案，更好地支持知识发现和获取利用。

CISTI 的定位是依托信息资源，提供高附加值的信息分析服务。设立相应的计划进一步获取 STM 类信息和联邦资助的研究成果；同时为用户提供免费的信息发现服务，如用 Discover 检索信息、向用户提供感兴趣的 CISTI 学科推介信息。

MPDL 重新设计了服务的产品线，包括三个层次：数字资源服务、数字化档案和数字科研。

3.1.2 嵌入用户科研环境，提升服务效果

以用户为中心的理念提倡图书馆的服务嵌入用户的科研环境，以学科化服务为主要实现途径。ARL 发布的《联络人的角色转变》(*Transforming Liaison Roles*[2]) 的年度报告重点研究了新环境下学科馆员的新定位，提出学科馆员应嵌入用户的研究、教学和学习过程，建立参与用户学术活动的新模式。具体的服务内容和形式是多种多样的[3-4]，比如，嵌入科研一线的学科咨询服务、用户信息素质培训服务、学科情报服务、为用户搭建个性化信息平台、以知识库建设推动研究机构的知识管理，等等。

MPDL 推出马普学会机构知识库服务，亦推出机构知识库建设软件 PubMan，并提供相应的技术支持，支持用户建设虚拟科研环境（如：面向天文领域的科研交流、合作、数据评价和出版的工作平台 AWOB），创建和优化信息管理基础设施（如：eSciDoc），创建和优化信息管理工具（如：Digitization Lifecycle、imeji）。

3.1.3 优化现有业务，提高工作效率

优化现有业务一方面是指将现有业务模块转移至第三方机构来完成，从而提升工作效率，比如文献编目工作的外包；另一方面是深化现有业务的内涵，比如传统的资源采访业务，不仅涉及买什么、怎样买，还逐步扩展到开放资源的组织揭示、数字资源的长期保存，等等。

CISTI 将文献传递服务业务外包，极大地提高了工作效率。2010 年 6 月起，CISTI 的文献传递服务正式转移到 Infotrieve Canada 公司，转型后提供服务的速度提高了一倍。

MPDL 将支持开放出版作为数字资源建设中的重要内容，在数字资源服务

中强化了对资源采购许可的管理,参与资源采购的国家许可,以国家许可推动开放获取的发展。继续进行数字信息资源的集中采购,与出版商谈判,扩展合同中的相关内容,如多方获取、更广泛的资产组合以及附加服务。

3.2 机构知识资产管理

将机构成员创造的、由公共资金资助所产生的研究成果视为机构的知识资产,加强管理并提供获取,并建立相应的支撑机制确保这一工作的可持续性,如建设机构知识库、制定和开发相关的政策和工具等。除了通过传统媒介出版的研究成果,以多媒体为载体的研究成果(图片、视频等)也被纳入待管理的知识资产。为此,需要机构建立相应机制,将机构成员的个人知识提取出来,形成机构的显性知识。LANL 研究图书馆将联邦机构资助的研究成果的管理定位为两部分内容:学术出版物的开放获取,处理所有的数字知识库(所有多媒体,如图像、视频等),其中科研数据的管理是工作重点。

3.2.1 重新审视机构知识库

随着开放获取运动的深入,各机构和组织纷纷建立本机构的知识库或领域知识库。根据 OpenDOAR 的统计,截至 2012 年 6 月,在 OpenDOAR[5] 中登记的开放知识库达 2 165 个。机构知识库在提高机构研究成果的显示度和影响力方面发挥了重要作用,便于机构开展知识资产的管理和审计。但从目前机构知识库中存储的内容来看,主要以文献形式的研究成果为主。

LANL 研究图书馆认为应重新审视机构知识库,重新定位和深化机构知识库功能。比如,将机构知识库的存储、发布和管理流程与数字信息的生命周期整合,选择合适的机构知识库技术、与现有的 IT 技术更好地融合,对外进行整合兼容,包括与其他机构开展合作,同时确保机构知识库数据的安全性,深化长期保存和管理机构知识库资产的功能。

3.2.2 机构自身馆藏的长期保存

研究图书馆的基本职能是学术资料的管理、支持学术资料的获取以及获取基础上的知识发现和再利用,并了解研究人员的需求,提供有针对性的服务。实现研究图书馆的职能,图书馆应确保机构科技信息被可靠地长期保存、管理和获取。LANL 研究图书馆认为,需要尽快将传统出版物之外的数字资产纳入长期保存管理范畴,并提高图书馆员的数字资产管理素养。

3.3 科研数据管理与服务

科研数据管理是机构知识资产管理的新领域。应将数据作为知识资产的一部分,设立研究数据计划,进行研究数据的长期保存和获取,为用户提供科研数据的管理服务。LANL研究图书馆成立了研究数据战略工作小组，并开发了相应工具，旨在在将数据管理服务嵌入科研项目的生命周期之初，建立可靠的数据管理政策，如数据共享和利用政策、数据评价奖励政策与机制等，培训用户，提升用户的数据素养，参与国际数据引文计划"DataCite"等国际合作，推动数据的公开共享。CISTI也制定了研究数据计划，成立了研究数据战略的工作小组，建立了CISTI科学数据集门户，为加拿大的科学研究数据提供获取，支持数据集的使用和再利用；CISTI还积极加入相关国际组织、开展国际合作，是CODATA的秘书处，也是DataCite在加拿大的注册机构。MPDL基于eSciDoc为用户提供参考数据服务，并支持数据出版和可视化（如WALS）。

3.4 构建虚拟研究环境

支持用户建设自己的虚拟研究环境，MPDL在这方面正在开发相关工具，如语义工具、情境化工具、注示工具、链接建立工具以及在线合作工具等。AWOB是MPDL与马普天体物理学研究所（Max Planck Institute for Astrophysics，MPA）、马普地球外物理所（Max Planck Institute for Extraterrestrial Physics，MPE）合作的建设项目，为天文工作者打造一个交流、合作、协作、数据评价和出版的工作平台，任何科研项目不论规模大小，在整个项目研究生命周期的各个阶段都可以通过该平台共享数据、研究成果、文档和与项目有关的其他资源。目前该平台已取得两方面主要进展：建成德国天体物理虚拟实验室（GAVO）和MPDL用于数据管理和长期保存的知识库和软件池。此外，还有帮助语言家学更好地使用现有的世界上各种语言的语法结构信息的跨语言数据库平台——Cross-Linguistik Database Platform；登记研究数据的元数据，提供收割和搜索引擎环境的RoR（Registry of Registries），等等。

3.5 改进学术信息交流模式和环境

"现有的学术信息交流体系只不过是基于纸质的传统学术信息交流体系的复制品"[6]。伴随着数据密集型科研范式的出现和数据存储、海量计算分析技术的发展，学术信息交流在多个维度出现了飞速变化，体现在以下三个方面[7]：以机器可操作的方式丰富学术记录，将数据集整合进学术记录，展示学术信息交流过程并整合进学术记录。而基于数据的科学研究的前提是开放的学术交流环境，包括研究成果的开放、合作机制的开放以及相关基础设施的建立和完善。其中研究成果的开放获取是开放学术交流环境中的重要组成部分，开放获取的最终目标不是为了获取到已有的研究成果，也不是为了解决图书馆的"期刊危机"，而是为了支持数字科研、甚至开放科研。开放获取已引起了世界主要科研机构和科研资助机构的广泛关注和参与。如果说科研数据的开放目前还主要集中在解决相关的技术问题，那么研究论文的开放获取已经上升到政策层面的推动和实施。

MPDL 在这方面设计了较为完整的策略。MPDL 将支持开放出版视为图书馆对资源的前端获取，并将支持开放出版作为资源建设的工作内容，比如资助本机构作者发表开放论文；制定和实施开放获取战略计划，与英国惠康基金会、美国霍华德休斯医学研究所（Howard Hughes Medical Institute，HHMI）共同创办开放获取期刊 eLife，旨在打造生物医学领域的顶级开放获取期刊；与学术信息交流环境中的研究机构、出版机构等利益相关方合作建立新出版服务机制，与欧洲粒子物理研究中心（European Organization for Nuclear Research，CERN）等机构共同发起并建立高能物理领域开放期刊出版资助联盟——SCOAP3 计划，该计划目前已进入实际操作阶段，将于 2014 年正式实施；完善和优化基础设施，如建设马普机构知识库等。

LANL 研究图书馆侧重于利用信息技术帮助图书馆构建网络基础设施，应对学术信息交流的新变化。LANL 研究图书馆是元数据收割协议 OAI-PMH 和 OpenURL 的创建和发起机构之一，这些协议和计划对开放获取运动的发展方向和进程产生了显著的影响。LANL 研究图书馆开发的知识记忆产品"Time travel for the Web"获得 2010 年数字资源长期保存大奖，并被广泛用于网页的存档；LANL 研究图书馆还开发了以网页为对象的标注环境 OAC（Open Annotation Specification）以及用于关联数据注示的分布式合作工具 SharedCanvas。

4 结 语

LANL 研究图书馆、CISTI、MPDL 的知识服务实践代表了国际上先进的知识服务模式，代表了图书馆知识服务的发展方向。不同的机构对知识服务的需求有所不同，但研究图书馆只有在战略上对知识服务做出规划，在业务上对知识服务做出设计，在组织结构上对知识服务布局加以调整，在人员上对其知识服务能力加强培养，在经费上对知识服务加强投入，才有可能不断地向知识服务推进。LANL 研究图书馆、CISTI、MPDL 的成功，是其长期努力和不断推动的结果，是研究图书馆知识服务的成功范例。知识服务更多地是一个概念，没有明确的边界和清晰确定的目标。随着用户需求的变化、信息技术的发展和图书馆认知的提高，知识服务的内涵还将在实践中进一步深化。

参考文献：

[1] 潘教峰.发展知识服务,推动全面转型[J].图书情报工作,2012,56(1):13-17.

［2］ Transforming liasion roles［EB/OL］.［2012－06－14］. http://www.arl.org/nl/plan/nrnt/nrntliaison.shtml.

［3］ 初景利,张冬荣. 第二代学科馆员与学科化服务［J］. 图书情报工作,2008,52(2):6－10,68.

［4］ 吴跃伟,张吉,李印结,等. 基于科研用户需求的学科化服务模式与保障机制［J］. 图书情报工作,2012,56(1):23－26.

［5］ OpenDOAR［EB/OL］.［2012－06－15］. http://www.opendoar.org/find.php.

［6］ Van de Sompel H, Payette S, Erickson J, et al. Rethingking scholarly communication：Building the system that scholars deserve［J/OL］. D－Lib Magazine,2004,10(9).［2012－06－15］. http://www.dlib.org/dlib/September04/vandeompel/09vandesompel.html.

［7］ Hey T, Tansley S, Tolle K, et al. The fourth paradigm：Data-intensive scientific discovery［M/OL］. Washington：Microsoft Research,2009:197－203.［2012－06－15］. http://research.microsoft.com/en－us/collaboration/fourthparadigm/.

作者简介

  李　麟,女,1981年生,馆员,博士研究生,发表论文10余篇。

  初景利,男,1962年生,教授,编辑出版中心主任,《图书情报工作》杂志社社长、主编,博士,博士生导师,发表论文130余篇,出版著作5部。

中国科学院研究所文献情报机构的知识服务探索与实践

刘细文 吴 鸣 张冬荣 迟培娟

(中国科学院国家科学图书馆 北京 100190)

摘 要 近10年来,中国科学院文献情报系统在嵌入科研一线的知识服务探索中积累大量经验,逐步形成文献资源保障能力分析和咨询、信息素质培训与能力建设、学科专题信息服务、学科情报和战略情报研究、专业文献信息与知识环境建设(专题信息平台建设)、科研机构成果与知识管理等为核心的专业化知识服务模式,并进一步探索嵌入科研过程的文献情报人员、科研人员、科研管理人员、文献情报服务流程与科研工作流程相互协同与协调的机制。

关键词 专业图书馆 知识服务模式 学科馆员服务 学科信息服务

分类号 G258.5

中国科学院研究所文献情报机构是我国专业图书馆中最有活力的体系之一。2001年以来,随着中国科学院知识创新工程建设的深入,在信息化、数字化大潮的推动下,中国科学院研究所文献情报机构结合科研一线的服务需求,进行了大量的知识服务探索与实践,正在逐步形成适合数字化科研的文献信息需求的服务模式。

1 专业图书馆知识服务的内涵

知识服务是学术性文献信息机构的主要发展趋势之一,代表着未来专业图书馆的核心能力。未来专业图书馆的核心能力定位在知识服务,即以信息知识的搜寻、组织、分析、重组的知识和能力为基础,根据用户的问题和环境,融入用户解决问题的过程之中,提供能够有效支持知识应用和知识创新的服务[1]。在图书馆、文献信息服务行业,知识服务内涵也是不断发展的[2]。随着数字化、网络化技术的应用不断深入,知识服务的内涵进一步包括了信息管理、知识管理、战略性学习的相关内容与工具,面向研究、决策制定和创新等提供服务[3-4]。科学研究过程的数据化，科研活动的流程化，科研过程的模拟，推动着科研信息需求不断向知识化服务转变，知识服务在服务内容、服务方式、服务组织上都出现了新的特征[5]。专业图书馆的知识服务要求支持科研活动的知识计算环境和工具建设，支持"现场"的科研信息交互，支持动态柔性的知识、信息组织，建立 E - Knowledge 服务机制[6]。

2001年以来，中国科学院各研究所文献情报机构在中国科学院国家科学图书馆的大力支持下，围绕不断变化的科研信息服务需求，进行了多层次、丰富的知识服务探索。在文献保障服务方面，开展了科研文献资源需求分析、文献信息环境组织、科技文献保障体系建设、网络化文献保障与获取平台和系统建设。探索了开展学科化信息服务的试验途径与方法，逐步建立了嵌入科研过程的学科信息服务、文献保障、信息分析的模式与工作体系。推动组织了面向科研项目和科研管理的情报研究服务工作，开展专题情报分析与服务、决策信息分析与服务，采用科学计量与文献计量方法，进行专利分析、竞争力与竞争态势分析、专题情报研究等服务。利用文献组织、信息组织、知识组织技术，开展面向科研项目、领域的知识组织研究，提供专业化的知识组织平台和知识环境建设工具，建设知识共享环境和协作环境。

2 中国科学院研究所文献情报机构的知识服务实践

在国家知识创新试点工程的支持下，中国科学院110余个研究单元围绕自然科学各个前沿领域、战略高新技术领域等攀登科学技术高峰，同时，对科技信息服务提出了不同层次的需求。针对科研人员广泛的文献服务需求、学科信息服务需求、学科情报服务需求、战略情报服务需求，各文献情报机构探索性地开展了知识服务，并形成了一定规模，积累了丰富经验。总结中国科学院研究所各文献情报机构的知识服务经验，主要表现在：科研文献资源保障服务、文献信息咨询服务、专题文献信息服务、学科信息服务与信息环境建设、专题情报研究与服务、信息分析与知识服务平台建设等方面。

2.1 深入开展科研一线文献信息需求分析，系统建立文献保障服务方案

科研一线的文献信息需求、知识服务需求是专业图书馆机构组织服务的基点。中国科学院研究所文献情报机构结合科研活动的流程，采取多元方法（服务需求调研、计量分析、内容分析、学科分析等方法），分析了各自研究所核心期刊文献需求，分析满足文献需求的各种形式。根据中国科学院科研一线的文献信息需求，合理制定文献资源建设方案，采取集团采购、集成揭示、馆际互借等形式，合理配置，发挥有限资金的最大效益。如青藏高原研

究所根据科技文献数字化发展趋势,确立了"以电子资源为主,纸本以青藏高原研究基础理论书籍为主要馆藏,其他通过馆际互借方式予以满足,文献数据库以参加组团订购为主"的保障方针,合理制定文献保障策略。

大部分研究所图书馆组织编制文献分析报告,引导研究所的订购决策和资金投入。如理论物理研究所图书馆分析在 ISI Web of Science 平台中检索到本所 2004－2009 年共被 SCI 收录论文 1 330 篇,引用期刊论文 34 618 篇,其中有 32 243 篇集中分布在 103 种期刊上。据此,制定了本所科技期刊的采购策略,选择订购 103 种学术期刊。电工研究所图书馆分别在 SCI、JCR、EI 数据库平台上,对本所人员在 2009 年 1 月－2011 年 5 月近 2 年多时间内发表的 SCI、EI 文章、引用参考文献的主要文献来源以及使用量等进行统计分析。软件研究所图书馆结合本所发表论文,分析文献资源保障状况,完成 ACM、IEEE 等核心电子期刊数据库的发文、使用分析报告,供所领导参考。烟台海岸带研究所图书馆采取文献计量学方法,完成了《所信息资源需求与保障分析》,形成了文献资源建设规划。

各研究所文献情报机构除了发挥资金效力,合理订购文献资源外,还广泛利用网络开放资源、建立专业文献信息网站,建立第三方文献共享渠道,组织开发科技文献数据库。天津工业生物技术研究所图书馆围绕工业生物技术以及生物技术的国内著名门户网站,开展深度分析,制定科研信息保障策略,系统分析工业生物信息网、工业生物技术信息网、生物谷、生物通、丁香园、科学网、Nature、Science、Cell、Oxford－Journals、PNAS、PLoS One 等网站结构,建立集成的文献信息聚合、页面信息抓取工具,使科研人员及时掌握先进科研动态、重要期刊文献。力学研究所图书馆还利用电子资源的广泛分布特点,不定期通过专业论坛、社区等网上空间收集电子资源,尤其是国外原版电子书,推荐给相关研究领域的课题组。昆明植物研究所图书馆通过电子邮件方式,让科研人员随时随地地推荐资源,自主决定资源采购类型及内容。上海精密光学机械研究所图书馆自主开发建设专题文献数据库,收录国外相关学术会议信息超过 13 000 条、相关专家数据超过 1 000 人、激光器产品数据 3 000 余条、光电百科词条 2 700 余条,数据库还收录了专业学术会议报告、国外专业机构研究报告、非正式出版物、互联网资料、内部资料等灰色文献逾数万条,相当部分的"稀见"文献资料具有独特价值。

2.2 全面开展文献信息的咨询服务,满足科研文献获取和评价需求

中国科学院各个研究所文献情报机构利用文献计量分析等手段,深化文

献信息保障服务的内涵，拓展文献信息服务的范围，组织开展以文献分析为基础的知识服务，提供面向课题和科研项目的文献咨询和服务，开展专题文献计量分析服务，面向科研课题提供专题文献管理服务、专题文献保障服务等。

半导体研究所图书信息中心根据科研人员信息需求的特点，主动开展各种针对性文献信息服务，形成了具有特色的文献咨询服务模式，包括开展文献定制服务，使得用户长期、稳定地获取本专业最新科研动态；为所内用户申请项目、申报奖项提供文献收录引证分析；向科研人员以"信息早餐"形式发布科研信息。电子学研究所图书馆为全所科研人员和研究所提供文献代查服务，提供文献查询、文献传递、付费、接收文献、文献整理和管理等一条龙服务。电工研究所图书馆通过组织SCI、EI论文引证检索专题讲座，编制论文引证检索方法说明等，按照科研成果管理要求开展SCI、EI论文收录、影响因子、核心期刊论文、论文摘要、电子文献检索等，支持科研人员的晋级、项目申报。

过程工程研究所图书馆专门针对院士申报、杰出青年基金申请、成果申报等提供引证检索服务，2008年至今为76位科研人员和实验室提供引证检索报告155份，得到了科研人员的普遍认同。古脊椎动物与古人类研究所图书馆为了节省科研人员的精力，宣传推广文献传递服务，主动为每位院士、资深科学家、科研精英等配备了原文传递账号和随易通，为科研工作营造了良好的信息环境。宁波材料技术与工程研究所文献信息机构配合科技处对科研人员和研究生论文是否被SCI、EI收录进行核实，查询发表论文的被SCI、ISTP收录和引用情况。通过比较、分析、归纳、概括等手段对期刊、著作、论文等文献的引用与被引用情况进行分析和总结，从而掌握本所科研人员和学生查阅文献的规律和范围，为文献情报工作者构建本所核心资源提供科学、合理的依据。

上海微系统与信息技术研究所图书馆围绕着本所的高技术研发特点和中国科学院发展产业化服务国家的战略，主办了《微系统技术信息》网络杂志，每周不定期（3-4次）提供科研最新动态，以电子邮件的形式向所里的研究员、所领导发送；所提供的网络信息调研服务覆盖了微系统所所有的研究方向，着重报告最新的学术和产业动态。上海有机化学所图书馆以全院集团采购网络版数字资源为主，改变以往必须到图书馆才能获得服务的模式，开展网络化文献信息服务；同时在文献信息服务上，从单独依靠本所图书馆提供服务为主，转变为以全院文献情报机构联合合作的服务模式。

2.3 嵌入科研一线，开展专题文献信息服务，保障科研人员的文献信息需求

面向科研课题和项目组织专题文献信息服务，是中国科学院各研究所文献情报机构的主要工作任务之一。目前，已经形成了围绕科研信息服务需求，开展专题文献信息、动态趋势分析，围绕研究机构和学科领域，开展研究机构竞争力分析、学科发展态势分析的知识服务模式。

长春应用化学研究所图书馆在保障基础信息服务的同时，承担《研究所重点学科资源发现与利用态势分析》项目研究，建立重点学科资源与重点学科研究领域发展态势之间的关联关系，分析研究所重点学科资源的利用态势，完成《研究所高分子国家重点实验室发表论文期刊保障现状分析》、《研究所高分子国家重点实验室引用论文期刊保障现状分析》、《国外目标机构发表论文资源保障分析》、《国外目标机构引用论文资源保障分析》以及《生物医用高分子研究领域全景分析》等研究报告。计算技术研究所图书馆为本所战略规划提供信息咨询服务和统计报告，撰写《基于ESI的研究所科技论文产出与影响力分析》和《计算技术研究所2000年至2006年发表科技论文统计分析》等；并撰写《IEEE科技期刊出版现状调研分析》、《高性能计算研究与应用的文献计量分析》等分析报告。化学研究所图书馆在保障基础信息服务的同时，开展专题信息服务探索，完成《化学所与德国马普、日本分子研究所、加州伯克利大学、上海有机所和长春应化所的资源比对分析》、《化学所SCI收录论文统计及期刊分类》报告。

金属研究所图书馆配合材料科学国家（联合）实验室开展材料标准制定与实施的专题调研，分别对中国、美国、日本及英国四国材料标准进行系统比较分析，全面展示了我国材料标准在数量、标准更新速度及技术领域分布等方面与其他三个发达国家的差异，为下一步制定材料标准工作提供重要的数据支持。《四个国家材料标准文献比较分析》也为促进我国材料科学的发展及材料标准体系的构建和完善提供参考和借鉴。理化技术研究所图书馆为激光物理实验室开展定题服务，半年完成近千条文献信息、网络新闻、专利等形式信息的推送服务；利用掌握的检索技巧对互联网上的相关资源进行了筛选，并在所主页上构建了能源专栏，一定程度上弥补了能源相关信息不足的缺憾。

南京地理与湖泊研究所图书馆专门针对2007年太湖爆发严重的蓝藻水华，搜集、整理了大量相关文献信息，制作了"蓝藻水华信息专题"，及时提供给研究所领导及相关研究人员。其提供的资料对本所为江苏省及无锡市政

府起草的应急措施报告起到了重要作用,得到项目首席科学家的认可。紫金山天文台图书馆主动参与学科情报信息服务,完成了"紫金山天文台SCI收录论文文献计量分析"、"基于Web of Science数据库的空间环境领域研究发展分析"领域分析,并针对1900—2010年期间有关空间环境科学研究领域的文献,对其国家地区、文献类型、机构、出版年、文献来源、学科种类等进行分析,揭示空间环境学科领域在国内外的研究发展状况。

2.4 深化学科信息服务内涵,建设专题信息环境,探索服务转型

各个研究所文献情报机构,积极变革图书馆服务模式,实现从传统图书馆的阵地阅览服务、文献借阅服务等向支持科研文献及时保障、文献获取能力培训、专题信息咨询等方向的转变。各研究所图书馆将科研人员文献获取能力、信息获取能力、信息评价能力等信息素质培训作为工作的核心内容,因地制宜、因时制宜,组织不同形式的培训,如预约培训、现场培训、嵌入式培训等。培训内容包括了文献获取方法与途径、文献检索方法与工具、文献管理工具、文献信息环境建设、论文发表等。

工程热物理研究所图书馆组织图书馆员、学科馆员、数据库商开展面向全所、实验室、课题组的培训,内容包括新生与新员工入所教育、专题文献检索、Endnote管理工具、专利检索、标准检索、军工信息检索、统计数据检索、SCI/EI/Knovel/ASME/DII等数据库使用技巧、TDA分析工具利用等多种形式和内容的培训。在培训组织过程中,与研究所人事处、学生会、实验室密切沟通合作,形成比较完善的培训组织形式。

力学研究所图书馆结合重点实验室需求,尝试以新的方式针对研究领域开展学科情报服务,以信息平台建设为主,组织建设"高超声速信息平台",积累、长期保存和利用专业信息,更好地为基础研究提供信息支撑服务,推动科研项目的进展。2009年11月,上海技术物理研究所图书馆为红外物理国家实验室安装了"红外物理信息服务"平台,提供红外物理最新的科研成果、科技新闻、红外物理实验室论文收录引用分析、国际影响力分析、红外物理国际研究进展与趋势、红外物理核心和相关资源导航等学科信息服务,受到科研人员欢迎。海洋研究所图书馆围绕"中国近海水母爆发的关键过程、机理及生态环境效应"(973项目)建设专题知识环境,使图书馆的服务模式发生了很大的变化。南京地理与湖泊研究所图书馆充分挖掘文献资源信息,编制专题数据库,为一线科研人员提供服务。建设"中国湖泊水库文献目录数据库",收集了从20世纪30-40年代开始到90年代的文献目录5 000多条;建设"地形图目录数据库",提供常用的大比例尺的地形图的目录数据10 000

多条；建设"馆藏地方志目录数据库"，揭示大量各类地方志文献目录数据库，收录3 500多条记录，包含40 000多册地方志。

2.5 结合科研信息需求，组织专题情报研究，形成情报研究产品与服务

面向科研项目和科研管理工作，开展专题情报研究，是中国科学院研究所文献情报机构的又一大特色。各研究所图书馆针对一线科研任务、科研管理，面向区域经济发展、社会热点问题等，广泛开展技术发展态势、学科发展态势、科技竞争力、发展战略研究等情报调研。大连化学物理研究所信息中心围绕本所科研项目形成了专题情报调研服务机制，推出了专门的情报研究服务产品系列，编辑《大连化物所前沿信息通讯》和《大连化物所规划战略研究简报》，完成《大连化物所中国专利分析报告》、《CO_2减排资料调研报告》、《水资源资料调研报告》、《太阳能硅原料化学化工资料调研报告》、《稀土化学化工资料调研报告》等。光电技术研究所信息中心围绕定题情报服务（SDI）机制，建队伍、建网络、建流程，在长达30多年的SDI连续跟踪中，已形成题录/摘要、动态、汇编和专集等4个情报产品序列，连续出版《动态》200余期，《光束控制和跟踪测量技术》、《光刻技术》等资料汇编300余辑。

金属研究所图书馆为支持我国钢铁战略规划的制定与实施，采用文献计量分析工具，从近10万条文献数据中，综合分析全球钢铁业的技术研究热点；通过对近400篇文献内容的综述，详细展示钢铁业研究进展，提供《钢铁行业发展及研究现状分析报告》，为钢铁战略规划的制定提供有力的文献支持。组织开展MCrAl系涂层国内外研究动态分析，针对材料表面工程研究部制定未来发展方向的需要，采用统计分析学、文献综述及专利评价等方法，形成了《MCrAl系高温防护涂层的研究进展》，探索出图书情报工作与用户需求间协同合作的有效模式。

青岛生物能源与过程研究所信息中心围绕本所优先发展领域与战略重点，采取内部电子刊物形式编发科学动态监测快报类、专题研究报告类、年度综合报告类等三类情报信息产品，其中科学动态监测快报目前包括《生物能源科技专辑》、《生物能源产业专辑》两种月刊，两种信息快报产品在相关共享平台、中国工业生物技术网等网络平台发布；专题研究报告和年度综合报告不定期发布，每年分别为4份和2份以上，其中部分报告已提交国家和院有关部门参考。上海生命科学信息中心开展《生命学科发展态势报告》的年度分析，组织《国内外生物类实验室废弃物管理机制研究》与《生物伦理管理

研究报告》专题情报研究，根据科研战略规划制定需求完成《生科院神经研究所学科能力比较分析报告》。

上海光学精密机械研究所图书馆确立需求导向的服务原则和甘为人梯的服务理念，围绕研究所发展战略和重点科学领域，深入了解、分析研究所科技管理和科技创新活动对情报信息的需求，加强与所领导、所战略规划部门、研究所重要科学家的沟通联系，确定情报服务的重点对象和重要领域，密切关注、跟踪国际相关领域的最新发展态势，系统搜集、整理、分析、梳理相关技术领域的情报信息，形成了专题情报调研报告、专题信息编译汇编资料、专题信息简报、专题文献目录、专题数据库等系列化的情报服务产品。完成了《国际激光聚变科学技术现状与发展态势》、《太阳能电池技术专利分析报告》、《大型平面镜制造与测试先进技术调研报告》、《激光信噪比及相关技术研究现状及发展》、《国际ICF激光驱动器研究年度综述》、《国外高能拍瓦激光装置概述》、《国际光伏技术路线图概述》、《ICF光学材料激光损伤研究现状与分析》等情报调研报告。合肥物质科学研究院图书馆、上海天文台图书馆围绕学科发展和科研决策需求，在科技前沿态势跟踪、学科竞争态势分析、重大学科方向态势分析等方面形成了系统化的情报研究产品。

2.6 试验建设专题信息分析工具与平台，构建研究项目和领域的专题信息环境

文献信息服务、知识服务的工具化、平台化是中国科学院文献情报系统实现服务模式转型和新型服务模式建立的主要标志之一。针对各个研究所专题信息服务的特点，在中国科学院国家科学图书馆积极推动和倡导下，利用各类知识服务工具软件，围绕专题研究领域和研究项目构建专题领域的知识环境。

声学研究所图书馆建立声学信息资源导航平台，整合各类信息资源形成了特色。软件研究所图书馆研发了基于个人/单位的科技论文检索与知识导航系统，以发现知识、获取知识、推送知识、跟踪知识和传播知识为主线，支持科研人员和科研管理部门快速挖掘信息。武汉病毒研究所在国家科学图书馆支持下，利用专题信息平台建设工具搭建专业领域的信息平台，如HIV分子流行病学与分子病毒学学科组信息平台、肝炎病毒学学科组信息平台、神经病毒学科组信息平台等，定期发布本学科组相关信息、研究进展、领域进展等。同时，将数字化文献信息、文献资源与服务体系、专业会议活动信息等有机融合到信息平台中，形成综合性的学科知识环境。新疆生态与地理研究所图书馆围绕研究所、新疆分院以及新疆地方的需求，组织战略情报研究

服务，建立战略情报服务机制，累计完成新疆与中亚五国科技合作研究、新疆生态与地理研究所战略情报研究、新疆现代农业科技发展战略与路线图、新疆2007—2010年SCI论文统计分析、新疆科技产出10年评估、中亚国家科技发展概况及其与我国科技合作建议、蒙古国科技发展概况及其与我国科技合作建议、上海合作组织农业合作发展规划研究、发挥中心城市的聚集辐射作用研究、加快碘缺乏病防治方法与建议、新疆与中亚五国科技合作的回顾与建议、中亚科技实力及其与我国合作前景对策分析、国际棉花产业研究进展等情报研究项目。

青藏高原研究所图书馆秉承综合信息服务的理念，搭建"青藏高原研究信息与知识平台"，对国内外青藏高原研究相关的信息资源进行收集、整理、组织，集中展示青藏高原研究的各方面内容，实现了信息知识资源的保存、集成、共享和交互。上海药物研究所图书馆围绕"重大新药创制"科技专项，建立"药物情报网"，参与建设"上海市生物医药行业科技情报服务网站"、国家科技支撑计划项目"生物技术产业平台及信息共享平台"，在服务本所科研的同时，支持区域科技创新与发展。

3 结 语

经过10年的探索发展，中国科学院研究所文献情报机构围绕知识服务的需求，在中国科学院国家科学图书馆的支持和推动下，顺应数字化科研信息服务的发展趋势，开展了不同层次的知识服务，形成了中国科学院文献情报系统特有的知识服务模式。这一知识服务模式主要内涵包括：面向科研一线的文献需求的资源保障分析与咨询，围绕科研人员信息获取能力提升的信息素质培训服务，围绕科研项目和科研管理的专题情报研究服务、战略情报研究服务，围绕研究所文献信息环境和研究项目信息环境建设的专题信息平台、文献信息平台，形成面向专题领域和项目的知识环境。同时，围绕研究所科研成果管理建设机构知识库（IR），形成中国科学院科研论文的开放资源体系，支持各研究所开展知识管理，实现将中国科学院的机构知识库体系（CAS–IR）建设成为国内规模最大的机构知识库体系的目标。

"十二五"期间，中国科学院文献情报系统还将在数字化知识资源体系建设、面向科研一线的专题文献服务体系建设、科研信息素质培训与服务、专题知识环境建设、专题情报研究与服务、研究所知识管理与服务等领域积极探索、充分实践，推动全院实现文献信息服务向专业化知识服务的模式转型，建立嵌入科研一线和科研过程的适应中国科学院科研活动组织的知识服务模式。

参考文献：

[1] 张晓林.走向知识服务:寻找新世纪图书情报工作的生长点[J].中国图书馆学报，2000,26(5):32-37.

[2] 李晓鹏,颜端武,陈祖香.国内外知识服务研究现状、趋势与主要学术观点[J].图书情报工作,2010,54(6):107-111.

[3] Clair G S, Stanley D. Knowledge services: The practical side of knowledge management - How KD/KS creates value with knowledge services, information professionals are "putting KM to work" (part Ⅰ, part Ⅱ)[J]. Information Outlook, 2008,12(6):54-58.

[4] Clair G S, Stanley D. Knowledge services: The practical side of knowledge management - How KD/KS creates value with knowledge services, information professionals are "putting KM to work" (part Ⅱ)[J]. Information Outlook, 2008,12(7):36-41.

[5] 张晓林.重新认识知识过程和知识服务[J].图书情报工作,2009,53(1):6-8.

[6] 张晓林.从数字图书馆到 E-Knowledge 机制[J].中国图书馆学报,2005,31(4):5-10.

作者简介

刘细文,男,1965 年生,研究员,副馆长,发表论文 20 余篇;

吴　鸣,女,1964 年生,研究馆员,发表论文 30 余篇;

张冬荣,女,1971 年生,研究馆员,发表论文 10 余篇;

迟培娟,女,1981 年生,助理研究馆员。

知识供应链模型在图书馆知识服务的应用

胥伟岚[1]　易　菲[2]　龙朝阳[2]

（1. 湖南工学院图书馆　衡阳 412000；
2. 湘潭大学公共管理学院　湘潭 411105）

摘　要　知识供应链模型以崭新的视域应用于图书馆知识服务，有效地促进人力资源和知识资源的整合，加速隐性知识的显性化、转移和共享，提高知识的增值和创新。在应用知识供应链模型进行图书馆知识服务时，应强化知识服务技术、搭建联盟互动的平台，并建立合理的组织结构、构建和谐的人文环境，最大限度的实现图书馆知识资源的共享、增值和创新。

关键词　知识供应链　图书馆　知识服务
分类号 G251

1　引　言

供应链的研究多集中于制造企业和供应链企业，而将供应链的思想导入图书馆知识服务的研究是一个全新的领域。图书馆是一个知识密集型组织，是知识的聚集、扩散与交流的中心，担任将创新的知识技术、成果转化为社会生产力的重任。图书馆中应用供应链的管理思想，建立知识供应链模型进行知识服务，能为图书馆发展注入新的活力，加速图书馆知识服务的核心竞争能力以及快速应变能力。

2　知识供应链的概念模型

知识供应链的概念由 Jav Lee 博士在 1995 年美国"下一代制造项目"后正式提出："知识供应链是整合工业界及学术界核心价值的机制，其目的是提

---

* 本文系 2010 年度湖南工学院科研基金资助项目"基于知识供应链的图书情报机构知识服务研究"（项目编号：HY10015）研究成果之一。

供获取利润及持续教育与训练雇佣人员和企业伙伴所需的信息与智慧。"[1] 1998 年 Rechard Hall 和 Pierpaolo Andrian 从供应链视角描述了知识供应链的涵义。2001 年 C W Holsapple、M Singh 又给出了知识供应链模型。国内，这一概念最早于 1999 年张曙、李爱平提出。相继柳卸林也提到了"知识供应链"[2]。2000 年彭灿从知识管理角度阐述知识供应链的实质"知识网络"[3]。2002 年吴新科、李刚炎、肖佩认为知识供应链是把相互独立的要素集合而成的集成系统。温有奎、徐国华认为，知识供应链是国家配置各种科技资源寻求知识经济化的过程，可以提高国家的核心竞争力[4]。

目前学术界关于知识供应链的概念莫衷一是。大多说学者对该概念的界定主要从宏观、中观、微观三层面阐释，都引入了供应链思想，强调工业与学术界合作，追求整体优化和利润最大化，并实现知识的创新。笔者以图书馆用户的知识需求为驱动，以科研中心与高校等为知识技术源，通过知识链中企业研发生产、个人发明创造以及研发机构的开发实践等方式，对知识进行积累、创新、转移，最后实现其经济价值。这一整合过程动态地实现了知识供需关系的和谐发展以及资源的最优化。其概念模型如图 1 所示：

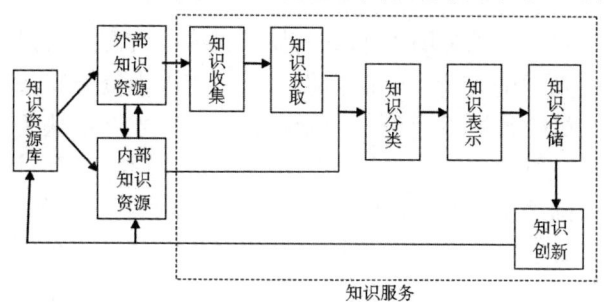

图 1 知识供应链的概念模型

图 1 模型是从知识在链条上流动的情况及知识服务理念来构建整个知识供应链过程。如虚线框内嵌了从知识收集和获取，知识分类和表示，到知识的存储和创新的图书馆知识服务全过程，这是一个开放的螺旋上升的循环链模型。在知识环境中，图书馆通过对用户需求和对本机构内部（如：产学研合作等）以及外部（如：技术购买等）知识资源的整合、序化，建立各种专题知识库，并凭借知识创新阶段的合作联盟来指导研发生产，完成从知识到新技术的转化，再到知识产品的生成。该模型中，用户从智力活动形成的知识资源到知识创新，再到更高知识含量的新产品，构成了知识无穷循环和进化的体系。知识资源库中包括有形象的实物产品、抽象的科技理论知识产品、

隐性知识和显性知识的汇集以及知识创新成果的汇入。一切非图书馆内部研究人员智力资源的总和构成了外部知识资源。在特定条件下，内外知识资源是可以相互转化的。整个模型也说明了知识服务和知识供应链实质是不可分割的统一体。

3 图书馆知识服务中应用知识供应链模型的意义

目前，图书馆知识服务手段单一，虚拟参考咨询服务不够深入，实时在线咨询、网络知识导航、学科导航等服务水平均衡性差，且人力资源缺失等，这一系列问题必然导致图书馆隐性知识利用率低，同时也给图书馆知识共享、创新、增值以及竞争带来了前所未有的巨大挑战。将知识供应链模型应用于图书馆知识服务，不仅能挖掘知识服务过程中各节点组织的隐性知识、而且能汇聚各节点组织丰富的人力资源，吸纳和共享其先进的技术手段，准确及时定位用户知识需求，为图书馆知识服务提供良好的管理支持机制和实践指南。

3.1 图书馆人力资源与知识资源整合的必然驱动力

人力资源和知识资源是图书馆知识服务的核心内容，知识服务的各环节都离不开人力和知识的支持。当前，我国图书馆人力资源缺失严重，主要表现在：机构内人员数量严重超编，专业和高水平人才严重缺乏，专业机构严重失衡，非专业人员比例大，学历层次较低，这一现状严重阻碍了图书馆知识服务发展[5]。随着各专业的拓展和深入，边缘学科、跨学科研究日趋增加，许多用户不再局限于自己的研究领域，希望多角度综合了解更多知识，此时需要更具综合性的知识来满足用户。加之，众多网络供应商、检索服务商、电子出版商等信息机构借机挤入信息服务行业，图书馆陈旧的基本职能已经摇摇欲坠。知识供应链将图书馆知识服务的所有相关机构联接成稳定的网络体系，整合尖端人力和知识资源，综合运用各节点组织成员的能力和优点，发挥其创造性，促进成员的积极协作和知识创新。因而，引入知识供应链的思想是提高图书馆知识竞争能力的有效驱动。

3.2 图书馆隐性知识显化、转移和共享的必需机制

当下图书馆知识服务能力滞后，服务重点局限于传统资源传递和利用，服务手段单一，有些机构虽采取以电子邮件或电话解决这一系列问题，但受时空限制，许多机构并没追究该方式是否对提供服务质量、完善知识服务等长期建设问题给予严格监管[6]。譬如许多学校开展了FAQ服务，而绝大多数只是罗列了多年前的基础问题，并未及时更新。且从大多数图书馆馆藏资源

来看，更多关注文献资源，电子资源较少涉及。从资源加工程度分析，图书馆资源加工还停滞在对外部知识特征的介绍上，对其内容深层次挖掘甚少，提供的服务主要侧重显性知识方面。应用知识供应链管理理念，能协调管理图书馆知识服务进程各要素，促进知识服务过程中隐性知识显性化、转移和共享。

3.3 图书馆知识创新和增值的必备保障体系

实时咨询、参考咨询、学科导航等服务的应用，有利于提高图书馆知识创新和增值。从我国图书馆现有咨询服务发展看，大部分图书馆已积极开展了虚拟参考咨询业务。另外调研了部分图书馆网站，该项服务并未开展。不同的图书馆对参考咨询定位各有差异，不少图书馆将参考咨询服务归类于读者服务。为改变原有咨询内容和形式散乱状况，实现用户主动服务，许多图书馆纷纷使用了咨询表单，但该服务总体规模和形式仍未得到统一。此外我国图书馆开展知识导航、学科导航、实时咨询等服务的数量较少。因受经济、人力、知识等因素制约，已开展这些项目的机构问题层出不穷。知识供应链将图书馆知识服务中各节点组织的各项服务相互渗透、整合，为加速知识创新和增值提供了强大的保障。

4 图书馆知识服务中应用知识供应链模型需注意的问题

知识供应链模型应用于图书馆知识服务还需要相应的知识服务技术、知识供应链联盟互动的平台、合理的组织结构以及和谐的人文环境等要素作为支撑。

4.1 强化知识服务技术

4.1.1 知识挖掘技术

知识挖掘技术是知识发现的核心技术，其定义由 UsamaM. Fayyyad 等最新描述为：从数据集中识别出有效的、新颖的、潜在有用的以及最终可理解的模式的非平凡过程[7]。知识挖掘是自动化、智能化地将大量非结构化的多形式的信息融合成序化、易于接收的、可供用户决策的知识的有效方法。它能自动分析、搜集信息，归纳推理和挖掘潜在有价值的信息，预测用户行为，帮助用户科学决策。在图书馆知识供应链模型中，有关外显陈述性知识、外显程序性知识、内隐陈述性知识和内隐程序性知识等多类型知识的收集和获取，可利用知识挖掘技术，从各机构浩如烟海的知识资源中挖掘知识元，将知识元转化为可供机器读取的形式、最终实现知识共享。知识挖掘在图书馆知识供应链模型中的知识服务收集和获取阶段主要用于 Web 数据开采、智能搜索、跨学科协同搜索等。该技术采用智能搜索引擎能预测用户的需求,有效地抑制关键词的多义性,帮助知识服务用户更好地寻找知识资源。由于因特网资源多呈现出无序性和非结构化,且具有很强的动态性和多样化,而图书馆知识服务过程中所获取的信息大量来源于因特网,通过 Web 数据开采中的网络智能体、智能信息捕捉器等多技术联合实现知识服务资源的获取。

4.1.2 知识地图技术

知识地图是指知识的存在形式,将分散的、杂乱无章的知识汇集整理,进行有效管理,为人们即时高效地提供知识资源的导航和查询功能的系统[8]。在图书馆知识供应链模型中,知识地图以多种形式显示整个图书馆知识服务过程中知识资源的分布情况。知识供应链的节点组织的知识地图包括相互联系的文档和资料、显化或编码化的知识、解决问题的方法等多种元素,所有用户浏览知识地图中各节点组织信息时,可将反馈需求以评论的形式提交到节点组织的知识地图,经知识地图管理员不断更新、改进和调整各元素的关联,使知识地图更完善。同时,整个知识供应链知识产品和图书馆知识服务所有流程中的知识资源都能通过知识地图,以不同的形式表示出来。知识地图还能可视化描述各节点组织间的资源关系,创造知识共享的环境,为用户提供知识导航和查询服务。

4.1.3 Push 技术

1996 年美国 PointCast 公司首个在 Internet 上使用 Push 技术发布信息[9]。Push 系统主要由用户需求管理数据库、信息库和 push 服务器信息推送构成[10]。图书馆供应链模型中,用户首先将自己的个人信息、所需要的信息类型和定制时间等制成订阅单提交到用户需求管理数据库,经信息库将所有订阅单上信息整理分类后确定个性化信息标准,最后由 Push 服务器根据用户设定的连接时间和定制的信息推送内容,控制搜索深度,过滤冗余或无关信息,选择性地即时推送用户感兴趣的信息。此外,在基于该模型的知识服务过程中,除了可用 Push 技术获取因特网上广泛的信息外,还可以将该技术应用于知识供应链的图书馆知识网络体系中,提高知识服务工作中获取知识的效率。甚至还能使用智能化复杂的决策和推理反馈机制,用户不必在固定站点便能获得最新信息,提高用户检索效率。

4.2 搭建联盟互动平台

图书馆知识供应链联盟启迪于企业战略联盟。20 世纪 80 年代来,战略联盟在欧美日企业界得到迅速的发展[11]。在图书馆知识供应链模型中,与企业是盈利组织不同，图书馆知识供应链联盟互动的实质是图书馆与社区、高校、企业等其他相关机构，注重隐性知识交流，建立互信合作、互通有无的交流机制，形成官产学研的联盟互动平台。Web2.0技术的出现，一方面强调Web用户的互动友好参与和集体智慧汇聚；另一方面强调协同开放性的创新以及网络化模式的创新。随着Google、Wikipedia等创新媒体的出现，图书馆知识供应链联盟应通过战略性的创新，全面重构和整合联盟体的知识资源，以适应Web2.0的外部环境，并带动联合知识体各成员的发展。贝克尔－墨菲的知识分工模型中阐释了知识作为一种特殊形式的载体固化在特定事物之中，节约了单位产品耗费的劳动，使报酬递增[12]。在知识专门化背景下，合理的知识分工能提高知识积累的效率和知识投资的收益。同时，知识投资因时空条件的差异存在风险，只有满足社会、市场、组织或个人需求的知识才真正实现其价值。而瞬息万变的市场环境导致了知识投资报酬的不确定性。将知识供应链理念应用于图书馆知识服务能实现知识投资上的专业化和规模化的协作与统一，推动知识转移和共享，形成以供应商与图书馆为一体的供应链联盟体，收益共享、风险共担，有效降低知识投资的报酬不确定性和知识投资的风险。此外，政府应把积极推动产学研互动作为提高企业、高校、情报机构知识创新能力、竞争能力和培育新的经济增长点的手段。且政府须加强监管，建立健全的激励制度和健康的法律法规，加大财政补助等，大力优化产学研互动环境，为知识供应链的联盟提供基础保障，充分发挥其保驾护航作用。

4.3　优化组织结构

传统图书馆呈纵向的、线性多层塔式的组织结构，使得知识流在传递进程中造成大量信息失真或延时。且图书馆需要不断与外部环境进行信息和知识的交流，才能不断创新和发展。在其与外界建立起来的知识网络体系中，知识供应链中所包含的信息流和知识流在各节点组织不断转化。实现基于知识供应链的图书馆知识服务，必须打破原有的信息和知识流的组织模式，建立一种灵活分散，高度适应性的有机组织，加快用户快速准确地获取所需信息。图书馆采用柔性化、灵活性、网络化、扁平化知识型组织结构，既充分保证知识供应链的稳定和畅通，又能促进机构内部硬性政策与柔性管理相结合。扁平化就是弱化或压缩智能机构，建立公平的协作机制。柔性化是针对不同知识需求环境，分析图书馆知识服务流程中所需知识，明确各职能部门在整个知识供应链中所担任的角色。在知识供应链模型中，图书馆改变了原有以职能分工设岗的运作体系，各部门通过知识网络系统实现相互关系的重组，使得部门间工作职责和业务服务紧密相关，并建立内部信息共享平台，使图书馆各部门间、知识服务各环节中知识资源传递和交流能更迅速，加强了知识服务相关部门各业务和管理的耦合协同效应，实现了图书馆知识服务跨时空、跨部门的集成一体化。

4.4 构建和谐人文环境

知识社会，如何加强知识交流，构建一种共生、协调和可持续发展的组织文化，仅靠知识服务技术、图书馆各部门权利和责任的分工远远不够，还必须建构协同合作的文化环境。图书馆人文环境可理解为管理层、职员、用户间直接和间接的关系、服务环境等因素的总和。在图书馆知识供应链模型中，构建和谐人文环境，首先，图书馆应建立人力资源管理、知识资源导航、个性化推送等知识服务新理念和制度，采用主动推介，重视用户个性化需求，注重资源获取能力取代先前消极处理利用率低的资源，忽略用户个性化服务，更在乎资源数量的理念。其次，图书馆可聚合所有用户个性化需求的知识资源，创建资源导航，引导用户发现兴趣资源，并将其分类标注，建立相应激励机制让用户参与建设、评议或推荐资源，通过挖掘这些信息内在联系，引导用户能从原有被忽略的资源中发现新的亮点，也使图书馆的长尾资源更充分被利用。此外，和谐的人文环境有利于在图书馆知识供应链中聚合用户需求，为用户提供个性化、多元化的知识服务。图书馆可定期通过大规模调研、网络推荐、用户评论等多渠道，聚合用户偏好的知识资源，利用RSS聚合器、智能搜索引擎、WEKI等，分析用户点击流，了解用户选择和偏好，利用所挖掘的数据进行个性化、专业化的推荐服务。

参考文献：

[1] Lee J.关于未来制造业的战略思考.中国机械工程,1999,10(4):361－368.
[2] 彭灿.供应链中的知识流动与组织间学习.科研管理,2004,25(3):81－85.
[3] 吴新科,李刚炎,肖佩.知识供应链及其在制造业中的运用.武汉理工大学学报,2002,24(4):82－84.
[4] 温有奎,徐国华.知识链管理研究.情报学报,2004,23(4):476－479.
[5] 胥伟岚.基于知识供应链的图书情报机构知识服务研究[学位论文].湘潭:湘潭大学.2010.
[6] 王宁宁.高校图书馆实时咨询服务开展现状及对策分析.情报杂志,2009(3):192－194.
[7] 张玉峰,胡凤,董坚峰.泛在知识环境中数据挖掘技术进展分析.情报学报,2010(2):202－207.

[8] 何绍华,黄艳艳.知识地图在信息检索中的应用研究.情报杂志,2009(5):187-189.
[9] 胡桂兰,石昭祥.WAP PUSH 技术在网络图书馆信息服务中的应用.微电子学与计算机,2007,24(2):157-159,163.
[10] 宋红.Push 技术在图书馆网络信息服务中的应用.情报杂志,2003,22(12):34-36.
[11] 谢薇,陈朝晖.价值链与图书馆联盟的构建策略.图书馆理论与实践,2009(8):8-12.
[12] Bechker G S, Murphy K. The division of coordination costs, and knowledge. Quarerly Journal of Economics, 1992, 107(4):1137-1160.

作者简介

胥伟岚,女,1984 年生,助理馆员,发表论文 2 篇。

易　菲,女,1978 年生,讲师,发表论文 15 篇。

龙朝阳,男,1970 年生,教授,系主任,发表论文 30 余篇。

论高校图书馆区域知识服务*

练晓琪

(南通大学附属医院图书馆 南通 226001)

摘 要 概述图书馆知识服务的相关理论，构筑高校图书馆区域知识服务模式，肯定高校图书馆在区域知识服务方面具有资源、地缘、人才、信誉等优势，指出高校图书馆尚存在缺乏动力、体制僵硬、缺乏特色、与社会用户沟通能力有限等问题，并对高校图书馆开展区域知识服务给出包括政策驱动和项目驱动并行、优化人力、引进竞争机制、扩大宣传、围绕区域经济建设加强馆藏文献资源建设5点策略。

关键词 高校图书馆 知识服务 资源共享

分类号 G250

图书馆知识服务的研究起源于1999年第1期《图书情报知识》发表的任俊为先生题为《知识经济与图书馆的知识服务》的论文，在国内首次将知识服务引入图书情报界，拉开了中国图书情报界研究知识服务的序幕。2000年，张晓林在《中国图书馆学报》上的文章《走向知识服务：寻找新世纪图书情报工作的生长点》带动了国内图书馆知识服务研究的大规模开展[1]。经过10年的发展，知识服务的理念渗透到图书馆的工作实际中，得到了图书馆人员的肯定。

"图书馆知识服务的本质就是以知识为基础的服务，是以图书馆工作人员及工具开发人员等相关人员的知识投入为基础的服务，是为了适应知识经济的发展和知识创新的需要，以解决用户问题为直接目标，通过对用户知识的需求和问题环境的分析，向用户提供经过智能化处理的、符合用户需求的知识产品"[2]。区域高校图书馆开展知识服务意义重大。传统意义上的图书馆服务立足于本馆，以本馆直接用户也就是本校师生为服务对象，辐射面窄。开展区域知识服务能扩大服务范围和对象，是促进地区经济发展的重要手段和

---

* 本文系"南通市科技文献资源共享服务平台"项目（项目编号：DE2009009）研究成果之一。

方式。

1 知识服务理念概述

目前，各领域对知识服务的研究仍处于初级阶段，对知识服务概念的界定还众说不一，所提出的概念在以下 3 个方面基本达成共识：① 知识服务要以信息和知识的获取、组织、整合、重组为基础；② 知识服务要以解决具体而实际的问题为目标；③ 追求知识服务对问题解答的价值效益。不同领域知识服务的适用范畴不同，知识服务概念的界定要与相关领域的服务主体和客体的范畴相适应。笔者认为图书馆知识服务可以定义为：以馆员的图书馆学情报学专业知识为基础，针对图书馆用户在知识获取、知识选择、知识吸收、知识利用、知识创新过程中的信息与知识需求，对相关信息、知识进行搜寻、组织、分析、重组，为用户提供所需知识的服务。有针对性地为用户利用图书馆提供帮助，解除他们在利用文献资源过程中的疑虑和困难，为其项目研究提供深层次服务。

2 高校图书馆区域知识服务模式

图书馆知识服务是建立在图书情报机构的服务功能和专门知识基础上的一种价值取向，这种价值定位体现的是"知识"的价值和"服务"的价值。基于这一取向，知识服务工作不再以规范化的信息资源收藏和组织为标志，而是以灵活的服务模式充分利用和调动知识工作者的智慧进行的特定问题的分析、诊断、解决为标志[3]。

高校图书馆开展区域知识服务的流程为：① 图书馆员获得市场需求；② 将已有的知识资源分解，汇总分解后的相关知识单元；③ 将知识单元加工成知识产品；④ 提供知识产品，满足市场需求。为更直观地反映这个流程，笔者构建了图书馆区域知识服务模式图，如图 1 所示：

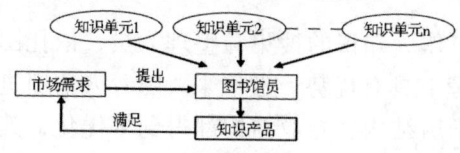

图 1　图书馆区域知识服务模式

从图 1 中可以看出，图书馆员在整个知识的重组与流动过程中起着核心作用。整个过程就是从显性知识到隐性知识再到显性知识的过程。是一种集成知识管理与服务的模式。整个过程以信息、资源开发和利用为核心，以提高社会效益和经济效益为动力,以满足市场需求为目标,融合了信息资源、信息技术、用户和图书馆员等要素的过程。这种模式将知识资源进行拆分,可以把一个知识单元同时提供给多个市场需求,可以大大提高知识资源和人力资源的利用效率。

3 高校图书馆区域知识服务可行性分析

3.1 资源优势

知识服务的基础是资源库。高校图书馆作为教育、科研和传播知识的机构,一方面拥有丰富的文献信息和网络信息;另一方面对信息产品有相对强的生产、加工成知识产品的能力。此外,计算机技术、通讯技术和网络技术的发展,从整体上推进了我国高校图书馆的自动化与网络化建设。跨地区乃至与世界范围内的图书馆以及其它网络间的信息资源共享,使用户可以不受地理位置和时间限制,迅速获得所需信息,提高了地方高校图书馆和其它图书馆的文献资料使用效率[4]。特别是CALIS、NSTL系统的应用与推广,通过文献传递实现了资源的跨时空共享,最大限度地满足区域经济建设中社会用户的信息需求。

3.2 地缘优势

高校图书馆往往处于区域的政治、经济、文化中心和交通的枢纽,在为区域经济建设服务过程中,占据优越的地理位置:既便于当地科技工作者就近查找相关信息资料,及时获取有用的文献信息资料,也有利于图书馆馆员将检索并整理好的相关知识及时传达到各类用户手中,便于地方高校图书馆与区域经济建设各领域的人员进行交流,及时了解他们的知识需求,适时调整服务策略[5]。

3.3 人才优势

高校图书馆馆员作为知识的搜集与整理人员,依托图书馆学科特色,在信息检索和分类处理上具有优势。近年来,随着人才引进力度的加大,高校图书馆馆员队伍的学历结构、专业结构都得到了优化,其中不乏拥有专业学科背景的高学历人才。这些图书馆新鲜血液的注入重塑了高校图书馆的人力资源体系,为高校图书馆参与区域经济建设提供了智力支持。

3.4 信誉优势

高校作为培养高层次人才的摇篮,长期以来在社会享有崇高的信誉,是输出人才的基地和知识的殿堂。高校图书馆作为重要的教辅机构,依托高校为背景，在长期面对教学、科研人员的服务工作中一直追求良好的服务效果，树立了良好的服务形象。因而在社会中享有较高的信誉，为图书馆开展区域知识服务打下了良好的社会基础。

3.5 相关政策扶持

国家《关于加速发展我国信息服务业的方案》，把图书馆事业归为信息服务业。同时在《关于加快发展第三业的决定》中将咨询业、信息业、技术服务业、文化和教育事业等作为发展的重点。"十五"规划曾指出："以信息化带动工业化，实现社会生产力的跨越式发展"。2002年国家教委颁发的《普通高等学校图书馆规程（修订）》中也明确指出："高校图书馆必须为教学科研服务，为整个社会科学技术及经济发展服务。"这些政策的颁发实施成为高校图书馆开展区域知识服务的有力支持。

4 高校图书馆开展区域知识服务的障碍

4.1 缺乏动力

传统观念中高校图书馆只为本校教师和学生服务，学校本身也把图书馆的工作范围限定为"是学校教学和科学研究工作的重要组成部分"。在这种原则规定之下，把学校以外的社会单元排除在外，因此一些高校图书馆在向社会开放过程中出现了顾虑。校方对这种行为不予承认或不支持，在很大程度上也打击了高校图书馆向社会开放的积极性，抑制了高校图书馆知识服务的社会化。

4.2 体制问题

我国图书馆系统是条块分割的，这种垂直管理体制造成高校图书馆在管理模式上不能或很少为高校外社会服务的现状。现存的行政壁垒从根本上限制了科技人力资源的共享，使科技人力资源不仅没有充分发挥其科研水平，而且没达到优化配置。

4.3 资源缺乏特色

高校图书馆的馆藏虽然丰富，但是主要是围绕本校的专业设置而购买的，不注重自身馆藏信息以及网络信息的开发和加工，信息型产品多，知识型产品少，缺乏针对性和专业性，可供社会用户，特别是企业用户有效利用的知识型资源很少。而社会用户的需求是多层次、多样性的，特别是对科技人员来说，信息的专业性尤其重要。图书馆如果不了解他们的信息需求状况，提供的信息资源就不能起到应有的作用，图书馆的知识服务对社会用户也就失去了吸引力。

4.4 与社会用户沟通能力有限

长期以来，受体制制约，图书馆的工作多以内部工作为主，基本处于封闭或半封闭状态，不与外界发生任何联系。很少有机会走出去与社会上的各行各业沟通、交流与合作。图书馆虽具备提供知识服务的优越条件，但不了解社会上的知识需求状况，而在社会公众眼中高校图书馆神圣又神秘，缺少了解、熟悉图书馆的渠道。

5 高校图书馆开展区域知识服务策略

高校图书馆开展区域知识服务意义重大。网络的发展改变了图书馆的服务职能和服务方式，读者从网络获取知识的比例越来越大。高校图书馆作为信息集散中心和知识管理与服务中心，只有有效地将网络环境与知识经济结合起来，从各种显性和隐性信息资源中针对读者的需要将知识提炼出来，由信息服务上升到知识服务，才能求生存、求发展。为了更好地促进高校图书馆区域知识服务，笔者提出了几点建议。

5.1 政策驱动和项目驱动并行

所谓政策驱动是指依靠地方政府建立政策，鼓励高校图书馆为社会进行知识服务，在人力、财力给予扶持，调动广大科研工作者的积极性[6]。目前虽然高校图书馆在知识服务方面拥有一定的优势，但要单方面与企业建立一种供需合作关系仍存在一定的难度。因此寻求地方主管部门的支持，了解本地区发展大、中、小企业方面的最新方针政策，获取企业的相关信息，力争成为行业性、区域性的科技信息中心，是高校图书馆为地方产业提供知识服务的有效途径之一。另一方面依靠项目驱动。目前科技资源共享在我国很多地方已达成共识，许多地区已建立了科技资源共享平台，还有些地区正以项目的形式鼓励地方高校进行申报立项。高校图书馆可利用这些机会通过项目驱动刺激区域知识服务工作的开展。

5.2 优化人力

知识服务是基于集成的服务。它通过开放式服务模式，采用系统集成、服务集成、团队工作等多种方式进行联合和协调，并利用多种知识、资源、人员、系统、服务来组织和提供知识服务。知识服务同时是一种基于人力资源的服务，必须拥有一支高素质的人才队伍：熟悉图书情报资源体系，掌握情报工作的基本理论和方法，具有捕捉信息、挖掘知识的能力；具有比较宽阔的知识面，不但有自然科学方面的专业知识，而且也要有一定的社会人文科学方面的知识，能熟悉和应用最新信息技术进行信息及知识处理；有创新意识和求索精神，对各种信息和知识能以新颖独特的视野和创新精神进行激活、巧用，为现实中各种复杂问题的解决提供咨询方案[7]。

图书馆员作为知识和信息的把关人和管理者，必须保持持续学习的意识和行动。特别是在知识社会中，读者需求多样化程度提高，知识信息的更新速度提高，这些变化更要求馆员加强学习。馆员的学习意识是高素质知识服务的首要关键。知识服务的效果如何关键也在于馆员的队伍素质与能力。图书馆领导应重视并建立健全一整套能持之以恒执行的馆员培训计划，依据各个馆员专业技术、学术水平、特长等等方面，鼓励他们有针对性的接受培训与进修学习。知识服务要求图书馆员具备一定的专业背景。可聘请高校各个学科、各个专业专家教授给图书馆员做专业知识的专题报告或讲座，图书馆员从这些方面基本了解掌握各学科、各专业领域教学、科研的信息知识需求，了解掌握各学科、各专业领域教学、科研的最新研究动态与研究的热点及方向，以便更好地为学校教学科研乃至区域经济建设提供强有力的知识服务。

5.3 引进竞争机制，促进信息服务社会化、专业化

现行体制阻碍了高校图书馆知识服务的开展。长期以来图书馆不需要承担任何市场风险，工作中缺乏竞争意识和竞争压力，使对外知识服务难以取得令人满意的效果。要改变目前的状况，形成可持续发展的道路，就要运用企业化经营和管理机制，把高校图书馆知识服务工作推向市场，以市场为导向，引入灵活多样的管理机制，密切与市场的联系，增强竞争意识，逐步形成"能者上，平者下，庸者下"的有效竞争机制，走社会化、专业化道路。依靠高校图书馆各类优势资源和不懈的努力，提高工作效率和服务质量，努力开创属于自己的知识服务空间。

5.4 扩大宣传

目前高校图书馆知识服务的障碍之一即为用户需求问题。一部分社会用户并不知道图书馆能提供知识服务。对此，高校图书馆应加大宣传力度，进行自我推销。可建立地区资源共享平台，在平台中增强知识服务功能。此外，也可采用适当的宣传推广途径：① 定期召开科技资源使用讲座，宣传平台资源，详细介绍各个资源数据库的收录范围、收录年限、使用方法等，吸引科技工作者和科研单位以个人会员和单位会员的形式使用资源；② 针对地区范围内对科技资源需求较高的单位，如医疗机构、政府部门、政法系统、中外企业等，组织人力按行业有计划有步骤地积极上门宣传介绍平台和介绍开展的多种服务，争取更多的用户理解平台，使用平台；③ 在共享平台上建立公

共目录查询系统;④ 努力寻找协作单位,以横向联合的形式提供个性服务需求。为合作单位整合资源,建立虚拟资源检索平台。

5.5 围绕区域经济建设,加强馆藏文献资源建设

扩大文献资源补充范围,以本校专业设置和区域经济发展的重点为依据,确实做好馆藏文献资源建设,可围绕区域经济发展建设特色数据库;同时,依托本地历史文化特点,为推广和发展区域性文化开发和建设地方性馆藏文献资源。图书馆是社会知识、信息、文化的记忆装置、扩散装置。高校图书馆承担着区域性知识、信息存储、整序、传递乃至增值服务的职能。在这些职能中区域性知识的存储是服务的物质基础。高校图书馆地方性知识储备的数量和质量,将直接影响着开展区域知识服务的效果。因此,高校图书馆要改变过去那种只注重普遍性知识收集而忽视区域知识收集的做法,想方设法通过各种渠道收集地方性知识,为教学、科研和地方经济建设服务,逐渐把传承地方优秀文化由自然引向自觉[8]。有针对性的充实资源库,以此为区域知识服务提供资源保障。

6 结 语

高校图书馆从单纯的信息服务走向知识服务已是必然的趋势。网络的发展使得图书馆事业发生了重大变化,高校图书馆将会迎来新的发展机遇。图书馆人应该把握好这样的机遇,做好图书馆队伍建设、人才结构、资源建设等工作。提升自己的形象和地位。充分利用图书馆丰富的馆藏资源,整合社会人才资源,做好高校图书馆为社会提供知识服务的平台。在多样化的市场中打造高校图书馆自己的品牌,为促进区域发展和经济建设贡献一份属于高校图书馆的力量。

参考文献:

[1] 勒红,程宏.图书馆知识服务研究综述.情报杂志,2004(8):8-10.
[2] 陈扬.知识服务:21世纪图书馆的发展方向.现代情报,2006(4):22-24.
[3] 李桂华,张晓林,党跃武.知识服务之运营方式探索.图书馆,2001(1):18-22.
[4] 于春莉.高校图书馆为地区产业提供信息服务得现状分析与对策.现代情报,2005(1):30-31.
[5] 袁代蓉,陈诗琴,车卉.地方高校图书馆为区域经济建设服务的探讨.重庆文理学院学报,2007,26(5):104-106.
[6] 杨桂珍.知识服务:图书馆工作的动力源.情报杂志,2001(8):51-52.
[7] 许海霞.现代图书馆知识服务探析.管理科学,2008(4):91-92.

[8] 罗彩冬,靳红,杨咏梅.高校图书馆开展知识服务的运营思和方式之探讨.情报杂志,2004(11):121-124.

作者简介

练晓琪,女,1959年生,副研究馆员,副主任,发表论文7篇。

面向知识服务的专业图书馆人员结构差距分析

唐美灵[1,2]　靳茜[3]

(1. 中国科学院国家科学图书馆　北京 100190；
2. 中国科学院研究生院　北京 100049；
3. 中国科学技术信息研究所　北京 100038)

摘要　分析专业图书馆实现知识服务转型的4个主要方面及对图书馆人员结构的需求，包括建设多元化数字资源保障体系、探索面向专业领域的知识服务模式、试验开展集成化知识环境建设、创建柔性灵活的团队与协作机制。结合以国家科技文献中心成员单位为代表的专业图书馆人员队伍结构，分析其人员队伍状况，阐明专业图书馆人员结构与未来发展存在业务布局、专业能力、信息技术水平、组织管理体制等方面的差距。

关键词　知识服务　人员结构　图书馆转型

分类号 G251

1 专业图书馆面临知识服务转型

当前，国外众多专业图书馆和高校图书馆纷纷开始发展图书馆的知识服务。专业图书馆长期以来一直担任着专业文献资源保障和为高水平科研人员服务的工作，其核心竞争力必定也将是实现知识服务的转型。2011年11月召开的中国科学院第六次文献情报工作会议强调，要在"十二五"期间实现院文献情报工作向新型知识服务的全面转型。

国内对于专业图书馆知识服务的研究在概念、内涵、模式等方面尚未形成统一的认识。陈建龙等人研究了国内关于图书馆知识服务与信息服务的关系[1]。张晓林基于图书馆核心价值定位的知识服务观点比较具有代表性，即知识服务是以信息知识的搜寻、组织、分析、重组的知识和能力为基础，根据用户的问题和环境，融入用户解决问题的过程之中，提供能够有效支持知识应用和知识创新的服务[2]，该观点对于开展专业图书馆知识服务具有很好的指导作用。

2 专业图书馆知识服务转型的主要方面

目前尚无成熟的模式和体制告诉我们如何实现面向知识服务的转型。张晓林认为知识服务是基于专业化、个人化的服务，是基于分布式多样化动态资源、基于集成以及基于自主和创新的服务[2]。李霞等人将知识服务分为专职顾问服务模式、参考咨询服务模式和自助服务模式三种类型[3]。刘细文等人将知识服务工作概括为：科研文献资源保障服务、文献信息咨询服务、学科信息服务与信息环境建设等几个方面[4]。笔者认为，专业图书馆至少应该在以下4个方面构建嵌入知识服务过程中的核心竞争力。

2.1 建设多元化数字资源保障体系

信息资源在数字化浪潮中冲破了传统意义上的文献资源、印刷型资源的概念，变得异常多元化、丰富化、集成化。信息资源数字化给用户带来的获取、传播、共享的便捷性似乎使得图书馆正在慢慢丧失自己曾经赖以生存的优势。另一方面，这又为图书馆提供了新的机遇。当前，国外众多图书馆将数字化信息资源的建设与长期保存作为战略规划中的一个重要内容，将联合共建共享作为多元化数字资源保障的重要方面。数字化资源带来的图书馆文献资源保障体系的变化很大程度上正改变着专业图书馆的业务布局，使得图书馆传统的分类、编目等部门或岗位逐渐萎缩。专业图书馆必须随着业务重点的转移重新调整当前的业务部门，增加数字资源岗位的设置，同时新增一些新型的服务岗位，如数字资源长期保存、元数据、开放获取、关联数据等相关的专门岗位，从而加强图书馆对数字资源的收集、整理、利用、保存和重组，构建实体资源、数据库资源、网络资源、机构知识库等配置合理、相互补充的全方位资源保障体系。

2.2 探索面向专业领域的知识服务模式

知识服务的一个主要特点是根据用户的具体问题和环境，提供满足用户需求的专业化、个性化、深层次的解决方案。知识服务的"专业化"要求能够按照具体专业领域和课题、项目来组织领域资源，利用各种专业的工具或平台进行深度分析，并向用户提供本主题领域的文献报道、专业咨询方案、分析研究报告、专业动态趋势等。这些具有高度个性化特征的知识产品或服务对图书馆工作人员所应具备的专业水平和知识结构等方面提出了更高的要求。图书馆员要融入到用户解决问题的实际过程当中，为其提供开题立项、科研竞争力、科研态势分析、结题报告等方面的情报服务。图书馆员面对众多不同课题、不同领域的科研人员以及不同需求，必须拥有一定的专业知识背景和较高的教育文化水平，以便能跟科研人员进行专业沟通。同时还要具备快速学习领悟的能力以及研究能力，从而不断增加知识积累，不断满足新的深层次需求。图书馆甚至应该拥有专门的学科服务部门或者团队来应对用户需求。

2.3 试验开展集成化知识环境建设

董小英认为图书馆服务和发展模式的转型实际上是技术在驱动[5]。吴新年将技术因素作为影响和制约图书馆知识服务能力建设的四大关键因素之一[6]。诚然，当前我们无法忽视图书馆转型过程中对网络技术、数据库技术、信息通讯技术等现代技术的创新性应用。国外不少图书馆都在其战略规划中提到技术的应用和信息环境的建设，如耶鲁大学图书馆将努力扩展使用移动设备的信息环境，哥伦比亚大学图书馆十分重视利用新技术和服务嵌入到教学环境中等。支撑知识服务的信息环境应是集成各种资源和工具，方便用户交流、学习、使用的多功能、智能化、集成化、个性化的信息平台。工具的使用、软件的更新、平台的搭建等要求图书馆能够拥有一支技术水平过硬的高素质队伍，这无疑对图书馆员的技术能力和创新能力提出了更高的要求，图书馆应当积极引进技术型人才或者通过培训，加大技术系列人员的比例，提高人员技术水平，从而使得图书馆员能够积极响应技术变革，甚至对技术进行超前性应用。

2.4 创建柔性灵活的团队与协作机制

灵活的团队组合是保证知识服务能够有效完成的重要因素。知识服务的嵌入性、专业性和持续性，决定了它必须建立在专业化的团队协作基础之上，专业人员的柔性组合是开展知识服务能力的标志之一。一方面，图书馆员要深入到用户的具体问题和环境当中组织知识服务，积极参与用户活动，成为用户知识创造团队的一份子，在其中有效发挥专业图书馆员独特的信息能力，随时协助用户完成各项研究任务。另一方面，面对广泛、多样化的用户需求，专业图书馆内部必须探索建立开展"小核心大网络"的专业化研究与知识服务组织机制，建立知识结构、学历层次、专业技能多样化的人员队伍，充分发挥团队互补优势。同时，知识服务团队还应能够根据知识服务需求和特定任务、主题而进行灵活的调整。这种团队协作不仅要求在组织结构和管理体制上进行调整，而且要求图书馆员自身拥有更强的人际沟通能力、组织协调能力和团队合作能力，以便能快速适应新的变化。

3 我国专业图书馆人员结构现状

图书馆向知识型服务转型是一项充满挑战性的工作,它需要业务结构、管理体制、队伍建设、服务观念等多方面的调整和变革。人才队伍是实现服务模式转变、构建新型知识服务模式的核心。本文仅以国家科技图书文献中心(National Science and Technology Library,NSTL)成员单位为例,对其在人数、性别、学历、职称、岗位等方面上报的数据(包含2006—2010年)进行探析(所有数据的收集工作于2011年9月至11月完成)。NSTL是经国务院领导同意组成的科技文献信息服务机构联盟,成员单位包括中国科学院文献情报中心(中国科学院国家科学图书馆)、中国科学技术信息研究所、中国农业科学院图书馆、中国医学科学院图书馆、机械工业信息研究院、冶金工业信息标准研究院、中国化工信息中心等单位[7],其专业范围覆盖了自然科学、技术科学、工业技术、医学、农学等学科领域,服务方式涵盖了文献采集和管理、文献提供服务、信息报道、信息分析、情报研究、信息系统研发等,成员单位在我国专业图书馆中具有较好的代表性。作为国家科技文献平台的核心,NSTL现已成为我国科技文献国家保障、共建共享、开放服务、联合发展的可靠机构[8],对其成员单位的人才队伍现状进行研究,可以指导我国专业图书馆机构的未来队伍建设。

3.1 人才队伍总体状况分析

NSTL成员单位在2010年共有员工1 742人,其中,男性790人(约占45%),女性952人(约占55%),近5年的数据分析结果也基本维持这样的男女比例。从年龄结构来看,35岁以下的人员所占比例接近三分之一(31%),45-55岁的人员比例较大,占总体的41%。这说明现有的人员结构中,年轻人偏少,职工的年龄结构偏大,如图1所示:

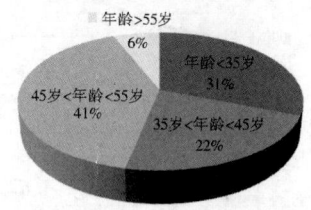

图1 2010年NSTL成员单位人员年龄分布比例

从2006年到2010年的数据还可以看到,这几年来,45岁以上的人员所占的比例有进一步加大的趋势——从2006年的不到40%增加到2010年的接近50%。这种状况说明,近些年来NSTL成员单位总体引进人员力度不大,随着时间窗口的推移,总体人员平均年龄向上偏移。这一点如果不在今后的人员引进、招聘中加以注意,那么队伍老龄化程度加大的问题将很可能直接影响到机构的发展潜力。

在学历分布上,NSTL全体人员当中,学士以下人员占36%,学士占29%,博士、硕士共占35%(博士11%,硕士24%)。虽然从2006年到2010年的学历人数分布图中可以看到博士、硕士所占比例有逐年上升的趋势,即从20%上升到了35%,但是总体来讲,现有人员知识结构的专业化程度尚显不够,高学历人才还有进一步增多的空间。在人员职称方面,中级人员所占比例最大,为41%,初级人员占24%,正高级人员占9%,副高级人员占26%。由此看出,现有人员结构偏向于低端,人员的学历结构和职称结构与各个单位专业化、知识化服务的要求相扭曲,人员队伍的整体素质还有待提高。

3.2 岗位类型配置状况分析

将岗位类型划分为研究人员系列、工程技术人员系列、图书馆员系列、管理人员4种类别。其中,图书馆员系列所占比例最大,为39%,其次是研究人员,占34%,管理人员和工程技术人员分布占14%和13%。从图2可知,虽然随着年份的增加,研究人员所占的比例呈现逐渐增多的趋势,但是各成员单位图书馆专业技术岗位人员一直较少,技术岗位配置明显不足。在信息技术高速发展的今天,技术岗位人员在图书馆中发挥着日益重要的作用,但是目前NSTL成员单位工程技术岗位的人员却较为缺乏。长此以往,将有碍于图书馆服务模式、业务布局的转变。另外,分析各单位聘任人员的数据可

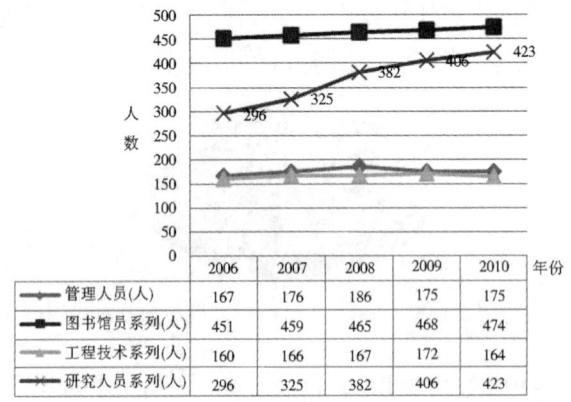

图2 2006—2010年NSTL成员单位各岗位人数变化情况

以发现，编制内与编制外人员的比例基本维持在一个比较平稳的水平，编制外人员大约占13%左右，这说明各个机构用人机制不够灵活，缺乏对非编制内人员的合理利用，如此也会减少机构的活力与竞争力。

3.3 主要业务岗位状况分析

2010年NSTL成员单位业务人员数量和布局的总体情况见图3。

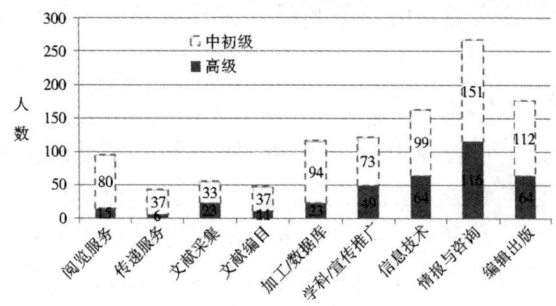

图3　2010年NSTL成员单位业务结构（岗位分布）

2010年各单位人员中，情报与咨询服务岗位总人数最多，其次是编辑出版与信息技术两大岗位，文献传递服务和文献编目、采集三种岗位人数最少。这反映出当前图书馆中，传统的文献信息加工类工作岗位萎缩、满足现代需求的信息研究与服务类岗位逐渐增多。根据各岗位中初级与高级人数所占比例可以看出，阅览服务、文献传递服务、文献编目、加工\数据库岗位中，中初级人员人数远远多于高级人员人数，反映出文献服务相关岗位专业化程度不高，岗位设置倾向于中初级。即使是对人员素质要求较高的情报与咨询、信息技术岗位，高级人员也远少于中初级人员。这种人员结构在一定程度上会制约知识服务的规模和效果。

4　人员结构现状与未来发展的差距

4.1 业务布局差距

NSTL人员队伍的业务布局差距主要体现为数字资源建设的相关岗位配置不足，数字资源加工能力稍显薄弱。从前面的分析中得知，实施知识服务的一个重要基础就是多元化的数字资源保障体系，这就要求图书馆在具体的业务开展中，要有相应的人员从事数字资源的搜集、组织、分析、保障等工作。然而目前不管是从NSTL几家成员单位还是从其他大多数专业图书馆的业务岗位情况来看，虽然不少图书馆有专门的人员进行网络资源建设、数据库建设等方面的工作，但是很少有图书馆专门将数字资源或者数字图书馆等业务设为单独部门，也很少设置数字资源长期保存等岗位，而国外大学图书馆基本都设置了专门的数字图书馆业务部门，数字资源长期保存、元数据馆员等电子资源相关岗位在国外也普遍设置，传统的编目岗位已经在国外大量缩减[9]。数字资源岗位设置的不足，将严重影响信息资源的保障能力，专业图书馆要实现转型，就必须转变当前的业务布局，加强数字资源建设与管理相关岗位的设置。

4.2 专业能力差距

专业能力差距主要表现为专业化学科服务能力不足，这主要是因为当前专业图书馆人员总体上学历层次较低、职称结构偏向低端。以 NSTL 成员单位来讲，学士以下人员占 36%，超过总人数的三分之一，中初级人员合占总数的 65%，研究人员仅占 34%，且从事情报与咨询工作的人员中大部分都只具有中级职称。这样的专业层次很难保证图书馆能够提供多种专业化的学科信息服务和知识服务。专业图书馆的服务对象很大部分都是具有较高知识水平和专业能力的科研人员，他们更多需要的是学科化、深层次的信息服务，而当前图书馆员较低的专业素质成为提供知识服务的一大障碍，必须采用各种方法提升人员的知识水平，如大力引进高学历人才、对当前人员进行有针对性的继续教育或者在职培训、鼓励馆员多参加各种学术交流等。提升图书馆员的学历水平和工作能力，一方面能够保证知识服务顺利开展；另一方面，也是改变社会对图书馆员固有形象之认识的有效措施。

4.3 信息技术水平差距

进行知识服务需要搭建起集成化的知识环境，这包括开发和集成各种统计分析工具、应用程序，尽可能将所有可利用资源、常用资源集成到网络平台上，为用户提供良好的信息获取、使用、交流、共享环境。要做到这一切，背后必须有一支技术水平高、业务能力过硬的信息技术运营团队作为支撑，以对平台进行设计、构建、维护等。而当前 NSTL 成员单位中，工程技术人员只占 13% 的比例，且信息技术岗位人员当中，高级职称人数远少于中级职称人数。这从一定程度上反映出专业图书馆人员队伍中技术型人才缺失的现状，它给知识服务的开展造成了较大的困难。图书馆应当有计划地加强技术型人才的引进和培养工作，从而将信息技术更广泛地融入到图书馆业务工作当中，为深入化、专业化、个性化、集成化地开展知识服务奠定良好基础。

4.4 组织管理体制差距

目前图书馆基本是围绕馆藏和采编、借阅、流通、咨询等业务流程来进行组织机构设计的,这种组织机构是多层级的结构化管理体系。张晓林认为,新的知识服务要求围绕用户动态需求来组织,应致力于提供动态个性化服务,更需要一个动态的、面向用户的、支持交叉团组的体系[10]。党跃武等人也提出现代图书情报机构应该以动态性知识服务团队作为主要的结构单元,使传统组织结构的权力体系呈现出"倒金字塔"型,把原有的直线等级制变成一个支持性结构,形成以目标为基础的动态多任务管理[11]。当前的管理体制如果不针对知识服务的目标进行相应调整,图书馆的结构和功能如果得不到有效重组,带来的束缚是可想而知的。应该大胆尝试、积极借鉴一些新的管理思想,打破传统。同时要着重完善馆员的绩效考核体系,增加合作团队和用户满意度考核的相关标准,并在团队建设方面注意提高馆员的沟通协调能力以及领导管理能力,塑造出一批能够融入一线,嵌入过程的新型图书馆员。

参考文献:

[1] 陈建龙,王建冬,胡磊,等.再论知识服务的概念内涵——与信息服务关系的再思考[J].图书情报知识,2010(4):14-19.

[2] 张晓林.走向知识服务:寻找新世纪图书情报工作的生长点[J].中国图书馆学报,2000,26(5):30-35.

[3] 李霞,樊治平,冯博.知识服务的概念、特征与模式[J].情报科学,2007(10):1584-1587.

[4] 刘细文,吴鸣,张冬荣,等.中国科学院研究所文献情报机构的知识服务探索与实践[J].图书情报工作,2012,56(5):5-9,31.

[5] 知识服务推动图书馆转型——"2012知识服务专家论坛"纪要[J].图书情报工作,2012,56(3):5-11.

[6] 吴新年.图书馆知识服务能力体系结构及关键影响因素分析[J].图书与情报,2009(6):41-44,77.

[7] 国家科技图书文献中心[EB/OL].[2012-05-29].http://www.nstl.gov.cn/.

[8] 张晓林,孙坦,刘细文,等.数字时代国家科技文献中心的战略选择[J].图书情报工作,2009,53(1):42-46.

[9] 叶兰,初景利.1998-2007年国内外大学图书馆岗位变迁对比分析[J].大学图书馆学报,2010(2):5-10.

[10] 张晓林.重新认识知识过程和知识服务[J].图书情报工作,2009,53(1):6-8.

[11] 党跃武,张晓林,李桂华.开发支持知识服务的现代图书情报机构组织管理机制[J].中国图书馆学报,2001,27(1):21-24.

作者简介

唐美灵,女,1987年生,硕士研究生,发表论文1篇。

靳 茜,女,1975年生,副研究馆员,发表论文8篇。

基于语义路径的个性化知识服务*

陈祖琴

（重庆科技学院图书馆　重庆 401331）

摘　要　依据用户访问行为的连续性，引入本体技术对用户访问路径进行语义描述，生成语义路径图。提出基于语义路径的用户兴趣识别方法，生成用户兴趣本体，通过层次聚类法按兴趣本体相似度划分用户模式。利用协同推荐技术，进行显性需求和隐性需求的推荐，实现个性化知识服务。对比实验显示，该方法可提高用户兴趣识别的准确度和个性化知识服务的满意度。

关键词　语义路径　用户兴趣建模　协同推荐　个性化服务

分类号　TP391

1　前　言

个性化知识服务是知识经济时代信息服务发展的必然趋势，是满足信息用户多样化、专门化知识需求的高层次服务模式。用户兴趣知识的挖掘和用户兴趣模型的建立是个性化知识服务的重要研究内容[1]，它也是个性化知识服务成功的关键。目前已有大量学者引入语义元素进行用户兴趣相似度计算[2-3]，或利用用户访问路径分析进行用户兴趣挖掘[4]，以期提高用户模式识别的准确率。然而，同一页面可能包含几个方面的内容，用户访问某个页面，很可能只是对其中的某个主题感兴趣，这就为准确识别用户兴趣带来一定的难度。为了提高用户兴趣识别的准确率，本研究拟提出一种基于语义路径进行用户兴趣识别的方法。

研究提出的语义路径，是指对用户访问路径上每个节点的信息知识，利用本体技术进行描述，从而形成的一条带有语义的访问路径。该方法同时考虑了语义的因素和访问路径的因素，首先利用本体技术对用户访问页面进行

---

* 本文系重庆市教委人文社科项目"基于语义路径分析的个性化知识服务研究"（项目编号：10SKP09）研究成果之一。

语义描述；然后利用用户访问行为的连续性，通过考察用户访问的路径，来辅助判断用户究竟对访问页面的哪个主题感兴趣；最后，通过聚类，利用协同过滤技术进行知识的个性化推荐和服务。

2 用户访问数据处理

通过 Web 日志挖掘[5]，可以得到进行用户兴趣识别和模式划分的数据，日志数据的处理主要包括如下几个方面：① 数据收集，主要是对 Web 日志的收集。利用服务器上的 Web 日志可以获得页面的点击次数、页面停留时间和页面访问顺序、页面内容等信息。② 数据预处理，包括数据净化、用户识别、会话识别、路径补充等。数据净化主要是删除无关的记录；用户识别是根据用户 IP 地址、浏览器、网站拓扑结构判断访问服务器的个体；会话识别是一个用户在一定时间内请求的所有 Web 页面；路径补充指将日志文件中遗漏的页面补充在路径中。③ 特征提取，是指为提高抽取特征项的准确性，从 WordNet 中为各类抽取特征项。网页主要以 HTML 的形式存在，在提取特征项时，首先除去停用词，如介词、副词、感叹词、冠词、限定词等，然后从 WordNet 中提取最能准确描述文本中出现的词的项目构成特征项集合。

3 语义路径图生成

首先对用户访问行为进行考查，生成用户访问路径图，再对路径图上每一个节点的语义信息进行标注，生成语义路径图。

3.1 用户访问路径图生成

用户在访问信息知识时总是依照一定的路径前进的，这些路径被很好地记录在 Web 日志中。通过 Web 日志挖掘，可以生成可视化的用户访问路径图，并能够以一定的数据格式在数据库中进行描述。

研究采用 SQL Server 2000 数据库管理软件对日志数据进行处理，首先以 DTS（数据转换服务）方式将日志文件导入数据库，统计得出实验网站的日志数据。再将数据经过过滤和筛选，按照用户识别、会话识别的规则编程得到用户在会话内的访问路径。拟将用户访问路径表示为如下数据格式：

表 1 用户访问路径数据格式

当前节点	前向节点	后向节点
节点 ID	节点 ID	节点 ID
……	……	……

表1中，当前节点表示作为考查对象的页面，前向节点表示访问当前页面之前访问的页面，后向节点表示访问了当前页面之后用户转而访问的页面。

3.2 信息知识的本体描述

本体是共享概念模型的明确的形式化规范[6]。领域本体是对特定领域内概念及概念间关系的精确描述[7]。根据抽取出来的特征项，按照本体工程开发步骤，对信息知识的相关数据进行分类、整理，构建规范化的领域本体。通过领域本体的构建，Web日志数据中大量的实体和实体的属性将以本体的形式被组织在一起，从而有利于对Web日志数据进行进一步处理。

根据实验数据的特征，基于WordNet构建基于语义的、规范化的领域本体。WordNet是一个通用本体，包含了几乎所有领域的概念及概念间关系[8]。参照文献[9-10]中领域本体的半自动构建方法，对实验数据领域本体构建的主要步骤如下：① 获取用于实验的各种数据；② 识别数据的实体和属性；③ 抽取WordNet中相应领域的概念及关系对实验数据进行规范化描述；④ 构建领域核心本体；⑤ 利用WordNet扩展领域核心本体；⑥ 向扩展后的领域本体中添加更多概念和关系。

3.3 路径图的语义标注

目前，本体主要以RDFS文件或者OWL文件的形式存储，这些文件可由相关专家根据标准的格式以XML基本语法手工编辑，也可由本体构建工具（如protégé，OntoEdit等）自动导出生成。参照文献[11]中的语义标注方法，以"重庆科技学院冶金与材料工程学院朱光俊教授简介页面"为例，对该页面节点进行语义标注的文档片段如下：

```
< owl：Class rdf：ID = "pagefact" >
    < rdfs：subClassOf rdf：resource = "Academic Dept" / >
</owl：Class >
< owl：Class rdf：ID = "nationality" >
    < rdfs：subClassOf rdf：resource = "pagefacet" / >
</owl：Class >
< owl：Class rdf：ID = "China" >
    < rdfs：subClassOf rdf：resource = "nationality" / >
</owl：Class >
…
< owl：Class rdf：ID = "Guangjun Zhu" >
    < owl：intersectionOf rdf：parseType = "School of Metallurgy and Materials
```

Engineering">
        <owl：Class rdf：about = "Chongqing University of Science and Technology"/>
        <owl：Class rdf：about =" China"/>
      </owl：intersectionOf >
    </owl：Class >

拟生成的语义路径图形如图 1 所示：

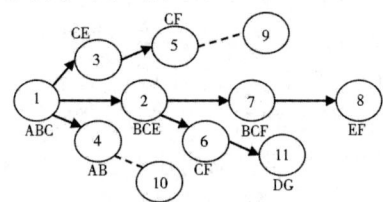

图 1　语义路径图示例

图中节点 1 – 11 表示用户访问的页面，A – G 分别表示节点包含的领域知识。转换后图 1 的数据格式如表 2 所示：

表 2　语义路径图格式

当前节点	前向节点	后向节点
ABC	Φ	CE、BCE、AB
BCE	ABC	BCF、CF
……	……	……

注：Φ 表示节点不存在

4　用户兴趣建模

用户兴趣建模主要是将用户兴趣以本体的形式进行描述，进而通过用户兴趣本体相似度进行聚类，划分用户模式。

4.1　用户兴趣本体生成

用户兴趣是通过其访问的节点页面包含的信息知识来识别的。每个节点页面可能包含不只一个领域的知识，但是用户有可能并不是对其中的所有信息知识都感兴趣，而只是对其中的部分感兴趣。考虑到用户访问行为的连续性，利用语义路径图进行用户兴趣识别时，通过扫描每个节点的前向节点和后向节点，对于前向节点或后向节点包含的领域知识，可认为是具有一定稳定性的访问兴趣，计为用户感兴趣的领域知识。而对于前向节点和后向节点都不包含的那部分知识，可以认为是干扰信息或者是用户的临时兴趣，不计入用户的主要兴趣。

通过对每个节点上的领域知识进行分析，可将图1中用户对每个节点的兴趣信息表示如表3所示：

表3 节点兴趣信息

当前节点	前向节点	后向节点	兴趣信息
ABC	Φ	CE、BCE、AB	ABC
BCE	ABC	BCF、CF	BC
……	……	……	

遍历语义路径图，对用户访问过的每个节点上的兴趣信息求并集，可以得到用户的兴趣信息集合。这些兴趣信息都是用本体进行描述，从而构成了用户兴趣本体。

4.2 用户兴趣模式划分

用户之间的相似度可以通过计算用户兴趣本体相似度获取，通过对用户按相似度进行聚类，可以进行用户模式划分。

4.2.1 用户兴趣本体相似度

用户兴趣本体相似度，可通过计算用户兴趣本体中包含的概念之间的相似度得出[12]。

• 计算用户兴趣本体中概念之间的相似度。利用 Wu – Palmer similarity[13] 相似度计算方法，基于 WordNet 进行本体中概念间相似度的计算：

$$\sigma(c,c') = \frac{2 \times \delta(c \wedge c',\rho)}{\delta(c,c \wedge c') + \delta(c',c \wedge c') + 2 \times \delta(c \wedge c',\rho)} \quad 公式(1)$$

$\sigma: o \times o \rightarrow R$ 是本体概念在本体层次树 H 中的相似度，$H = <o, \leq>$，ρ 是本体层次树的根结点，$\delta(c,c')$ 是本体层次树中概念 c 和 c' 之间边的条数，并且 $c \wedge c' = \{c'' \in o; c \leq c'' \leq c''\}$。

例如，对于用户兴趣本体 A 和 B，如果要计算 A 中的概念 A1 与 B 中的概念 B1 的相似度，只需要查找 WordNet，确定它们分别所处的节点位置，再利用公式（1）即可算出。

- 计算用户兴趣本体的相似度。对于用户兴趣本体 A 与 B，计算出 B 中 m 个概念分别与 A 中 n 个概念的相似度值后，求其均值，即是用户兴趣本体 B 与 A 的相似度。如公式（2）所示：

$$Sim(B,A) = \frac{\sum_{i=1}^{m}\sum_{j=1}^{n}\sigma(B_i,A_j)}{m \times n}$$ 公式（2）

4.2.2 用户聚类

以 u_1，u_2，u_3，u_4，u_5，u_6 6 个用户为例，经过上述相似性计算处理可得到用户相似度矩阵，其结构如表 4 所示：

表 4 用户相似度矩阵

用户	U_1	U_2	U_3	U_4	U_5	U_6
U_1	1					
U_2	Sim（u_1，u_2）	1				
U_3	Sim（u_1，u_3）	Sim（u_2，u_3）	1			
U_4	Sim（u_1，u_4）	Sim（u_2，u_4）	Sim（u_3，u_4）	1		
U_5	Sim（u_1，u_5）	Sim（u_2，u_5）	Sim（u_3，u_5）	Sim（u_4，u_5）	1	
U_6	Sim（u_1，u_6）	Sim（u_2，u_6）	Sim（u_3，u_6）	Sim（u_4，u_6）	Sim（u_5，u_6）	1

根据层次聚类的思想[14]，记 K – Level 为用户希望得到的聚类层次，可以将用户进行聚类，每个类构成相应的用户模式。

5 个性化推荐

进行个性化推荐时，对候选推荐信息集进行挖掘，采用笔者在文献[12]中提出的用于进行协同推荐的混合加权关联规则挖掘算法 MWARCR（mining weighted association rules for cooperative recommendation）进行具体实现。

5.1 显性需求推荐

用户兴趣确定以后，针对用户正在访问的页面，调用语义路径图，判断用户感兴趣的信息属于哪个领域知识，根据用户所属模式，可以得到同一兴趣模式下的全体用户访问过的包含该领域知识的页面，这些页面组成了候选集 DR_1；把候选集中用户 u 已经访问过的资源剔掉，得到推荐候选集 DR_2。根据会话记录，再利用 MWARCR 算法进行挖掘，从而得到推荐信息集 DR。

5.2 隐性需求推荐

隐性需求信息，是指与用户正在访问页面感兴趣的信息不属于同一个领域，但是是该用户所属模式的其他用户感兴趣的那部分知识。由于临近用户之间具有相似性，用户目前虽然并没有明确表示对这部分信息感兴趣，但是很可能是需求还没有表达出来，因此也应进行推荐。通过遍历用户所属兴趣模式，得到该模式下所有用户感兴趣的领域知识，构成候选集 DR'_1，把候选集中用户 u 已经访问过的资源剔除掉，得到推荐候选集 DR'_2。根据会话记录，再利用 MWARCR 算法进行挖掘，从而得到推荐信息集 DR'。

6 实验分析

为检验本文提出的用户兴趣识别方法，进行如下实验：以重庆科技学院网站为例，人工分析了网站中页面包含的语义信息，并以本体的形式进行描述，选取两组实验对象带着不同的需求进行访问，检验本文提出的方法能否将用户进行正确分组，从而验证其用于用户模式划分的有效性。每组实验对象 30 人，实验一组的主要任务是搜索学校网站关于招生的信息，实验二组的主要任务是搜索学校网站关于就业的信息。

对收集到的实验数据采用了三种方法进行分析，比较其进行用户模式划分的准确率。语义法直接根据用户访问过的页面包含的语义信息进行用户兴趣识别，再通过用户兴趣相似度计算，划分用户模式；路径法直接根据用户访问路径图，通过扫描每个节点的前向节点和后向节点，挖掘用户感兴趣的节点页面，从而根据兴趣节点相似度划分用户模式；语义路径法即本文提出的方法，则同时考虑语义和路径的因素进行用户聚类。实验结果如表 5 所示：

表 5 实验结果

方法	准确率
语义法	48%
路径法	39%
本文的方法	72%

由于招生和就业信息在很多页面有交叉，单纯从语义角度或者单纯从用户访问路径角度进行用户兴趣模式划分，其准确率都较低，但用本文提出的基于语义路径的用户兴趣识别方法，准确度可以达到 72%。

由于实验只分析了少量的实验数据，有些地方还采用了人工分析方式，因此对该方法的具体推广,还需要在大数据集上做进一步的验证。

7 结　语

本文提出的基于语义路径分析的用户兴趣识别方法,充分利用了用户访问行为的连续性,引入本体技术对用户访问路径进行语义描述,能更准确地识别用户兴趣,从而提高个性化知识服务的质量,尤其在一个页面具有多个主题时,其效果更加明显。通过实验,验证了本研究所提方法的有效性,但还需要在大数据量支持下做进一步的检验和完善,这是我们下一步工作的重点。

参考文献:

[1] 左晖,张玉峰,艾丹祥.个性化知识服务中基于ontology的用户兴趣挖掘研究.情报学报,2008,27(1):18-23.

[2] 杨学明.基于本体学习的个性化网页推荐.情报杂志,2009,28(3):171-174.

[3] 杨学明,蒋云良.基于语义的自适应个性化网页推荐.情报理论与实践,2009,32(3):93-96.

[4] 褚红丹,焦素云,马威.用户访问兴趣路径挖掘方法.计算机工程与应用,2008,44(35):135-137.

[5] 邢东山,沈钧毅,宋擒豹.从Web日志中挖掘用户浏览偏爱路径.计算机学报,2003,26(11):1518-1523.

[6] Studer R, Benjamins V R, Fensel D. Knowledge engineering, principles and methods. Data and Knowledge Engineering, 1998,25(1/2):161-197.

[7] 李曼,王大治,杜小勇,等.基于领域本体的Web服务动态组合.计算机学报,2005,28(4):644-650.

[8] 周子力.基于WordNet的本体构建及其在安全领域应用关键技术研究[学位论文].上海:华东师范大学,2009.

[9] 费静婷,顾君忠,杨静,等.基于WordNet和聚焦爬虫的半自动领域本体构建.计算机应用,2008,28(12):67-70.

[10] 徐力斌,刘宗田,周文,等.基于WordNet和自然语言处理技术的半自动领域本体构建.计算机科学,2007,34(6):219-222.

[11] 史婷婷,闫大顺,沈玉利.基于个性化本体的图像语义标注和检索.计算机应用,2010,30(1):90-93.

[12] 陈祖琴,葛继科,郑宏.基于本体构建的协同推荐研究.现代图书情报技术,2008(9):53-57.

[13] Euzenat J, Shvaiko P. Ontology matching. Berlin:Springer, 2007:101-102.

[14] Han J W, Kamber M.数据挖掘概念与技术.范明,孟小锋,译.北京:机械工业出版社,

2001:236.

作者简介
陈祖琴,女,1981年生,馆员,硕士,发表论文10余篇。

基于相关反馈的个性化知识服务模型研究[*]

廖开际 叶东海 席运江

(华南理工大学工商管理学院 广州 510640)

摘 要 针对个性化知识服务不够准确和完整的问题，通过引入相关反馈技术构建个性化知识服务模型，并进一步改进 Rocchio 反馈算法，提出一种根据用户显性和隐性综合反馈度来动态更新用户模型库的相关反馈机制，以向用户提供更加准确、完整的个性化知识服务。实验证明引入这种反馈机制能够提高个性化知识服务系统的准确性和完整性，是可行和有效的。

关键词 相关反馈 个性化 知识服务 用户模型

分类号 TP311

1 引 言

Internet 上信息资源分布的广泛性给客户寻找感兴趣的信息增加了困难，客户不知道如何更有效地发现自己所需的信息资源。为了适应客户不断增长的信息需求，个性化服务作为一种崭新的智能信息服务方式，应用前景广泛，十分引人注目[1]。推荐系统可以根据用户的喜好获得自己所需要的信息。个性化服务系统根据其所采用的推荐技术可以分为两种：基于规则的系统和信息过滤系统，其中信息过滤系统又可分为基于内容过滤系统和协作过滤系统。

基于内容过滤和协作过滤的推荐系统在实际应用中比较受欢迎，但它们都具有局限性。基于内容过滤的推荐系统可以按照其性质提供分类服务，但往往很难区分同一用户的相关兴趣。协同过滤可以找到不同用户之间的相似性，但无法处理没有使用信息的情况。在研究和实践中，大家共同关心的一个重要问题是个性化知识服务的准确性和完整性。

---

[*] 本文系国家自然科学基金面上项目"基于服务管理的移动知识管理模型研究"（项目编号：70871043）研究成果之一。

相关反馈技术已经在智能系统[2]中用于提高结果的准确性。反馈的两项基本技术是：查询词扩展和查询词重要性更新。现在反馈技术大多用在信息检索中，对于那些搜索技能比较差或者对某领域不太熟悉的用户而言，反馈技术可以帮助他们找到自己难以描绘的需求。

针对以上问题，本文通过将相关反馈技术和相关个性化技术引入到知识服务中，构建了一个基于相关反馈的个性化知识服务模型，并进一步改进了Rocchio反馈算法，提出一种根据用户显性和隐性综合反馈度来动态更新知识库的相关反馈机制，以向用户提供准确、完整的个性化知识服务。最后将此模型应用到以华南理工大学企业信息化与知识管理实验室为应用背景的大学研究型实验室知识服务系统中进行了检验。

2 个性化知识服务模型逻辑结构

基于相关反馈的个性化知识服务模型能为用户提供主动请求和被动推荐两种个性化知识服务，考虑到用户个性化知识需求的多样性和随机性，从对需求的动态追踪能力出发，模型主要包括个性化数据收集、用户模型表示、知识匹配与过滤、用户模型库更新四个部分，其逻辑结构如图1所示：

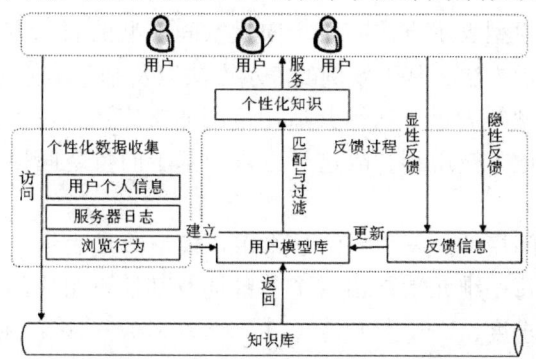

图1 基于相关反馈的个性化知识服务模型逻辑结构

模型逻辑描述如下：① 用户访问知识库，根据用户个人信息、服务器日志和浏览行为等个性化信息生成用户初始知识需求模型，初始用户知识需求模型的集合构成用户模型库；② 知识库根据用户知识请求返回知识，并与用户模型进行匹配过滤形成个性化知识，返回给用户；③ 用户对结果集进行反馈，根据显性和隐性反馈信息更新用户模型。

目前，个性化数据收集的方式[3]主要有显式数据收集和隐式数据收集。这里采用两种方式相结合的混合数据收集方式，用显性方式收集静态数据，用隐性方式收集动态数据，以实现优势互补。显式数据主要通过用户的手工输入信息，即将用户输入的主题词等信息加入到用户模型库中，对其用户模型库进行初始化，让用户首次使用系统就可获得个性化的知识服务。考虑到隐式数据来源的多样性以及处理难度，这里只对用户浏览过的知识文档和用户在知识文档上的浏览行为，即浏览时间和拉动滚动条次数的数据进行了研究，建立了基于向量空间模型的用户模型。

知识匹配与过滤的技术主要有基于知识内容的过滤、协同过滤和基于关联规则的过滤，这些方法都从某个方面对知识过滤进行了研究。为了提供更好的用户体验和更准确满足用户的个性化知识需求，这里将这几种知识过滤的方式相结合，进行综合过滤以提供更好的知识服务。

用户模型常被理解为对用户在某个时间内相对稳定的知识需求的描述，它在个性化知识服务中发挥着基础和核心作用[4]。本文主要关注用户模型表达用户知识需求的准确性和完整性，对用户模型的表示和更新进行了深入研究。

3 用户模型表示

常见的用户模型表示方法有基于向量空间模型的表示方法、基于用户文档评价矩阵的表示方法、基于案例的表示方法以及基于本体论的表示方法[5]。基于向量空间模型的表示方法因其适用范围非常广泛，灵活性高，且简单易懂，从而在很多地方被用到，故这里也采用基于向量空间模型来表示用户的个性化知识需求。

基于向量空间模型的表示方法是将用户模型向量表示成 n 维空间中的一个向量，向量的每一维元素是由一个关键词及其权重组成的二元组，权重表示对关键词的需求度，$U = \{(t_1: w_1), (t_2: w_2) \cdots\cdots, (t_n: w_n)\}$，其中，$t_1$、$t_2$……$t_n$ 表示个性化知识需求向量中关键词，w_1、w_2……w_n 表示关键词 t 对应的权重。该向量通过用户浏览过的知识文档集得到，具体的做法是对用户浏览过某个类别的知识文档 d_i 表示成文档特征向量 $d_i = \{(t_{i1}, w_{i1}), (t_{i2}, w_{i2}) \cdots\cdots, (t_{in}, w_{in})\}$，$t_{in}$ 表示知识文档的第 n 个关键词，w_{in} 为关键词 t_{in} 所对应权重。由于用户在每篇知识文档中的行为不一样，表达出对每一篇知识文档的行为需求度也不一样。将上面分析得到行为需求度与文档的特征向量相结合，然后利用如下的算法得到用户模型向量。

设 U_{ij} 表示用户 i 对知识类别 j 的用户模型向量，D_{ij} 表示类别 j 下对应的用户 i 浏览过的知识文档集，对用户模型向量 U_{ij} 执行以下计算：

- 建立 D_{ij} 中的文档 d_m 的文档特征向量 $d_m = \{(t_{m1}, w_{m1}), (t_{m2}, w_{m2}), \cdots, (t_{mn}, w_{mn})\}$，$w_{m1} + w_{m2} + \cdots + w_{mn} = 1$，将行为需求度 $AI(d_m)$ 加入文档特征向量，得到文档行为特征向量 $d_m = d_m \times AI(d_m)$；
- 初始化赋值 $U_{ij} = \varphi$；
- 循环取文档集中每一篇文档的文档行为特征向量中的关键词 t_{mn}，计算该特征项与 U_{ij} 中已有每一个关键词的相似度，当相似度大于阈值，则两个关键词进行合并，并根据公式计算合并后的权值为 $w_{ij} = (w_{ij} + w_{mn}) \cdot (1 + \alpha)/2$，$\alpha$ 为一个值很小的调节系数；否则的话将关键词加入到 U_{ij} 中，其权重就为在文档行为特征向量中的权重；
- 输出 U_{ij}；
- 结束。

4 基于相关反馈的用户模型库更新

传统的反馈算法有很多[6]，向量空间模型中的相关反馈算法都是基于 Rocchio 方法的。Rocchio 反馈算法[7]理论是对传统的向量空间模型理论和概率模型理论的发展，是一种反馈算法。其基本思想是对于任意一个模式 Q，可以通过反馈信息不断调整它，使得它趋于 Qo，Qo 表示一个正确模式。Rocchio 反馈算法计算公式为：

$$Q_{new} = \alpha \times Q_{old} + \beta \left(\frac{1}{N_R} \sum_{d_i \in D_R} d_i \right) - \gamma \left(\frac{1}{N_N} \sum_{d_i \in D_N} d_i \right) \tag{1}$$

其中，Q_{old} 表示调整前向量，Q_{new} 表示调整后的向量，α、β、γ 是调整系数，分别表示调整前向量，正反馈文档和负反馈文档的重要性，D_R 和 D_N 分别表示正反馈文档集和负反馈文档集，N_R 和 N_N 是 D_R 和 D_N 中文档的数目。从公式中可以看出，Rocchio 反馈算法的调整原则是使调整向量趋近于正反馈文档，趋远于负反馈文档。

在基于相关反馈的个性化知识服务模型中，根据显式数据收集进行初始化，然后要求用户给予显式的评分，同时获取用户的浏览行为数据。在公式 1 的基础上进一步根据用户的显性和隐性的综合反馈度确定 d_i 的反馈重要性，从而提高对特定用户知识服务的准确性和完整性。

4.1 显性反馈度计算

用户对结果的显示反馈有很多形式，这里采用用户对结果集进行评分的方式，给出 5 种评估值（很好（+2）、较好（+1）、一般（0）、较差（-1）、很差（-2））让用户进行选择。让用户选择一部分进行打分，根据打分修改相应的文档权重,替换文档库中权重比较低的,然后根据需要进行自学习。

设知识文档集 $d_i = \{d_1, d_2, \cdots, d_i\}$ 中各个特征对应的权值为 $w_i = \{w_1, w_2, \cdots, w_i\}$,其中 $\sum_{i=1}^{i} w_i = 1$,d_i^{doc} 表示用户对 di 的显性反馈度,那么加权后的显性反馈度为:

$$d_i^{doc} = \sum_{i=1}^{i} w_i d_i \tag{2}$$

公式 2 表示用户期待的文档应该最大限度地接近它反馈好的文档。

4.2 隐性反馈度计算

用户的隐性反馈来源于用户的浏览行为数据,而用户行为中最具代表性的是用户的浏览时间和拉动滚动条次数,本文正是综合考虑了这两方面因素,以求更加客观全面地反映用户需求随其行为的变化规律。

根据收集到的数据得到 Logistic 和双曲线模型的参数值,然后通过非线性最小二乘法进行非线性回归分析,得到回归系数的估计值,由于回归分析所得到的回归方程未必能够正确反映行为需求度和行为之间的关系,因此系统中必须对回归方程和回归系数进行显著性检验,之后就可以将其作为行为需求度估算的工具。

首先定义时间需求度 AIt 来表示用户浏览时间所体现出来的需求度,同时将用户浏览时间记作 t。通过研究,具有"S"型的 Logistic 曲线能够符合用户的时间需求度曲线的特征。

逻辑斯蒂模型(Logistic Model)最早是由伯恩鲍姆于 1957 年提出的,后来由比利时数学家 Verhulst 将其归纳提炼成数学模型,它的函数曲线表明研究变量 y 在开始阶段增长速度随自变量 t 的增加而增加,经过发展的生长期后,y 值增长速度逐渐减慢,并且逐渐逼近一个极限值 L。经分析,逻辑斯蒂模型可以描述用户的浏览时间和所表现的出对知识文档需求度之间的关系。AIt 与 t 之间存在某种函数关系,并且这个函数关系 f(t) 至少满足以下几点特征:

● f(t) 的定义域为 (0, +∞),值域为 (0, 1)。当 t = 0 时,表明用户没有进行浏览。

● 时间需求度的增长速度会随着浏览时间 t 趋于无穷大时而减小,而非始终不变。考虑这样的情况,浏览时间为 2 分钟和 20 分钟时,这两种浏览时间均属于中等时长,但它们所表现出的时间需求度会有较大差距(只浏览 2 分钟通常可以认为"不太需要",没有详细浏览;而浏览 20 分钟则可认为是"较需要",有详细浏览);但浏览时间 100 002 分钟和 100 020 分钟所表现出来的时间需求度差距就应该很小（因为浏览如此长的时间均可认为是"非常需要"的，时间需求度值应该都趋近极限值1）。这说明用户中等时长浏览行为的时间需求度差别要远大于长时间浏览行为的时间需求度差别，同理也远大于用户短时浏览行为的时间需求度差别。时间需求度值 AIt 随着 t 的增加无限趋近于1，即时间需求度曲线以 AIt = 1 为水平渐近线，在曲线的中间段相对于曲线两端较陡。基于以上分析，论文采用非线性的逻辑斯蒂模型来描述 AIt 与 t 之间的函数关系。

- 通过对第二点特征的分析研究，我们可以看出用户的时间需求度曲线应该在两端较平缓，并且是一条连续曲线。那么这样的一条曲线是否应该存在拐点呢？用户浏览的习惯一般都是先看标题，然后决定是否看摘要，最后决定是否看全文。文档中的标题和摘要是两个重要特征。由于标题和摘要概括了文档的主题内容，我们认为用户在浏览标题和摘要阶段时的需求增长是最为剧烈的。

因此采用非线性的逻辑斯蒂模型来描述时间需求度 AIt 与浏览时间 t 之间的函数关系，建立如公式3所示的逻辑斯蒂模型：

$$AIt = \frac{1}{1 + a \times e^{-bt}} + c \tag{3}$$

其中 $t \in (0, +\infty)$，当 $t \to 0$ 时，$AIt \to 0$，当 $t \to +\infty$ 时，$AIt \to 1$，a、b 是未知参数，是随机误差变量。由于用户的浏览速度、浏览喜好、知识背景、能力水平等不尽相同，因此参数 a、b 会有所区别。

接着定义滚动需求度 AIs 来表示用户拉动滚动条次数所体现出来的需求度，同时将用户拉动滚动条次数记作 s。通过研究，选取双曲线模型作为反映用户滚动需求度 AIs 与用户拉动滚动条次数 s 之间的定量关系的非线性回归分析工具。双曲线模型不仅拥有简洁清晰的数学解析式，且其卓越的几何性质也有可能帮助我们进一步发现隐藏在用户行为下的其他信息。用户的滚动需求度 AIs 和拉动滚动条次数 s 之间的定量关系采用公式4的双曲线模型来进行描述：

$$AIs = d\left(\frac{1}{s}\right) + k \tag{4}$$

其中 d 为双曲线的参数，k 为随机误差，不同用户之间 d 和 k 会有所差异。

考虑到影响用户浏览时间和拉动滚动条次数的因素除了用户本身外，知识文档的长度也有重要影响，因此论文中用户浏览的时间和拉动滚动条次数都采用标准时间 t_s 和标准次数 s_s，即用户浏览单位字节知识所花费的时间和拉动次数，从而最大程度消除因知识文档长度对浏览行为数据的影响。

最后，我们再定义一个概念，行为需求度 AI（d）用于描述通过用户浏览行为表现出的对知识文档 d 的需求程度。经过大量的实验分析，采用多元线性模型可以用来估算用户行为对知识文档的行为需求度。AI（d）与时间需求度 AIt（d）和滚动需求度 AIs（d）之间的关系，如公式 5 所示：

$$AI(d) = \partial \times AIt(d) + \beta AIs(d) + c + \varepsilon \qquad (5)$$

其中：α、β、σ^2 都是与 AIt（d）和 AIs（d）无关的未知参数，ε 是随机误差，ε 服从正态分布 N（0，σ^2）。

将公式 3 和公式 4 代入公式 5，得到如下公式：

$$AI(d) = \partial \times \frac{1}{1 + a \times e^{-bt}} + \beta d\left(\frac{1}{s}\right) + c \qquad (6)$$

其中，α 和 β 称为回归系数，a，b 为 Logistic 模型参数，d 为双曲线模型参数，c 为影响因子。

4.3 Rocchio 反馈算法的改进

定义用户综合反馈度 d_i^{syn} 来表示通过用户显示反馈和隐性反馈对知识文档 di 的重要性，那么通过以上分析有如下公式：

$$d_i^{syn} = d_i^{doc} \times AI(di) \qquad (7)$$

根据 Rocchio 反馈算法这一经典理论，利用用户的综合反馈度反馈，调整向量的各维特征项权重，使得个性化知识需求向量更贴近用户的需求。得到如下个性化知识需求向量更新公式：

$$Q_{new} = \alpha \times Q_{old} + \beta \left(\frac{1}{N_R}\sum_{d_i \in D_R}(d_i \times d_i^{syn})\right) - \gamma$$

$$\left(\frac{1}{N_N}\sum_{d_i \in D_N}(d_i \times d_i^{syn})\right) \qquad (8)$$

其中，Q_{new} 表示调整后个性化知识需求向量，Q_{old} 表示调整前个性化知识需求向量，α 是调整系数，表示调整前个性化知识需求向量的重要性，D_R 和 D_N 分别表示正反馈文档集（用户需求相关文档集）和负反馈文档集（用户需求不相关文档集），N_R 和 N_N 是 D_R 和 D_N 中文档的数目，d_i^{syn} 表示用户对文档 d_i 的综合反馈度，d_i 为经知网确定的关键词在知识文档中语义的语义序列向量。

4.4 用户模型库更新

用户模型库的更新是一个周期性的更新过程。一般可根据用户的浏览行为设定更新周期，统计分析一周期内的反馈信息更新用户模型库，这样可以避免因为用户某次随机偶然的浏览行为而使更新出现偏差。为实现对用户需求的动态追踪和避免用户某次随机偶然的浏览行为对更新可能产生的负面影响，模型采用基于 Rocchio 算法的周期性自适应学习机制来更新知识需求向量，基本步骤如下：① 设定更新周期为 n 天，进入更新周期；② 每天根据当前用户模型向量过滤文档，将过滤结果加入自适应学习文档集 S；③ 根据用户反馈信息将 S 中的相关文档加入 D_R，不相关文档加入 D_N；如果满足终止条件则执行步骤（④），否则返回步骤（②）；④ 计算 D_R 中每篇文档与其余各文档的相似度，然后相加得到每篇文档的总相似度，将总相似度低于阈值 threshold 的文档转移到 D_N；⑤ 应用公式 8 调整当前个性化知识需求向量；⑥ 清空 S、D_R、D_N；⑦ 进入下一更新周期。

步骤（③）中终止条件指定以下两条件之一：①更新天数达到 n 天，即本周期结束；②D_R 中的文档数超过 m 篇。

根据一周期内的最新反馈信息而不是根据用户每次的浏览行为来调整个性化知识需求向量，不仅可以避免偶然性调整偏差，而且可以减少运算量，减轻系统压力。经过步骤（④）的筛选，保证 D_R 在引入相关文档的前提下，尽可能少地引入不相关文档。步骤（⑥）清空 S、D_R、D_N，目的是及时更新 S、D_R、D_N，使 D_R 引入与当前个性化知识需求向量相关的文档，实现对用户个性化知识需求的动态追踪。

5　实验及结论

反馈是为了提高过滤系统的性能，过滤性能的好坏建立在分类的评价基础之上。由于过滤可看作是分类的过程，故可借鉴分类系统的两个评价指标：准确率和查全率[8]。准确率是所有被判断的文本中与人工分类结果相吻合的文本所占的比率，准确率 = 分类正确的文档数 / 实际分类的文档数。

查全率是人工分类结果应有的文本中，分类系统与人工分类结果相吻合的文本所占的比率，查全率 = 分类正确的文本数 / 应用的文本数。

本文以华南理工大学企业信息化与知识管理实验室为应用背景的大学研究型实验室知识服务原型系统为研究对象，系统从分析实验室成员的个性化知识需求出发，应用了相关反馈、用户模型表示、知识过滤等方面的研究成果。整个原型系统的功能体系分为个人知识管理子系统、知识库服务子系统、知识共享与交流子系统和权限管理子系统等四个部分，如表 1 所示：

表 1　原型系统功能列表

功能名称	功能说明
个人知识管理子系统	为实验室成员在服务器上开辟一定的空间，帮助用户构建自己个性化的知识管理，在该系统中用户可以管理自己的知识资源，享受知识服务。
知识库服务子系统	主要功能包括：为实验室成员提供知识库检索、知识地图、知识定制和知识推送服务。
知识共享与交流子系统	为了适应知识推送和评价创新的要求，增强实验室成员之间的协作、交流而开发的一个协同工作平台。
权限管理子系统	对系统的使用权进行范围和权利的设定。包括：用户权限、用户角色、账号设定和权限分配等。

在系统投入试运行之后，我们采用某软件公司的 46 篇标准文档作为测试文档并根据相关反馈进行了查找知识性能测试，结果如表 2 所示：

表 2　根据相关反馈查找知识性能测试

文档名称	查全率	查准率
详细设计说明书	91.2%	78.4%
概要设计说明书	93.4%	82.3%
需求规格说明书	94.3%	79.6%
软件测试过程	89.2%	81.3%
实施及验收过程	93.5%	83.2%

总体来看，根据相关反馈查找知识的查全率大多超过 90%，查准率接近 80%，可见对于用户个性化知识服务，该系统有较优异的表现。

6　结　论

用户模型库是个性化知识服务模型的核心部分，用户模型库的准确性和完整性直接决定了个性化知识服务模型的成功与否[9-10]。本文将相关反馈技术引入到知识服务中，并进一步改进了 Rocchio 反馈算法，提出一种根据用户显性和隐性的综合反馈度来动态更新用户模型库的相关反馈机制。从上述实验结果和分析来看，引入这种动态更新用户模型库的相关反馈机制提高了个性化知识服务系统的准确性和完整性，是可行和有效的。随着用户的增长，用户模型库中的用户模型会不断增加，这势必会加重系统负担从而影响服务效率，下一步还需要对用户模型库中模型的保存和优化等问题进行进一步的研究。

参考文献：

[1] 陈媛,苟光磊. 个性化服务用户模型研究. 计算机工程与设计,2008,29(9):2413-2415.

[2] Zhu Shanfeng, Chen Kang. Using online relevance feedback to build effective personalized metasearch engine. IEEE Computer Society,2002(3):262-266.

[3] Lieberman H. Letizia: An agent that assists web browsing//Burke, Red. Proceeding of the International Joint Conference on Artificial Intelligence. Menlo Park:AAAI Press,1995:924-929.

[4] 徐险峰. 2001-2008年我国个性化信息检索研究综述. 新世纪图书馆,2009(3):70-71.

[5] 吴丽花,刘鲁. 个性化推荐系统用户建模技术综述. 情报学报,2006,25(1):55-62.

[6] ALLAN J. Incremental relevance feedback for information filtering//Proceedings often SIGIR'96. Copenhagen:ACM Press,1996:270-278.

[7] ROCCHIO J. Relevance feedback in information retrieval//The Smart Retrieval System. New York:Prentice-Hall,1971:313-323.

[8] 张立伟,刘培玉,朱振方. 一种基于改进Rocchio的网络信息过滤反馈算法研究. 山东科学,2009,22(1):33-34.

[9] 左晖,张玉峰,艾丹祥. 个性化知识服务中基于Ontology的用户兴趣挖掘研究. 情报学报,2008,27(1):18-23.

[10] 周晓英. 信息构建的内容框架和发展现状研究. 图书情报工作,2009,53(10):1-4.

作者简介

廖开际，男，1964年生，副教授，博士，发表论文45篇。

叶东海，男，1986年生，硕士研究生，发表论文数篇。

席运江，男，1973年生，副教授，博士，发表论文20余篇。

基于产业吸引力评估的上海知识服务外包产业发展对策研究

丁波涛　李昶

(上海社会科学院信息研究所　上海 200235)

摘　要　从知识密集型服务业和服务外包两个角度分析知识服务外包产业发展的影响要素，建立由基础设施、社会人才、行业成本、商务环境、社会法律环境等要素构成的 KPO 产业吸引力指标体系，并收集数据对我国 12 个主要城市进行评估。在此基础上，对上海发展 KPO 产业提出建议，包括：形成"KPO+二次外包"的服务外包产业发展战略，进一步优化知识产权环境，降低运营成本和工资成本，与北京形成差异化发展模式等。

关键词　知识服务外包　吸引力指数　服务产业发展对策

分类号 F209

国际服务外包产业的发展已历经了三代：以信息服务为主体的 IT 外包（ITO）、以劳动密集型业务为主体的商务流程外包（BPO）和以知识密集型业务为主体的知识服务外包（KPO）。虽然目前 KPO 在整个服务外包市场中所占的份额还比较小，但发展潜力巨大，被称为服务外包产业的"明日之星"。

目前上海商务成本不断攀升，成本套利型的 ITO 和 BPO 产业难以为继。KPO 的兴起，为上海提供了一个在服务外包产业发展领域赶上国内外先进水平的绝好机会。然而，当前我国许多城市都瞄准 KPO 提出了服务外包产业升级战略，上海要发展 KPO，也面临着巨大的地区竞争。为了解上海在 KPO 产业发展方面的优势与劣势，本文将建立知识服务外包吸引力指数（KPO Attractiveness Index，以下简称 KAI），对我国主要城市进行定量评估，并通过对比分析来研究上海发展知识服务外包产业的对策。

1　知识服务外包产业发展要素分析

KPO 是业务流程外包的高智能延续，是服务外包产业的高端。它也是将公司内部具体的业务承包给外部专门的服务提供商，但与一般的低端服务外包业务不同，KPO 更多地集中在高度复杂的流程，这些流程需要有广泛教育背景和丰富工作经验的专家们来完成。由此可见，知识服务外包产业本身具有双重属性，首先它属于一种知识密集型产业（Knowledge Intensive Business Service，以下简称 KIBS），同时它也是一种服务外包产业。因此，我们可以认为 KPO 的成功发展应该是：

成功的 KIBS ＋ 成功的外包

为此本文将从两个角度，分别归纳 KIBS 发展和服务外包发展的关键要素，然后从中分析 KPO 产业发展对环境的要求。

1.1 发展 KIBS 的关键要素

KIBS 的核心是知识创新，因此 KIBS 发展的关键在于一个良好的产业创新环境。Howells[1]认为，服务业创新主要受知识产权保护、知识资产评估以及全球自由贸易程度的影响；Preissl[2]则认为，政府政策、企业资金以及企业内部管理将会影响 KIBS 的创新；国内学者王旭指出[3]，创业教育质量及普及程度、孵化器发展水平、相关法规完善程度、科技成果产出状况、融资渠道多元化、创新社会氛围是决定知识密集型服务业发展的主要因素；魏江[4]认为，知识产权保护和人才资源是影响 KIBS 发展的关键因素；俞义樵[5]等认为，促进知识密集型服务业发展的关键在于提升企业内部物化知识和人员素质、提高组织创新活动与信息技术的关联度并密切注意市场环境、改进服务体制。

综合以上观点，本文这些因素分为三个方面：自身素质、市场环境、社会环境。具体如表 1 所示：

表 1 发展 KIBS 的关键因素

编号	一级因素	二级因素	因素描述
1	自身素质	人才资源	高素质员工的数量和质量
2		资金投入	风险资金可获得性
3		组织结构	组织结构的灵活性
4		技术支撑	分析数据和远程控制技术状况
5		研发实力	企业对新技术、新理论方法的重视与投入
6		公司能力	公司内部的管理水平
7	市场环境	群集效应	区域内 KIBS 企业数量
9		客户能力	企业与客户交互的能力
9		潜在需求	市场是否需要 KIBS 的潜在服务

续表

编号	一级因素	二级因素	因素描述
10	社会环境	知识产权	知识产权保护
11		法律管制	当地法律制度对 KIBS 的限制
12		高端人才	社会上可配置的专业领域科学家工程师数量

1.2 发展外包的关键要素

目前国内外对外包的研究比较多，许多学者已经归纳出一些影响条件和关键要素。参考 Kearney[6]学者、IDC[7]等世界著名咨询机构以及国内学者王贻志[8]等人的研究成果，本文将影响服务外包的主要因素分为成本，基础设施、社会环境、区位因素、政府支持和文化差异等方面，具体如表2所示：

表2 外包的关键因素

编号	影响因素	因素描述
1	成本要素	物业成本、工资成本
2	基础设施	ICT、交通尤其是航空等基础设施
3	社会环境	社会的安全与稳定
4	区位因素	与服务发包方的地理位置差异
5	政府支持	政府的工作效率，外包产业优惠政策、知识产权保护
6	文化差异	语言差异，宗教信仰，风俗习惯，文化包容性

2 KAI 评估模型与评估结果

按"成功的 KPO = 成功的 KIBS + 成功的外包"的思路，本文按科学性、系统性、简明性、可操作性等原则，将上述 KIBS 指标和服务外包指标进行综合，建立 KAI 评估模型。

2.1 KAI 评估指标与权重设置

2.1.1 KAI 评估指标

本文所建立的 KAI 评估模型包括基础设施、社会人才、行业成本、商务环境和社会法律环境5个一级指标；再对一级指标进行细化拆分，并结合数据的可获得情况，得到二级指标以及三级指标。具体如表3所示：

表 3 KAI 评估指标

编号	一级指标	二级指标	三级指标
1	基础设施	IT 基础设施	电信业务总量、国际互联网出口带宽、国际特快专递业务量
		交通基础设施	国际航空线路数、出入境人数、机场旅客吞吐量；城市内部交通设施
2	社会人才	人才质量	外语能力；每万人拥有大学生数；海外归国人员人数
		人才数量	每年毕业生数量、吸引人才数量（非户籍人口占常住人口比例）、高等学校在校学生数
		高端人才数量	工程师、科研人员的数目
3	行业成本	工资成本	平均工资；KIBS 行业的平均工资
		运营成本	办公楼租金、物业等开支
4	商务环境	市场吸引力	资本吸引力；实际利用外资数；政府管理效率
		地区兼容性	该地区文化多样性；经济多样性
		创新氛围	该地区对待创新的认可程度
5	社会法律环境	知识产权	政府对知识产权的保护措施

2.1.2 指标权重设置

对于上述评估模型中的一级指标，本文采用了层次分析法来确定各指标权重：首先将五项一级指标按照一一对应的方式建立咨询表，然后咨询服务外包领域的专家学者和业界人士，得到一组指标相对重要性判断矩阵，再采用和积法分别计算每位专家所给出的指标权重向量，并假设每位专家意见的重要性相同，将各位专家的权重向量进行等权处理，得到一级指标的最终权重向量为（0.125，0.250，0.119，0.137，0.369）。

对于二、三级指标，由于各个一级指标中包括的二、三级指标并不多，且二、三级指标的重要性差异不大，本文采用了平分权重的方法，即认为所有同级指标具有相同权重。

2.2 KPO 吸引力评估结果

2.2.1 城市选择标准和评估数据来源

笔者从城市级别、经济总量、服务业发展基础三方面选取了武汉、沈阳、济南、成都、南京、广州、重庆、上海、北京、天津、大连、杭州共 12 个城市，作为评估对象。

本文所选取数据，主要来自国家统计局和各城市的政府网站以及《中国城市统计年鉴》、《中国城市竞争力报告》、《中国房地产年鉴》等文献，同时笔者也通过个人渠道从商业咨询公司拿到了一些数据。本文原则上都采用2009年的数据，如有少数2009年数据无法获得且一般认为其年度波动不大（如知识产权环境），则采用2008年数据，另有个别实在无法获得的数据，笔者以其他相关数据推算后得出。

2.2.2 KAI 计算结果

对通过上述渠道得到的数据，本文采用线性阀值法对其进行无量纲化处理，并根据上述层次分析法所得到的指标权重对数据进行加权汇总，最终得到以下12个城市的 KAI 得分和排名。如表4所示：

表4 KAI 评估总分以及排名

城市	基础设施	社会人才	行业成本	商务环境	社会法律环境	总分	排名
北京	0.472	1	0.313	0.864 167	0.384	0.46	1
上海	1	0.739 333 3	0.184	0.830 5	1	0.45	2
天津	0.393	0.194 333 3	0.910 5	0.567 833	0.637	0.28	3
广州	0.488	0.227 333 3	0.175 5	0.836 167	0.418	0.25	4
武汉	0.179 5	0.132	0.964 5	0.509 833	0.122	0.24	5
大连	0.356 5	0.066	0.666	0.626 5	0.401	0.22	6
杭州	0.238 5	0.135	0.657	0.592 833	0.819	0.22	7
南京	0.107	0.198 666 7	0.503 5	0.713 333	0.776	0.22	8
沈阳	0.101	0.292 333 3	0.752 5	0.262	0.207	0.21	9
成都	0.225 5	0.197 666 7	0.424 5	0.604 667	0.1	0.21	10
重庆	0.023	0.283	0.687 5	0.391 5	0.27	0.20	11
济南	0.0815	0.021 666 7	0.949 5	0.225	0.249	0.16	12

由表4可见，北京以0.46分位居全国之首，上海得分0.44紧随其后，这两个城市形成了全国的竞争知识服务外包的第一集团。在0.2－0.3分之间有9座城市，其中表现最好的是天津（0.28分），最差的是重庆（0.21分）。最后一个集团则是得分仅有0.16分的济南。

2.3 KPO 与 BPO 评估结果的比较

在 2008 年笔者曾做过中国城市的 BPO 吸引力排名,将该排名与上述 KAI 的评估结果进行比较,如表 5 所示:

表 5 KPO 与 BPO 评估结果比较

城市	KPO 吸引力排名	BPO 吸引力排名
北京	1	9
上海	2	8
天津	3	10
广州	4	6
武汉	5	1
大连	6	11
杭州	7	12
南京	8	5
沈阳	9	2
成都	10	4
重庆	11	7
济南	12	3

从表 5 可以看到,不同城市的 KPO 吸引力与 BPO 吸引力之间在一定程度上存在负相关关系:在 KPO 吸引力排名中靠前的北京、上海等地,在 BPO 吸引力排名中则位置靠后,反之亦然。这正反映了当前我国沿海与内地城市的不同特点。

2.4 评估结果分析

2.4.1 各城市的 KAI 得分呈现两级分化,第二梯队竞争激烈

北京与上海的 KPO 吸引力得分大幅领先其他城市,而最后一位济南的得分则与全国水平有较大差距;处于两极之间的城市构成第二梯队,它们的得分位于 0.2 - 0.3 之间,得分差异很小,各有所长和所短。

2.4.2 沿海城市表现优于内地城市

受到城市环境、区位优势以及文化兼容性等因素的影响,沿海城市的

KPO 吸引力得分普遍高于内地城市。同时评估结果还显示 KPO 吸引力似乎受工业化程度的反向影响：一个城市的工业化程度越深、时间越长，则该城市的 KPO 产业吸引力越小。从上表中可以看出，除上海外，我国一些传统的老工业城市，如沈阳、重庆、南京等，排名都比较靠后。

2.4.3 KPO 与 BPO 有明显不同的产业环境取向

BPO 表现为成本取向，所以一些人才资源丰富、商务成本低的内地中心城市普遍得分比较高，相反沿海城市由于成本劣势往往排名靠后；而 KPO 则表现为制度取向，沿海城市尽管成本较高，但法律制度和商务环境相对完善，因此得分较高，而内地城市则受法制和商务环境得分拖累排名靠后。这也说明，一个城市要促使本地的服务外包产业走向高端，更多地需要在商务环境和法规制度建设上着力，而不能仅凭丰富而低廉的人力资源。

3 对上海发展 KPO 产业的启示

根据上述的评估结果，上海的总体得分在各城市中排名第二，是上海各项二级指标得分的雷达，如图 1 所示：

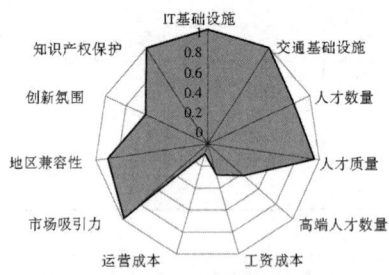

图 1　上海二级指标得分情况

从图 1 中我们可以看出，上海在交通基础设施、IT 基础设施、知识产权保护、地区兼容性、市场吸引力和人才数量、人才质量等指标上都表现不俗，各项指标的得分都比较高。而上海的主要发展软肋则是其日益增长的工资成本和居高不下的企业运营成本。

根据上述 KAI 评估结果，本文针对上海，提出上海发展知识服务外包产业的对策建议。

3.1 形成"KPO+二次外包"的服务外包产业发展战略

从上述分析中可以看出，上海在低端 BPO 业务领域缺乏比较优势，难以与成本较低的二线城市进行竞争，相反地上海对于 KPO 业务发展具有很强的吸引力。因此，本文建议上海在发展服务外包产业过程中要确立KPO优先原则，充分利用上海良好的KPO产业环境，大力招商引资，吸引国内外著名KPO企业落户上海，增进发达国家KPO业务发包企业对上海的了解，将上海建成国际著名的知识服务外包产业中心。

另外需要指出的是，对于那些属于劳动密集型的服务外包业务（如呼叫中心、数据处理等），虽然上海在这些业务领域缺乏竞争力，无法与成本较低的二线城市进行竞争，但并非意味着上海毫无机会。上海可以依托国际大都市的综合优势，打造国际BPO业务的主承接地与枢纽港，利用内地的低成本地区，发展二次外包业务，形成国际离岸外包业务的集聚和辐射能力，促进国内形成良性的服务外包发展梯度。

3.2 进一步优化知识产权环境

与低端的BPO业务不同，KPO业务往往涉及到服务发包方的核心数据或技术机密，如果业务承包方出现违规占用、泄露客户数据或技术，将给客户带来灾难性影响。因此，KPO客户通常都非常重视服务承包方所在国家或地区的法律环境，尤其是知识产权保护环境，这一点从上述的KAI评估模型中也可以看出来。

为此，上海要推进KPO发展，首先要建立良好的知识产权环境。近几年上海在知识产权保护方面花了很大力气，成立了上海知识产权服务中心，建设了网上知识产权公共服务平台和知识产权信息服务平台，但与知识服务外包方的要求相比以及与国际上主要的竞争对手——印度、爱尔兰相比，上海的知识产权环境仍有很大差距。在未来推进KPO产业发展过程中，上海保护知识产权的力度应该有增不减，做到：① 严格执法，利用行政与司法并举的机制，对企业侵犯知识产权与商业机密等侵权行业依法严厉惩处，将上海建立成为国内知识产权与商业机密保护方面的"法律高地"；② 法律援助，加强对KPO企业知识产权和商业机密保护的服务，对BPO企业建立联系人制度，提供无偿法律咨询；③ 企业资信体系，建设KPO企业资信体系，促进企业重视知识产权保护，同时也增强海外客户与承包方之间的相互了解。

3.3 降低运营成本和工资成本

上海发展KPO的最大软肋就是居高不下的商务成本，尽管从前面的专家咨询结果来看，成本对KPO产业的直接影响并不算大，但在当前KPO市场激烈竞争的情况下，商务成本还是会影响到KPO企业的发展，尤其是上海的KPO企业多处于发展之初，它们对成本往往会特别敏感，过高的商务成本显然会影响其投资决策。

从笔者调研的情况来看，目前上海服务业（包括服务外包行业）的税收负担是比较重的，尤其是与国际竞争对手相比劣势明显。以访谈的某离岸会计服务外包企业为例，该企业负责人反映，目前除浦东的税收相对较低外，其他各区县对该类企业除征收5%的营业税外，还征收33%的企业所得税，总体税率甚至高于香港；同时，企业员工的社会保险以及所得税支出也很高，约占到人力成本的40%左右，不仅远高于泰国等东南亚国家水平（5%左右），还高于发达国家水平（15%左右）。许多跨国企业可以通过财务手段将高增值环节计入其在低税率国家或地区的子公司从而合法避税，但本地企业则无法效仿。

因此，上海发展KPO产业的时候，也要采取适当措施控制本地区的各项KPO企业成本。上海可以在财税方面给予一些补贴，降低企业成本方面的压力。

3.4 与北京形成差异化发展模式

处于KPO产业发展第一梯队中的北京和上海的得分十分接近，两者之间无疑会形成相互竞争。尽管排名靠前而且得分十分接近，但这两座城市各有特点，其各项一级指标的得分比较，如图2所示：

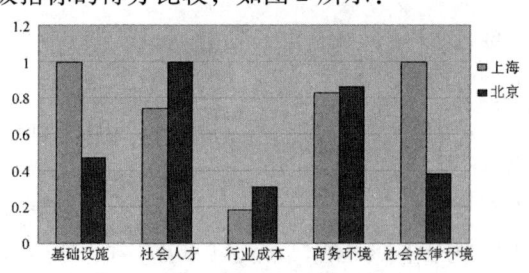

图2　京沪比较

图2显示，北京的比较优势在于其丰富的高端人才和相对低廉的运营成本。尤值一提的是，在高端人才数量方面，北京以35万人高居全国榜首，远远超过第二名上海的15万人，这跟我国许多著名高校以及国家级研究单位集中在北京有很大关系。而上海的优势主要集中在知识产权保护措施、IT基础设施和交通基础设施等方面。特别要注意的是，在知识产权保护方面，北京的环境明显落后于上海，而且上海完善的基础设施更加适合外包产业的要求。

因此，上海要与北京形成差异化发展模式，可以考虑北京重点发展技术密集型外包服务，如技术研发、数据处理业务、工程设计；而上海则重点发展高端商务类外包服务，如专业策划、市场调研、金融研究等。

参考文献：

[1] Howells J. Barriers to innovation and technology transfer in services. Tech Monitor,2003,20(3):29 – 35.
[2] Preissl B. Barries to innovation in services. SI4S Topical Paper 02,1998(12):4 – 11.
[3] 王旭.基于 DEMATEL 方法的科技型企业创新环境影响因素分析.工业技术经济,2008(6):134 – 138.
[4] 魏江,陶颜,翁羽飞.中国知识密集型服务业的创新障碍——来自长三角地区 KIBS 企业的数据实证.科研管理,2009(1):81 – 86.
[5] 俞义樵,夏燕梅.知识密集型服务业创新能力影响因素研究.科技进步与对策,2010(2):55 – 58.
[6] Kearney A T. Making offshore decisions(2004).[2006 – 08 – 12].http://www.atkearney.com/images/global/pdf/Making_offshore_s.pdf.
[7] IDC. IDC Global Delivery Indices(2007).[2009 – 05 – 20].http://www.idc.com.
[8] 王贻志,丁波涛.BPO 吸引力指数研究.上海:上海社会科学院信息研究所,2007.

作者简介

丁波涛,男,1977 年生,副研究员,发表论文 20 余篇。

李 昶,男,1984 年生,硕士研究生。

公共服务管理平台知识服务内容解析*

马 捷 吴 琼 亓莉莉

(吉林大学管理学院 吉林大学信息资源研究中心 长春 130022)

摘 要 界定公共服务管理平台和知识服务两个关键概念，指出平台的知识服务有助于满足公众的安全需求和自我实现需求。从马斯洛的人类需求层次理论出发，推导出公共服务管理平台知识服务的十大模块：质量监督、社会保障、医疗卫生、住房、食品、交通、教育、法律与金融、就业与创业和数字图书馆，阐述各模块的知识服务内容、提供者和服务成功的关键。

关键词 公共服务 公共服务管理平台 知识服务 需求

分类号 G250

"公共服务管理平台"是一个涉及到公共管理、公共服务、信息服务等诸多领域的概念，目前，我国的公共服务管理平台主要是指电子政务系统。随着社会信息化程度的发展，生活事务复杂性的提高，公众对国家政府部门及公共文化卫生等部门的信息和知识需求也越来越大，通过网络为公众提供公共服务知识，构建公共服务管理平台，关系到国计民生，成为我国各级政府高度关注的问题。然而，我国的公共服务管理平台知识服务的内容尚无明确界定，理论研究呈现空白状态，实践操作混乱无序。笔者认为，在范畴方面，公共服务管理平台应能够为公众提供生活各方面的知识和信息，涉及到政策、法律、教育、医疗等诸多方面；在形式方面，公共服务管理平台应能够在分析公众需求的基础上，提供经过高度组织化的信息，即向公众提供知识服务。

1 公共服务管理平台与知识服务的内涵

1.1 公共服务管理平台

现今对于公共服务管理平台还没有一个公认的概念。分析公共服务管理

---

* 本文系吉林省文化厅图书馆学、情报与文献学科研课题"公共服务管理平台的知识服务研究"（项目编号：WK2008C030）研究成果之一。

平台的内涵应从公共服务的内涵入手。所谓公共服务是指由法律授权的的政府以及非政府公共组织和有关工商企业,在纯粹公共物品、混合性公共物品以及特殊私人物品的生产和供给中所承担的职责和履行的职能,其中政府是主导者[1]。公共服务的内容包括城乡公共设施建设,发展教育、科技、文化、卫生、体育等公共事业,为社会公众参与社会经济政治文化活动提供保障。

公共服务管理平台是一种基于网络的服务平台,其用户是普通民众,因此其提供的信息和知识内容也应与大众的日常生活、工作息息相关。公共服务管理平台可以定义为:一种面向公众、提供公共知识服务的网络载体,一般由政府为主导,企、事业单位为补充,利用现代信息技术和信息管理方法,充分整合社会生活中与大众息息相关的公共信息资源,并根据公众的需求向其提供更加有组织、有效率的知识服务,目的是提高社会公共服务质量和效率,促进公共利益和社会公平进程。

1.2 知识服务

在信息管理领域,知识服务得到众多学者的重视,从不同角度对知识服务进行了定义。张晓林[2]、覃凤兰[3]、王霞[4]从知识服务的提供主体——图书馆及其相关因素的角度做了定义,马费成[5]、严彬[6]、张玉珍[7]等主要是从服务的实现过程"即"如何实现知识服务"的角度来定义知识服务,而戚建林[8]则是从知识服务的对象——用户服务的角度来定义知识服务。提供知识服务的主体是多元化的,不应只局限在图书馆或其相关因素上,知识的范畴应更加广泛,不仅包括一些专业性、学科性的知识,满足公众生活等领域需求的经过深度加工的信息也属于知识。笔者认为,知识服务是以满足用户知识需求为根本目的,利用一定的信息组织和知识组织技术,通过各种媒介,为用户提供的有关学习、工作、生活等各方面知识的服务。

2 公共服务管理平台知识服务内容分析

2.1 理论依据

公共服务管理平台应从公众的信息和知识需求出发进行内容界定。也就是说,公众需要什么,就提供什么,而不是平台的建设者自己方便提供什么,就提供什么。公众在社会生活中的各种知识需求都是与自身的生活、发展息息相关的,通常具有普遍性,这就构成了公共服务平台知识服务的基础;在普遍性的基础上,公众的知识需求又呈现出个性化的一面,需要公共服务平台在服务模式方面灵活处理。本文主要探讨普遍性的知识服务内容。

美国心理学家马斯洛于1943年提出基本需求层次理论,全面、系统地分析了人类的各种需求，可以作为公众知识服务需求分析的理论基础。他将人类的需求分成生理需求、安全需求、社交需求、尊重需求和自我实现需求 5 类，认为人都潜藏着这五种不同层次的需要，但在不同的时期表现出来的各种需要的迫切程度是不同的[9]。马斯洛需求层次理论模型整理结果见图 1。

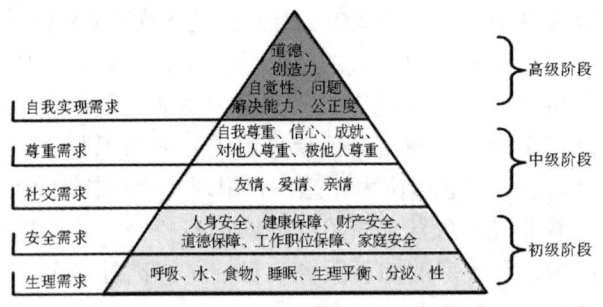

图 1　马斯洛需求层次理论模型[10]

生理需求是指人为了维持生命而对空气、食物、水、睡眠的需求；安全需求是指人们对保障人身安全、生活稳定以及免遭痛苦、威胁或疾病等的需求，包括对健康保障、资源所有性、财产所有性、工作职位保障等的需求；社交需求包括对友谊、爱情以及隶属关系的需求；尊重需求包括个人对成就感、信心、自我尊重、他人对自己的认可与尊重的需求；自我实现需求的目标是自我实现，或是发挥潜能。

从以上 5 类需求的具体内容不难看出，公共服务管理平台所能够提供的知识服务有助于人们满足自己的生理需求和安全需求，如可以提供与人们衣食住行、教育就业、健康医疗息息相关的信息；此外，还可以提供有助于满足人们自我实现需求的知识，如教育发展、开创事业的需求。社交需求和尊重需求更多地涉及到人们情感层面，可以通过平台知识服务模式表现出来，本文暂不详细讨论。下面就运用系统分析方法，以马斯洛的需求层次理论为基础，分析公共服务管理平台知识服务内容的构成。

2.2　公共服务管理平台知识服务内容的构成

系统分析方法即是把研究对象作为一个系统来加以认识的方法，从整体与部分之间、整体与外部环境之间的关系中对研究对象进行全面考察，从而在普遍联系中把握其本质规律。公众的需求是一个系统，公共服务管理平台同样是一个有机的系统，两个系统之间可以建立起信息传输的关系。公众需求系统向服务管理平台传输需求信息，公共服务管理平台根据公众需求，将一系列的信息加以深度组织，向公众需求系统提供知识服务。

在满足公众的安全需求方面，公共服务管理平台可以提供衣食住行、社会保障、医疗、教育、就业、金融方面的知识；在满足公众自我实现需求方面，平台可以提供创业、自我发展与实现方面的专业知识；教育、就业与创业、金融方面的信息和知识既能满足公众安全的需要，又能满足公众自我实现的需要。通过人类需求层次系统和公共服务管理平台系统之间的交互分析，基本明确了平台知识服务的覆盖面，结合我国当前社会公众现实需要的分析，经过整合提炼，解析出公共服务管理平台知识服务的十大模块，分别是：质量监督、社会保障、医疗卫生、住房、食品、交通、教育、法律与金融、就业与创业、数字图书馆。目前，我国公众对食品、住房、医疗、教育等方面的质量监督信息需求迫切，急需监督信息的透明化；对医疗机构与从业人员的特长、资质等方面的信息和医疗知识的需求迫切，对社会保障、工商、税务、公积金管理等政府部门的相关政策与行政办公流程方面的知识需求较为迫切，这部分内容分别在社会保障、创业、住房等知识服务模块中体现出来。如图2所示：

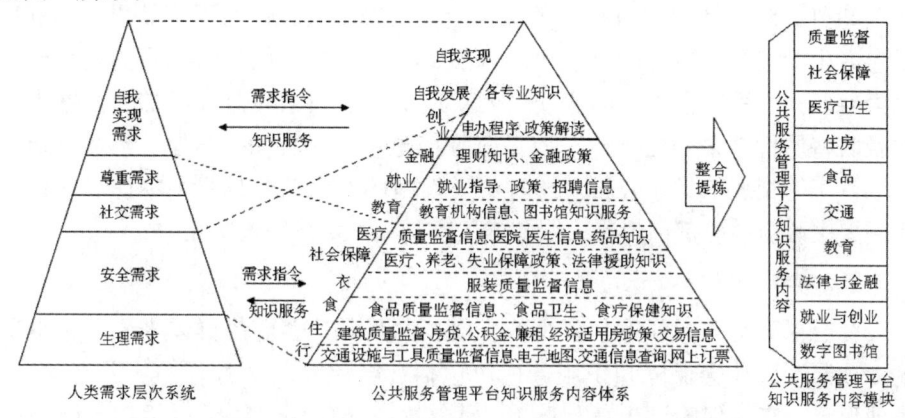

图2　公共服务管理平台知识服务内容模块分析

3　公共服务管理平台知识服务内容详解

公共服务管理平台知识服务内容是十大模块涉及到的信息、政策以及在此基础上组织、提炼而成的知识，如图3所示：

图3中，虚线表示各模块之间重叠的知识服务内容。在系统平台内，一般以超链接的形式对跨模块内容进行链接，避免重复建设。

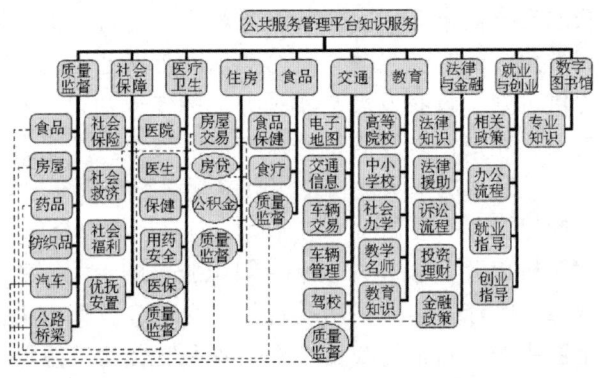

图 3 公共服务管理平台知识服务内容详解

3.1 质量监督信息

2009 年的三鹿奶粉事件引出我国大多数奶制品企业的违规添加"三聚氰胺"事件；5.12 大地震令公众关注房屋质量安全问题；而因药品质量问题危及患者生命安全的事件时有发生。食品、药品乃至其他生活用品的安全问题已经触及到公民安全需求的底线，公众迫切要求国家质监部门加大监察力度并及时将质检结果公之于众。质量监督信息包括对食品、房屋、药品、纺织品、汽车等交通工具、公路桥梁等交通设施的质量监察信息。本模块知识服务主要由政府质监部门提供，服务的关键是相关信息的透明化。

3.2 社会保障知识

社会保障是关系到每个公民的生活、尤其对社会弱势群体来说非常重要的一项制度。社会保障知识服务模块包括社会保险（医疗保险、养老保险、失业保险、工伤保险、生育保险）、社会救济（低保、经济适用房、廉租房等）、社会福利、优抚安置方面的信息和知识，主要表现形式是政策解读和办事流程指导。本模块知识服务主要由政府社会保障管理部门提供，服务的关键是根据公众常用的申办业务和疑难问题将政策文件、办公流程信息深度加工，使之易读易懂，并做好实时问题解答工作。

3.3 医疗卫生知识

我国公众在获取医疗卫生方面的信息和知识方面存在较大需求，尤其对于权威医院、医院特色诊疗、医生诊疗特长、用药安全方面的知识需求旺盛。目前，一些医院的门户网站、医药综合信息网站提供了一些这方面的服务，如好大夫网、三九医药网等，但是仍存在信息可信度差、知识零散不系统等方面的问题；而网络上大量医疗方面的欺诈信息使公众深受其害，需要医药监管部门加强网络医药监管力度，并及时公布虚假医药网站信息、和相关部门协作取缔非法网站运作。

综上，公共服务管理平台的医药卫生知识服务主要包括：① 医院信息汇总与特色介绍；② 医生出诊与特长介绍，尤其是名医推介；③ 医疗保健知识；④ 用药安全知识；⑤ 药品安全监督信息、医疗机构监督信息、网络医药监督信息；⑥ 医疗保险方面的知识。其中，药品安全监督信息和医疗保险知识与质量监督模块的相应内容相交叉，在平台中可以用超链接的形式建立共享。本模块知识服务的提供者应以医疗机构和负责医疗监管的政府部门为主，信息服务企业为重要补充，服务的关键是信息的全面性、正确性和权威性以及疑难杂症诊疗信息的深度组织。

3.4 住房知识

住房知识服务内容包括房屋交易、房屋贷款、公积金制度、房屋质量监督方面的知识。房屋交易知识包括房屋租售信息服务；更名过户、合同契约管理方面的政策解读与办理流程；廉租房、经济适用房的管理政策和申办流程，与社会保障模块的社会救济知识服务内容有交叉。房贷、公积金知识服务包括相关政策解读与办理流程知识，与金融知识服务有交叉。房屋质量监督方面的知识服务与质量监督模块的房屋质量监督相重合。本模块知识服务的主要提供者是政府公积金管理部门、房屋交易和产权管理部门、质量监督部门；此外，相关企业，如银行、房地产开发商、信息服务企业也是重要补充。本模块知识服务的关键是政策解读要从公众需要出发，并提供必要的咨询服务。

3.5 食品知识

俗话说民以食为天，随着生活水平的日益提高，公众对于食品的营养与质量也越发重视起来。食品知识服务内容主要包括食品质量监督信息、食品保健知识、食疗知识。其中食品质量监督信息与质量监督模块的食品监督信息相重合。本模块知识服务提供者包括政府卫生管理部门、食品卫生监督部门、营养协会等健康服务机构以及信息服务企业，服务的关键是知识服务内容的科学性、质量监督信息的透明性。

3.6 交通知识

交通知识服务内容包括电子地图、交通信息、车辆交易和车辆管理知识、驾校信息、交通设施和工具的质量监督信息。质量监督信息和质量监督模块的相应内容有交叉，见图3虚线所示。交通信息的提供者主要是政府交通部门和旅游部门，可以充分整合公路、铁路、航空三大运输方式和地理方面的知识信息，使公众在需要出行时能够及时有效地查找到最佳路径与途径，并普及交通安全知识。车辆交易、管理方面知识的提供者主要是政府车辆管理部门，需要提供办公流程和政策解读。公众对驾校信息的需求呈上升趋势，包括本地驾校教学质量、教学态度、教学条件、教练素质等因素的介绍与比较，这方面知识的提供者可以是驾校管理部门、驾校或民间信息服务企业。本模块服务的关键是信息向知识的转化，即信息组织的合理性与深度。此外，网络订票系统、电子地图建设也是重点。

3.7 教育知识

公众教育信息需求呈现出多样化和复杂化趋势。教育知识服务内容可以分为高等院校、中小学校、社会办学、教学名师、教育知识、招生政策几部分：① 高等院校的信息和知识服务内容包括高校开设的专业介绍、优势专业介绍、专业就业前景分析、资深教授和教学名师介绍、各专业招生数量、历年录取分数对比分析等；② 中小学校的信息和知识服务内容包括各地中小学校的信息、办学特色、优秀教师介绍、招生信息等；③ 社会办学信息服务包括目前空前繁荣的社会各种办学机构的办学理念、教学特色、资费标准、师资力量的介绍；④ 教学名师是对各个学科领域、各个级别的学校教育中涌现出来的优秀教师的汇总介绍；⑤ 教育知识包括各个年龄段青少年的家庭教育、学校教育、社会教育方面的理论和实践知识，供家长和教育者学习参考；⑥ 招生政策则汇总各地区乃至全国各级各类学校招生的政策规定。

教育信息的提供者主要是国家教育部各地区教育厅、局；高校及其他各级学校（负责提供与本校有关的信息）；社会教育信息咨询和信息服务机构等。本模块信息和知识服务的关键是信息的全面性、根据公众不同的需求对教育信息内容的再组织方式。

3.8 法律与金融知识

当今在法律服务方面，能提供法律知识或法律咨询服务的机构不是资源不足就是收费过高，难以满足公众对法律知识的需要。另外，投资理财方面的知识也成为公众生活中的迫切需要。法律与金融知识服务的具体内容包括法律知识、法律援助方面的信息和申请办法、诉讼流程介绍、投资理财知识、金融政策解读等。本模块知识服务的提供者主要以国家公检法部门、法律事务所等法律机构和银行、证券等金融机构为主体，服务的关键是常见问题的提炼和解答、相关知识的全面提供、网络咨询模式的运用。

3.9 就业与创业信息

公共服务管理平台可以在支持公众就业与创业方面提供重要的知识服务。本模块内容包括就业与创业指导、相关政策、办公流程的解释等。在就业方面，公众尤其是大学生需要政府不断完善就业平台，如规范招聘信息、进行就业指导等；下岗再就业、失业再就业人员，更需要政府相关部门或企业提供各种工作和培训类的信息或解读优惠扶持政策信息。在创业方面，创业者需要大量与政府业务相关的信息，如大学生创业优惠政策、贷款政策、开办公司的条件和业务流程、缴费纳税的政策规定等。本模块知识服务的关键是政策解读和办公流程的明示。

3.10 数字图书馆

数字图书馆是公共服务管理平台知识服务的重要组成部分，可以为公众提供系统的各学科专业知识服务。它一方面为高校、科研机构等单位的科研人员提供科学知识服务；另一方面可以为公众提供与生活、艺术、娱乐、休闲方面的权威、系统的知识，是社会知识网络中不可缺少的一部分。数字图书馆的知识服务多由国家、各地区、各高校的综合性图书馆提供，服务的关键是网络阅读的开展。

参考文献：

[1] 马庆钰.关于"公共服务"的解读.中国行政管理,2005(2):78－82.

[2] 张晓林.走向知识服务:寻找新世纪图书情报工作的生长点.中国图书馆学报,2000,26(5):32－37.

[3] 覃凤兰.基于知识管理的高校图书馆知识服务模式研究.情报杂志,2007(5):118－120.

[4] 王霞.论信息服务与知识服务.科技情报开发与经济,2006,16(1):50－51.

[5] 马费成,姜婷婷.信息构建对当代情报学发展的影响.图书馆论坛,2003,23(6):20－25.

[6] 严彬.基于理解效率的知识服务方式研究.南京邮电大学学报,2009,11(6):42－48.

[7] 张玉珍.知识创新与图书馆知识服务.情报资料工作,2005(2):81－84.

[8] 戚建林.论图书情报机构的信息服务与知识服务.河南图书馆学刊,2003,22(2):37－38.

[9] maslow A H. A theory of human motivation. Psychological Review, 1943, 50(4): 370－396.

[10] 百科 ROBOT,Stimetcorss,Flyingship.马斯洛需求层次理论.[2009－11－02]. http://baike.baidu.com/view/690053.htm.

作者简介

马　捷，女，1973年生，副教授，博士，发表论文14篇。

吴　琼，女，1987年生，硕士研究生。

亓莉莉，女，1984年生，硕士研究生。

基于数据的中医药知识服务研究*

高博 崔蒙** 杨硕 贾李蓉 董燕 朱玲

(中国中医科学院中医药信息研究所 北京 100700)

摘 要 论述"馆所合一"的中医药专业图书馆发展知识服务的必要性，阐释现阶段进行基于数据的中医药知识服务的基础和下一步发展所必需的相关建设，指出数据知识服务是比数据服务级别更高的数据利用手段，也是知识创新、知识发现的有力支撑，主要可分为定制知识服务和扩展知识服务，而知识服务平台则是同时容纳二者的开放性用户界面。目前，真正意义上基于数据的中医药知识服务尚未形成，下一阶段的重心应是人才培养和多学科团队建设。

关键词 知识服务 数据 中医药

分类号 G350.7

知识服务是以信息知识的搜寻、组织、分析、重组为基础，根据用户的具体问题和个性化环境，直接融入用户解决问题的过程，能够提供有效支持知识应用和知识创新的服务[1]。联合国开发计划署（The United Nations Development Programme, UNDP）将其简练归纳为"基于全球先进知识上的建议、专长、经验和试验方法等，帮助咨询用户获得解决问题的最佳方案"[2]。20世纪 90 年代末知识服务的概念被引入国内，引发了国内对知识服务的研究热潮，但迄今为止，国内尚未形成真正意义上成熟的知识服务。

中医药图书馆属于专业图书馆，建立在研究院所的中医药图书馆，也就是通常所说的信息所与图书馆"馆所合一"的图书情报机构，主要服务于科研机构的高素质研究人员及已具备相当专业基础的研究生。他们从网上获取信息资源的能力非常强，特别在本专业领域内，获取电子资源的能力甚至不亚于专业图书馆人员，因而很少会到馆使用阅览室或电子阅览室。因此，中医药"馆所合一"的专业图书馆，其知识服务主要体现在知识平台的构建与

---

* 本文系国家高技术研究发展计划（"863 计划"）项目"中国中医药科学数据网格服务应用"（项目编号：2006AA01A122）研究成果之一。

服务以及相关标准研制等工作上,而基于数据的知识服务则是我们目前主要的研究领域。

1 数据知识服务

1.1 数据知识服务的基础

知识服务是根据用户的具体问题,对数据进行检索、筛选、清洗、处理,最终提供给用户其所需结果的过程,因而在知识服务的发展初期,数据的收集和处理是最基础的手段。针对这一需求,中国中医科学院中医药信息研究所联合全国37家中医药及相关学科高等院校、研究院所,已经建成国内规模最大的中医药专业数据库群[3],涉及中医、中药、针灸、古籍、民族医药等各个领域,包括中药化学实验数据库、中药药理实验数据库、临床疾病数据库、临床个案数据库、针灸临床医案数据库等[4]。其特色是构建了基于文献拆分的结构型数据库群,使文献数据的挖掘成为可能,为基于数据的知识服务奠定了坚实的基础。目前这些数据库已经经过了整合、规范和在互联网上共享[5],并提供大量的关联检索结果。

由此可见,基于数据的中医药知识服务,主要资源是文献数据,主要模式是结构型数据库,现阶段的研究重心应该转移到如何利用结构型文献数据进行知识服务上来。

1.2 数据服务

数据服务是最初级的数据利用手段,即将已有的数据直接提供给用户,由用户根据自身需要,对数据进行有目的的检索和筛选,从中选取自己需要的数据资料,然后根据研究目的对数据进行再加工,并最终获取自己所需的知识。这也可以看作是知识服务的雏形。

这一方法要求用户本身有极高的专业素养,同时具备一定的情报学和信息学基础。首先,用户需要明确自己的需求,并对研究目标进行精准定位;其次需要用户懂得数据清洗与数据拆分,使加工后的数据符合自身需求;最后还需要用户具有数据处理能力,以便知识发现与知识创新。该服务模式对数据的利用率极低,用户必须对数据进行全面检索,才能达到自己的目的;而其他用户即使需求相同也必须重复这一系列步骤。这种数据服务模式,对用户要求高、步骤繁杂、数据利用率低,只是知识服务的一种初级探索。

1.3 数据知识服务

数据知识服务是较高级别的数据利用手段,即由数据拥有者根据用户需求对大量数据进行有目的的筛选,再将结果提供给用户的服务模式。这一模式又可分为有方向性的定制知识服务和无方向性的扩展知识服务。

1.3.1 定制知识服务

定制知识服务是根据用户需求，以用户欲解决的问题为目标，不仅为用户检索并提供数据，更要根据相关知识对提供的数据进行筛选、清洗、拆分、重组，构建相应的结构型数据库，提供适当的算法与工具，提出解决问题的方案。

这一服务模式非常重视用户需求分析，比起提供用户需要的数据，它更加关注通过服务解决用户实际问题。因而，定制知识服务不仅要充分解读用户提出的问题，更重要的工作是协助用户构建恰当的问题。在进行研究设计时提出的问题是否恰当，关系着研究是否具有重要意义，并决定着解决问题的方向和解决方案的制定[6]。选题过于宽泛，则研究方向不够明确，研究结果没有针对性；选题过于细化，则可获取数据资源太少，造成研究结果偏差、缺乏应用推广价值。因此，作为知识服务者，应该参与到用户提出问题、寻求答案、解决问题的全过程中去。

以中药新药研发为例：笔者所在研究所（以下简称"我们"）在为中药新药研发单位提供基于数据的定制知识服务时，反复与用户讨论，明确其需求；然后根据需求，设计数据库结构，选取适当的数据处理方法及工具，基于中药单味药、中药药理、中药化学、中药方剂、中医疾病等数据库，筛选数据，进行数据清洗，建立具有西医疾病、西医病理、中医证候、中医方剂、中药饮片、中药药理、中药化学成分等数据元的结构型数据库，形成数据挖掘平台，获得初步结果[7]；再与用户及相关专家讨论，根据专家意见进行数据及工具的调整，最终获得用户所需的新药处方，实现知识发现与知识创新。

1.3.2 扩展知识服务

扩展知识服务针对无具体问题，以学习知识、拓展知识面为目的的用户，针对用户意欲拓展的知识领域提供较为科学的研究方向和相关数据资料。

这一服务模式需要对用户领域知识结构有一定了解，结合用户意欲拓展的领域方向、深入程度，根据领域现有的知识结构、专业基础、学科框架和发展需求等方面进行扩展知识服务。该服务主要向用户推荐与其研究主题相关的知识元素，依据领域知识网络，拓展用户的知识视野，以满足用户学习新知识、拓展知识面的需求。相对于定制知识服务而言，扩展知识服务对用户需求分析的要求略宽松，对知识服务者的知识深度要求下降，但对知识广度的要求更为严格。

我们研制的中医药学语言系统（Traditional Chinese Medicine Language System，TCMLS）能够很好地发挥扩展知识服务的作用。TCMLS 是参考美国国立医学图书馆开发的统一医学语言系统（Unified Medical Language System, UMLS）研制的，它由语义类型和语义关系组成语义网络，能够建立起所有概念间的逻辑关联关系，形成中医药学的概念体系甚或知识体系，与 UMLS 共同应用，能够在很大程度上满足用户对扩展知识服务的需求。虽然其所形成的概念或知识体系仅仅包含了概念间的线性关系，更多的非线性关系未能包括在其中，但这对用户的扩展知识服务已经能够起到很好的支撑作用：首先 TCMLS 解决了同一概念的同义词与近义词问题，使用户用任意术语检索均可获得其所表达的概念以及表达该概念的所有术语所关联的知识；其次当用户需要时，通过语义关系可以获得该术语所表达概念的所有相关概念，而这些相关概念通常是人脑很难考虑周全的。

目前 TCMLS 已收集了 30 万个词汇和 11 万个概念，通过 108 种语义类型和 68 种语义关系，建立起超过 127 万个的语义关联关系。这个初步建立的语言系统已应用于中医个案数据库并关联了 PUBMED 和百度检索，成功地为领域或非领域用户提供了扩展知识服务。

1.4 人员分析

在现阶段要快捷有效地满足用户需求，由专业人员基于数据、针对用户提供知识服务，是比将已有海量数据直接提供给用户更为先进的手段。一来专业人员可以快速判断出所需数据和筛选、清洗原则，二来面对相近的需求和问题可以进行合并处理，大大减少了无效数据处理。这些对知识服务提供者的知识结构和知识层次有很高要求。首先，知识服务提供者应具备良好的情报学素养，能够迅速定位适当的数据资源、数据结构、处理工具。其次，知识服务提供者必须具备多学科知识，对服务面向的学科领域有较深造诣，明确学科定位及知识结构，并对相关专业和交叉学科有一定深度的涉猎。

但知识服务面向的受众很多，分布于各个专业；受众基础不一，有些正在入门阶段，有些已经在进行最前沿的研究；他们对知识服务提供者的服务深度和广度也要求不一。要求每个服务者同时达到所有条件，会对服务者造成太大压力。因而知识服务不应局限于一对一，最高效的模式是团队合作，在用户提出需求时，根据需求所属学科、涉及学科，由团队中相应专业人才进行问题设计及解答。这样一来，服务人员虽然也需要对多学科有所涉猎，但术业有专攻，无需全部精通，从而可以缩短服务人员的前期培养时间，并且减轻服务人员的负担。

我们在开展和提供基于数据的知识服务时，基本依靠团队。这种团队是建立在具有虚拟机构、协同工作、汇集共享基础上的虚拟研究团队，即虚拟研究院。采用这种模式，是因为中医药图书情报机构的编制都偏小，独立承担行业知识服务研究和提供的能力均显不足；另外中医药图书情报机构本身的人员组成结构也很难适应基于数据的知识服务的需要，其信息处理与人工智能的知识都显不足。上述原因导致中医药领域开展基于数据的知识服务研究很难在有围墙的独立研究机构内完成，而需要由基于网格技术的多学科、多研究单位组成虚拟研究机构来完成。这种虚拟研究团队的长期、稳定建设保证了中医药基于数据的知识服务的研究与提供。

2　知识服务平台建设

知识服务平台是团队型知识服务的体现，是由知识服务团队建设的，能够实现多对多知识服务的开放性用户界面。

2.1　数据绑定型知识获取平台

学科特点决定了中医药数据属于知识密集型数据。占主导地位的传统中医药数据依然是文献数据，包括古代文献与现代文献，因此其研究目标不是建立数据密集型科研模式，而是直接面向基于数据的知识发现与知识创新。

数据绑定型知识获取平台可以帮助用户从数据中更有效地获取知识，该平台上部署了大量结构型数据库以及用于这些数据库的数据处理工具。这些数据库一般是基于现代或古代文献数据加工后的、针对某一明确目的的、具有良好关联关系的结构型数据库，根据用户需求对数据进行了清洗，完成了同义词与近义词的处理以及古今词汇的转换，改进和完善了数据处理工具。数据经过处理后，可以产生用户所需的新知识，供用户在进行中药或临床研究时参考。

2.2　知识服务平台

知识服务平台基于数据绑定型知识获取平台建设而高于数据平台，是以知识服务为目的的开放性用户界面，因而必须以满足知识服务者的多学科知识储备为前提。多数据库联合成数据库群，并随时可以纳入新的数据库是知识服务平台的首要前提，我们已经部署在数据绑定平台上的大量结构型数据库基本可以满足这一要求。

第二个必须满足的条件是智能搜索，其中又包含了模糊检索、检索词推荐、扩展性检索等。用户的情报学基础参差不齐，因而要令服务平台具备模糊检索能力，并给出合理的检索词、检索式推荐，将用户检索结果稳定在一个合理范围内；此外还需进行扩展性检索，提供相关学科专业的关联性研究，以便开拓思路、创新知识。我们已经进行的数据清洗，对同义词、近义词的处理以及古今词义的转换等先期工作对此构成了良好的支撑。

第三大功能是建立模拟应答系统，收集用户需求及问题构建问题库，由专业人员给出解答。该应答系统可部分代替人工服务，对用户的初级问题进行解答，避免了知识服务者对低级问题的反复回答。用户提问的过程同时也是应答系统收集问题的过程，通过解答用户问题，不断充实问题库，可以令应答系统越来越高效地满足用户需求。

第四，定制服务依旧是知识服务的重中之重。中医药学发展到现在，分科越来越细，学科的突破性进展越来越难，交叉学科的发展也越来越受到重视，前沿的研究则普遍涉及了多学科内容，需求复杂。对于这一部分用户必须启用团队服务，由用户提出需求，定制服务，然后由知识服务团队进行综合解答，解决问题。

知识服务平台的第五个特点是可嵌入。除了访问服务平台的网站之外，在其他系统内都可以嵌入部分服务，并随时可以链接入网站。如临床嵌入式知识服务，即在电子病历页面里嵌入知识服务窗口，给出相似度较高的病历及相关文献记载等，供临床医生诊断、处方时参考。当遇到疑难情况需要更多知识支撑的时候，可以直接从嵌入式窗口跳转入服务平台，进行扩展性搜索。

知识平台建设成功后，可以应用于教学、科研，尤其是探索性、发现性科学研究，有效地支撑知识创新和知识发现。目前，中医药知识服务平台的构建已经初具规模，我们将其称为"中国中医药科学数据网格"，其基本构想是在数据网格平台上绑定大量数据及数据处理工具，留有用户接口。用户既可以使用平台上的数据及其工具进行数据处理获取知识，也可以调用平台数据使用自己的处理工具处理数据、获取知识，还可以将自己的数据传输到平台上使用平台工具进行处理以获取知识。该平台主要包括一个体系、两个系统和两个应用平台。

中医药语义本体系是广泛计算架构和领域知识集合的结合，整个构架分为两个层次：核心网格服务层和虚拟语义视图层。前者主要指网格中的资源以及直接基于自主开发的"中医药数据网格"（DartGrid）服务实现的服务，后者指的是用于支持上层本体应用的虚拟语义视图。该系统向用户提供了一个基于浏览器的统一浏览查询接口，而本体的分布式结构对终端用户来说则是完全透明的，呈现在用户面前的是一个虚拟的大规模中医药学领域本体。目前，由本体网格支持的中医药学语言系统已经在线发布，实现了上层语义网络的发布和浏览，用于支持上层面向中医药的知识应用，包括了数十万个概念和近百万条实例,基本上覆盖了整个中医药领域的十几个子学科。

面向中医药领域的分析算法与知识集成的系统是根据数据的特性与不同用户的需求,在中医药数据挖掘、知识发现算法与服务的基础上,研究和建立中医药数据知识发现管理子系统"中医药数据网格挖掘系统"(DartSpora),从海量的数据中识别出有效的、新颖的、潜在有用的知识。DartSpora继承了开源数据挖掘软件在数据挖掘方案控制方面的先进思想和丰富算法资源,并结合以网格计算和云计算为代表的并行计算技术,实现了该数据挖掘服务平台,并以平台的挖掘服务为基础开发了多种面向中医药领域的数据挖掘应用。目前,DartSpora平台包含了6个中医药数据定制算法和209个常用数据挖掘算法,形成了一个数据挖掘算法资源库,并在计算集群上以计算服务的方式对外提供算法服务,方便科研人员。

基于中医药领域语义本体的文献标引与加工平台是一个文献协作平台。该平台利用笔者所在研究所研究的中医药文献标引规则和《中国中医药学主题词表》,按照不同的划分标准,对文献进行不同角度的标引,大大提高了数据加工的速度和效率,便于文献的统一集成及分析。

中医药搜索平台是我们面向动态中医药专题自动生成所研发的,在全文搜索引擎的排序机制上考虑关系数据表的特性,实现了各类数据库与数据平台的一体化检索。同时开发了基于矢量标记语言的网络矢量图绘制工具包,对相关的搜索网站进行聚合和分析,提供图片链接。

中医药科学数据网格服务体系的建立能够改变中医药研究人员对信息的取用方式,能改变信息的整合方式,从而改变查新、统计、研究分析的效率、规模,为中医药规模性研究、知识积淀和应用推广奠定基础。同时,针对中医药信息网格所制定的一系列的标准和规范,能够进一步完善基于中医药信息网格的数据共享与利用。

3 基于数据的中医药知识服务发展机遇

知识服务作为知识经济时代一种新的知识应用理念,针对具体而实际的需要解答的问题,提供全面有效的信息增值服务。这是一种带有前瞻性的研究活动,相对数据服务、文献服务、信息服务等而言,在资源收藏、信息处理、服务方式等方面都发生了质的超越[8]。这种超越性大致体现在四个方面:一是个性化,即用户可以根据自己的实际需求选择知识的范围和层次;二是知识性,即以内部的知识共享机制为基础,依靠团队化合作,为用户提供相关的知识单元内容;三是创新集成化,即对专业学科资源和最新进展进行创新性的提炼整合后,将资源集成在一个界面,然后提供给用户;四是专业化,即以提供专业化知识为中心，整合相关专业知识，提供知识服务。

由这些特点来看，真正的知识服务特别是基于数据的中医药知识服务，目前还远未实现，但发展知识服务已经迫在眉睫。不仅因为数据资源积累到一定程度后需要高质量的应用模式产生，单就中医药学自身发展而言，其对知识服务的需求也已经达到了一个临界点。

中医药学是一门历史悠久的学科，经过几千年发展已经形成了极其庞大的学科体系；新学科、新科技出现后，与中医药学不断融合，又形成了大量新兴交叉学科。围绕这个庞大体系产生了巨量的文献、知识，独特的个体诊疗和灵活的辨证论治又令知识点产生了海量的排列组合方式，以个人的力量，终其一生也不可能完全掌握。以临床诊断而言，为了找到最贴合疾病本质的证候，临床医生需要从病人全部症状体征中寻找出最本质的病机，同时不能放弃兼加证候，并根据主证、次证的轻重程度调整处方。在这一过程中，如果能找到文献支持是最佳选择，但医生单凭个人的经验和知识储备很难从汗牛充栋的中医药学文献中提取出对自己有用的信息。而知识服务，特别是嵌入式知识服务可以根据相似度比较，提供相近的病例文献，启发医生的思路。

在知识服务的发展过程中，有两个关键点：① 前期的关键是知识储备，即原始资料积累，这一步已经通过数据库的大量建设等工作基本达到要求，后期需要时也可以随时扩充；② 现阶段的关键则是知识整合，不仅是检索、收集，而且要将结果整合成一个体系，满足用户需求，解决用户问题。因而，知识服务者必须进行思考，对检索、收集来的数据进行分析、提炼、重组，改变数据服务时代单纯"拿来主义"式的应用思路。在这一过程中，少不了多学科的团队协作。

由此可见，基于数据的中医药知识服务现阶段的短板是缺乏专门进行知识服务的人才（尤其是中医药学以外的专科人才），缺乏一支多学科知识服务人才组建的团队。因而，发展中医知识服务，下一阶段的重心应该转移到人才培养和多学科团队建设上来。

参考文献：

[1] 张晓林. 走向知识服务：寻找新世纪图书情报工作的生长点[J]. 中国图书馆学报，2000(5)：32 - 37.

[2] What are UNDP's "knowledge services"[EB/OL]. [2010 - 11 - 25]. http://www.undp.org/execbrd/pdf/UNDP%20knowledge%20services.pdf.

[3] 崔蒙，谢琪. 中医药数字化研究进展. 医学信息学杂志，2008(10)：13 - 15.

[4] 刘静. 建立中医药数据服务与利用平台[J]. 世界科学技术 - 中医药现代化，2009，11

(4):582-584.
[5] 崔蒙,尹爱宁,范为宇,等.中医药科学数据建设研究进展[J].中国中医药信息杂志,2006,13(11):104-105.
[6] 顾骏.基于循证科学理念的知识服务模式[J].理论与探索,2011,34(10):22-23.
[7] 雷蕾,张慧敏,崔蒙,等.中医药化学辅助研发系统的建设.中国中医药信息杂志,2008,15(8):100-101.
[8] 刘旭东.RSS技术在数字图书馆知识服务中的应用[J].情报科学,2011,29(11):1684-1687.

作者简介

高　博,女,1981年生,助理研究员,发表论文10篇;
崔　蒙,男,1953年生,研究员,博士生导师,发表论文100余篇;
杨　硕,女,1975年生,副研究员,发表论文10余篇;
贾李蓉,女,1977年生,助理研究员,发表论文10篇;
董　燕,女,1976年生,研究实习员,发表论文11余篇;
朱　玲,女,1979年生,助理研究员,发表论文10余篇。

卫生政策知识服务平台信息过滤理论与实践[*]

代 涛　胡红濮　郭珉江

（中国医学科学院医学信息研究所　北京 100020）

摘　要　信息过滤是卫生政策知识服务平台建设中的核心技术，在系统研究信息过滤的几种经典方法的基础上，确立将向量空间模型作为该平台的信息过滤方法，并进行一定的改进，以避免传统向量空间模型的不足。在字段间权重设定方面，采用信息检索过程中评价检索效果的两个经典指标，即查全率和查准率进行过滤效果的评价，并进行反复测试，最终确定各类资源不同字段在信息过滤过程中设置的权重及阈值，成功完成信息采集、信息分类、信息主动推送等功能。

关键词　卫生政策　知识服务　信息过滤　向量空间模型
分类号 G354.2

1　前　言

卫生政策研究作为一门新兴的交叉学科，是对卫生政策研究信息资源的系统收集和有效利用，它完整地把握国内外卫生政策研究的特点与趋势，已经成为卫生信息管理的重要任务。卫生政策研究信息资源具有来源丰富、增长迅速的显著特点，面对互联网以及众多专业数据库中形式多样、主题各异的信息资源，如何有效地组织和管理以解决信息供给与需求之间的矛盾，从而为卫生政策研究者和决策者提供及时、全面、准确、有价值的信息，是卫生政策知识服务领域面临的一大挑战。为方便决策者和研究者快速获取卫生政策信息，推动卫生事业改革发展，笔者研制开发了"卫生政策知识服务平台"（简称"平台"）。其中，信息过滤是卫生政策知识服务平台建设的核心

---

[*] 本文系中央级公益性科研院所基本科研业务费专项"卫生政策研究领域知识管理与知识服务模式研究"（项目编号：2007X001）研究成果之一。

工作之一，它基于卫生政策研究人员的需求，不仅要提供所需要的信息，而且滤掉与主题无关的信息，能够极大地减轻用户的认知压力，提高信息获取和利用的效率，从而实现信息资源的主动推送和个性化服务。

2 信息过滤的主要方法

信息过滤是指根据不同类型资源的特点，选择不同的过滤特征要素和特征词以准确表达信息内容，并设定不同的权重，选择过滤效果最佳的权重值以增强资源相关性，通过将信息的特征要素与用户需求模型进行匹配，计算加权并按照事先确定好的阈值进行取舍，最后过滤出与主题高度相关的信息资源。它是一种大规模采集信息处理的方法，旨在考虑信息采集全面性的基础上，通过信息过滤技术，去除与主题无关的采集噪声，只保留与采集目的一致的信息，从而保证信息的专指性。常用的信息过滤方法主要包括三种，分别是布尔模型、向量空间模型和概率模型。

2.1 布尔模型

布尔模型起源于英国数学家 George Boole 1847 年发明的处理两值逻辑运算的布尔代数，此后人们将布尔逻辑运算用于过滤数据库中的无关记录，逐渐形成了如今在过滤系统中常用的布尔模型[1]。布尔模型定义关键词状态只有两种，即出现或不出现，因此每个关键词的状态都表现出了二元性，它利用布尔表达式，通过对文本信息中两个以上元素进行并集（OR）、差集（NOT）和交集（AND）的运算，从而揭示信息内容，布尔模型可简单定义为[2]：

$$sim(D, Qand) = min\{f_i, 1\} \quad (1)$$

$$sim(D, Qor) = max\{f_i\} \quad (2)$$

$$sim(D, Qnot) = 1 - min\{f_i, 1\} \quad (3)$$

一般情况下，文本信息与过滤需求之间的相关度定义如下[3]：

$$sim(d_j, q) = \begin{cases} 1, q \in d_j \\ 0, q \notin d_j \end{cases} \quad (4)$$

其中 d_j 表示文本信息，q 表示与过滤需求对应的文本信息的布尔表达式。

由上述表达式可见，过滤文本与过滤需求在每个特征词的关系上表现出了明显的二值逻辑，即相关（1）或无关（0）。布尔模型的优点是简单、直观、形式规范，易于普通用户的理解，但同时也存在缺陷。首先，布尔表达式具有精确的语义，常常很难将文本信息和过滤需求转换成布尔表达式，或者其表达的内容不够精确，不易反映特征词对信息的重要性；其次，由于缺乏定量分析和灵活性，布尔模型不能对信息过滤的结果按照相关度进行排序，可能会流失大量符合过滤目标的信息，从而影响信息过滤的全面性。因此，人们在对布尔模型进行推广和拓展时，又发明了加权布尔模型和扩展布尔模型等。

2.2 向量空间模型

向量空间模型（vector space model）是由 G. Salton 等人在 20 世纪 60 年代提出的信息过滤模型，它以向量的形式来表达信息资源和过滤目标，通过计算二者向量的相似度来判断是否对信息进行过滤，并能够实现按相似度排序的功能，是近些年来广泛应用的一种信息过滤模型。最著名的向量空间模型的原型系统是康奈尔大学的 SMART（system for the manipulation and retrieval of text）系统，它提供源代码开放下载，极大地方便了信息过滤的实现[4]。

在向量空间模型中，文本信息与过滤需求均被表达为一个向量空间，其各个向量即为不同的特征词，如文本 d_j 可以表示为 d_j = （t1，t2，…，tn）（j=0，…，n）。其中特征词往往被赋予一个权值，以表示它作为区分文本是否符合过滤需求的确定性程度，最常用的权值计算公式 TF – IDF 公式：

$$w = \sum_{i=0}^{n} TF \times IDF \tag{5}$$

其中 TF（term frequency）为索引项频率，表示特征词在该文本单元中出现的频率，IDF（inverse document frequency）为逆文本频率，表示该特征词对文本区分度的贡献程度，与特征词在文本集中出现的频率 DF（document frequency）成反比。IDF 的计算方法如下：

$$IDF(fi) = \left(log \frac{m}{DF(fi)} \right), i = 0,\cdots,n \tag{6}$$

或

$$IDF(fi) = \left(log\left(1 + \frac{m}{DF(fi)}\right) \right), i = 0,\cdots,n \tag{7}$$

通过计算文本信息与过滤需求的向量空间的相似性程度，判断文本信息。常用的相似度计算方法有欧式距离、闵式距离、余弦相似度计算等方法。余弦相似度计算应用较多，它利用文本信息与过滤需求在同一向量上的余弦夹角来判断二者的相似程度，从而决定是否将其过滤。余弦相似度计算的定义如下[5]：

$$sim(q,dj) = cos(q,dj)$$

$$= \sum_{i=1}^{n} \frac{w_{iq}}{\sqrt{\sum_{k=1}^{n} w_{kq}^2}} \times \frac{w_{ij}}{\sqrt{\sum_{k=1}^{n} w_{kj}^2}} \quad (8)$$

一般来说，文本向量与过滤需求向量之间的相似度越大，则他们在各个向量上的夹角越小，所计算出来的余弦相似度就越高，最后按照人工设置的阈值对相似度进行排序，即可达到信息过滤的目的。

向量空间模型能够更准确地表达信息的内容，并对相似度进行量化分析，可以实现相似度的排序。然而，它将信息中的不同组成部分分解为一组特征词，抹杀了语言元素之间的相关性和顺序性，可能丢失一定的语法和语义信息。但它相对简单高效，因此是目前应用较广泛的信息过滤方法。

2.3 概率模型

概率模型是在布尔逻辑模型的基础上为解决检索中存在的不确定因素而发展的一种信息过滤方法。它基于贝叶斯原理，利用相关反馈的归纳学习方法，获取匹配函数，通过计算文本信息与过滤需求之间的相关概率得到相似性排序，实现过滤无关信息的目标。其显著特点是需要预先对概率分布进行准确的估计，在模型的实际应用中，为了得到模型的参数，不同模型会有不同的假设条件，通常还会和其他方法相结合。

概率模型基于以下理论：给定一个过滤需求和文本集中的文本 dj 的概率模型来估计二者相关的概率。概率模型基于以下假设[6]：① 文本 dj 与过滤需求之间的相关性与文本集中的其他文本是没有关系的，即相关性独立原则；② 特征词之间相互独立；③ 特征词的权重均是二元的，即只有 0 或 1；④ 文本相关性是二值的，即只有相关或不相关两种。

正是由于这些假设，概率模型也称为二元概率模型。文本 dj 与过滤需求 q 的相似度计算公式如下：

$$sim(dj, q) = \frac{P(R|dj)}{P(\bar{R}|dj)} \quad (9)$$

其中 P（R｜dj）表示文本 dj 出现在相关文本集 R 中的概率，P（$\bar{R}$｜dj）表示文本 dj 出现在非相关文本集 $\bar{R}$ 中的概率：

根据贝叶斯公式 P（a｜b）= P（b｜a）* P（a）/P（b），可以得到：

$$P(R|dj) = \frac{P(dj|R) \cdot P(R)}{P(dj)} \quad (10)$$

$$P(\bar{R}|dj) = \frac{P(dj|\bar{R}) \cdot P(\bar{R})}{P(dj)} \quad (11)$$

通过这一变换，文本 dj 与过滤需求 q 的相似度计算公式可转换为：

$$sim(dj,q) = \frac{\prod_{i=1}^{n} P(t_i|R)^{g_i(d_i)} P(\overline{t_i}|R)^{(1-g_i(d_i))}}{\prod_{i=1}^{n} P(t_i|\overline{R})^{g_i(d_i)} P(\overline{t_i}|\overline{R})^{(1-g_i(d_i))}} \quad (12)$$

概率模型具有严格的数学理论基础，它没有使用非常复杂的布尔逻辑表达式，也可以将文档按照相似度进行排序，避免了布尔模型中结果不能量化的问题。但它要求在信息过滤之前将文本集分为相关文本集和非相关文本集，其困难程度和准确度均不易于把握。

3 平台信息过滤主要流程

本平台以卫生政策研究为核心内容，通过系统收集商业数据库、自建数据库和相关网站上的卫生政策信息资源，整合卫生政策法规、研究报告、期刊学位论文、专家机构信息等多类资源，构建农村卫生、社区卫生、医院管理、药物政策、医疗保障和食品安全等 9 个专题知识库，实现知识的准确分类和快速定位。由于涉及信息类型广泛，区分相关文本集的难度较大，不易采用布尔逻辑表达式进行过滤需求的表达，因此本平台在信息过滤过程中采用向量空间模型作为主要方法，并在此基础上进行一定的改进，将特征词出现的位置（即数据库中存储的不同字段，如标题、关键词、摘要等）也作为影响因素，对其赋予了相应的权重，即同一特征词在不同字段出现对文本区分度的贡献也各不相同，从而避免了传统向量空间模型的不足之处。本研究定义的特征词权重计算公式采用 TF – IDF 公式，即：

$$P' = \sum_{i=1}^{n} (TF * IDF * \alpha) \quad (13)$$

其中 α 为不同类型信息中文本字段的权重。IDF 的计算方法如下：

$$IDF = \log_2 \frac{m}{DF} \quad (14)$$

其中 m 代表待过滤文本集，DF 代表文本集中包含该特征词的文本数量，取对数是为了避免特征词的权重对文本数量过于敏感。

由于文本的长度对于特征词对信息的揭示程度也存在一定的影响，即同一特征词在不同长度的文本中出现了相同频次，其揭示信息的能力是不同的，因此，本研究对于这一情况也进行了处理。以文本字数为 100 字为基数，若此时词组权重为 P，文档长度为 N，则该特征词最终的权重应该为：

$$P = P' * \left(\frac{100}{N}\right) \quad (15)$$

则最终特征词的权重计算公式为：

$$P = \left(\sum_{i=1}^{n}(TF*IDF*\alpha)\right)*\frac{100}{N} \quad (16)$$

对于字段间权重 α 的设定暂时没有成熟的理论依据可以参考，并且相对权重关系是不稳定的，不同的记录有着差异较大的权重关系。将信息过滤过程模拟为在文本集中检索与卫生政策相关信息的过程，因此，利用信息检索过程中评价检索效果的两个经典指标"查全率"和"查准率"进行考核比较，以期刊论文为例，多次对比试验的结果如表1所示：

表1 期刊论文特征词权重对比试验

组别	权值和阈值设置						测试结果	
	加权主题词	普通主题词	关键词	标题	摘要	阈值	查全率（%）	查准率（%）
1	15	10	8	6	1	15	89.50	83.24
2	8	4	5	4	2	10	93.50	80.96
3	6	5	4	5	2	12	92.42	81.60
4	6	4	5	5	2	12	92.43	81.58
5	6	4	5	5	1	10	91.45	82.43
6	6	3	4	4	1	10	91.12	82.60
7	6	3	4	3	2	8	94.11	80.12

通过咨询相关专家意见，选取第5组测试方案作为本平台期刊论文的过滤策略。综合考虑各类资源的特点，最终确定各类资源不同字段在信息过滤过程中设置的权重及阈值如表2所示（由于新闻信息文本结构相对多样化，因此仅考虑它在标题中的权重）：

表2 信息过滤字段权重及阈值设置

资源类型	阈值	字段权重					正文权重			
		加权主题词	普通主题词	关键词	标题	摘要	段首	首段	段尾	其他
期刊论文	12	8	4	5	4	2	0.3	0.2	0.2	0.04
学位论文	9	6	4	5	5	1	0.3	0.2	0.2	0.04

续表

资源类型	阈值	字段权重					正文权重			
		加权主题词	普通主题词	关键词	标题	摘要	段首	首段	段尾	其他
政策法规	10	9	8	8	7	2	0.3	0.2	0.2	0.04
研究报告	10	8	4	5	4	2	0.3	0.2	0.2	0.04
新闻信息	15				5		2	2	1	1

本平台信息过滤主要流程如图1（a）、图1（b）所示（以期刊论文信息过滤流程为例）：

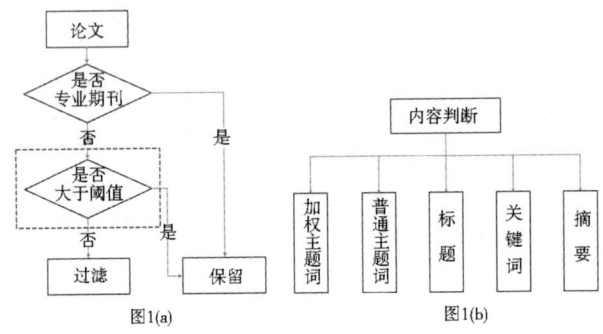

图1 期刊论文过滤流程

图1（a）中阈值的判断方法部分（图中虚线标记部分）如图1（b）所示，按内容分别区分为：加权主题词、普通主题词、标题、关键词和摘要，再依据这些区分内容确定相应阈值，并进行判断。

4 平台信息过滤的主要应用

4.1 信息采集

本平台旨在通过对卫生政策研究相关信息资源的收集，为研究者和决策者提供整合、一站式的信息服务。因此，在信息采集过程中，需要根据不同资源类型、资源来源定制不同的信息过滤模板，保证采集到的资源与卫生政策研究这一主题高度相关，且采集全面。通过对卫生政策研究信息资源的外部特征和内容特征进行详细定义，从而筛选出信息纳入的标准，以此为过滤需求，利用专业信息采集服务器实现平台信息资源的系统采集。

4.2 信息分类

在系统整合不同类型信息资源的基础上,根据卫生政策研究的重点领域,对所有资源进行了内容维度的再划分,构建了农村卫生、社区卫生、医院管理、药物政策、医疗保障、妇幼保健、食品安全和中医药管理等9个专题数据库。通过对不同专题数据库的内容需求进行定义,利用改进的向量空间模型对采集到的信息进行二次过滤,从而实现信息的准确分类。

4.3 信息主动推送

主动推送服务是信息服务的发展方向之一。系统根据用户特征数据库对每个独立的用户使用记录进行存储,通过跟踪和把握用户的潜在信息需求,比较资源和用户需求向量空间相似度,对动态信息流进行过滤,从而向用户推送需要的资源。它将用户兴趣看成是过滤需求,并将其表示成一个特征项集的向量空间模型,利用文本信息与用户兴趣的向量空间相似度排序,将大于阈值的信息推荐给用户。

5 结 语

卫生政策信息资源除了具有一般自然科学与社会科学文献信息的基本特点外,还具有其自身的特点,对其进行全面、准确的过滤提炼能够有效地促进卫生政策信息的利用。本文在国内首次利用向量空间模型进行卫生政策信息资源的过滤,并进行相应改进,成功完成了信息采集、信息分类、信息主动推送等功能,保证了信息内容的准确性,有效地控制了信息过滤的质量和数量,为卫生政策研究者和决策者快速获取所需的信息资源创造了可能。

参考文献:

[1] 明均仁,张帆.网络文本信息过滤的意义及其模型初探.图书与情报,2007(4):37-42.
[2] 昝红英.基于实体属性的中文网页检索研究[学位论文].北京:北京大学,2004.
[3] 曲建华.WEB上的信息过滤问题研究[学位论文].济南:山东师范大学,2003.
[4] Buckley C. Implementation of the SMART information retrieval system[Technical Report]. Ithaca:Cornell University, 1985.
[5] [2011-04-12].http://zhouqiang128.javaeye.com/blog/549401.
[6] 刘挺,秦兵,张宇,等.信息检索系统导论.北京:机械工业出版社,2008.

作者简介

代 涛,男,1969年生,研究员,所长,馆长,发表论文70篇,出版专著 9 部。

胡红濮，女，1968 年生，副研究员，主任，发表论文 19 篇。

郭珉江，女，1985 年生，研究实习员，发表论文 3 篇。

中美虚拟咨询企业知识服务中的运作机制比较

——以 InnoCentive 公司和疑客中国为例

尚 珊 苗 菁

(山西大学管理学院 太原 030006)

摘 要 从市场定位、服务流程、信任机制、风险防范机制和收益分配机制 5 个方面对中美两家典型虚拟咨询企业知识服务中的运作机制进行比较;在对比分析的基础上,为我国虚拟咨询企业提出 4 点建议,以期能够找到虚拟咨询业适合的发展道路,促使其积极参与到国际竞争中,争当行业规范、模式的制定者。

关键词 虚拟咨询企业 知识密集型服务企业 运作机制 威客 疑客

分类号 G350

1 虚拟咨询企业(Virtual Consulting Firms)

知识经济、经济全球化及网络经济的发展,给咨询企业带来深刻变革。而只满足于利用自己的咨询团队完成咨询任务已无法满足市场多元化的需求,以"威客"、"疑客"名字走入人们视线的虚拟咨询企业正在引起广泛关注。但虚拟咨询企业不是实体咨询企业的虚拟化,也不是简单的虚拟企业进入咨询领域。虚拟咨询企业是以知识、技术为核心,利用现代信息网络技术,为寻求知识和技术性问题的个人、企业或组织(即"寻求者")及分析解决"寻求者"所面临的实际问题的个人、企业或组织(即"解决者")搭建起知识服务平台的经济组织,它是一种有效整合知识资源,实现知识资源全球共享、有偿利用的知识服务性法人单位。虚拟咨询企业是一种典型的知识密集型服务企业,其实践已走在了理论研究的前端,而它们所面临的一系列问题使我们不得不思考如何规范其运作,以确保各参与方在动态环境中的合作和可持续发展,并使虚拟咨询企业能发挥好知识服务的中介作用,更好更快地满足市场需求,实现利益最大化[1]。

自 2005 年，刘峰开始建立威客网（www.witkey.com），将中国科学院的专家资源、科技成果与企业的科技难题对接起来，我国的威客网数量不断增加[2]。通过对威客网站大全[3]的筛选分析发现，目前为止仍在营业且符合虚拟咨询企业概念的威客网约有 22 家，但其盈利情况却不容乐观。如何定位威客网的服务模式，如何规范威客网的运作一直是学术界探讨的重点。

美国作为一个经济大国，其咨询业一直处于世界领先地位，全球几大咨询业巨头的总部几乎都在这里，其发展理念和运作机制极大地影响着世界咨询业。虚拟咨询企业作为一种新生事物最初就是从美国发展起来的，因此我们有必要对中美的虚拟咨询企业运作机制做一个实证分析。

2 Inno Centive 与疑客中国的运作机制比较

虚拟咨询企业的有效运作需要相应的机制来保证。目前对知识密集型服务企业的运作机制研究主要集中在知识共享、客户互动创新、品牌建设（包括客户价值、专业服务能力及信誉）、激励机制、定价机制等方面，具体到虚拟咨询企业的运作机制并无研究。结合知识密集型服务企业的研究成果及虚拟咨询企业的自身特点认为，虚拟咨询企业的运行机制是对企业内部以及企业内外实现有效协调、相互约束与激励的方式、方法和手段，是使其高效有序运行，达到预定目标的重要保证[4]。本文选取了美国和中国虚拟咨询企业中极具代表性、优势性和先进性的 InnoCentive 和疑客中国，从市场定位、服务流程、信任机制、风险防范机制和收益分配机制 5 个方面对其运作机制进行比较分析，进而找出差距，以促进中国虚拟咨询企业走向良性运作和健康发展之路。

2.1 市场定位

虚拟咨询企业这一开放性市场的客户可以是世界上任何一个组织或个人。这项全球 60 亿人参与的事业蕴含着无限商机，像一块巨大的磁铁吸引着人们的参与[5]。

成立于 2001 年的 InnoCentive 是全球第一家旨在利用先进技术和网络将难题与其潜在"解决者"相连接的虚拟咨询企业。至 2008 年底，已有超过 17 万、来自 175 个国家的科研精英成为其"解决者"；并已吸引了包括美国礼来公司、宝洁（P&G）、Avery Dennison 公司（AVY）、杨森和洛克菲勒基金会在内的大量和多元化的组织注册成为"寻求者"并张贴挑战[6]。InnoCentive 定位于将全球的领先公司所面临的各类科研难题与顶尖科学家一一对应，使之各取所需。并针对不同层次的知识需求，按产品发展生命周期理论将挑战分为构思挑战（Ideation）、理论挑战（Theoretical）、RTP 挑战（Reduction to Practice）、eRFP 挑战 4 种类型。这 4 种类型既是 InnoCentive 挑战的分类，也是其作为知识服务中介探索更好地为"寻求者"和"解决者"搭建沟通桥梁，满足不同市场需求的4种知识服务方式[7]。

相对于InnoCentive的市场定位而言，疑客中国目前的业务主要集中在与生活相关问题的咨询上，当然这不一定是其市场定位，其现有的实力和虚拟咨询企业在国内的影响力可能都是致使其服务范围窄、知识含量低的原因。所以疑客中国急需走出简单问题，人们可以选择免费的知识互答型网站（如维基百科、百度知道等）获得答案，而有难度的问题人们又不期望能在这里获得解答的两难境地。

2.2 服务流程

正如InnoCentive所称，InnoCentive完全是一个服务企业，它的存在只为方便整个工作流程。InnoCentive的服务流程就是按照虚拟咨询企业以知识为核心，为"寻求者"和"解决者"搭建沟通桥梁的定位，详细、贴心地考虑每个阶段、每个环节，努力实现让客户能放心、信任的参与活动的原则。如图1所示[8]：

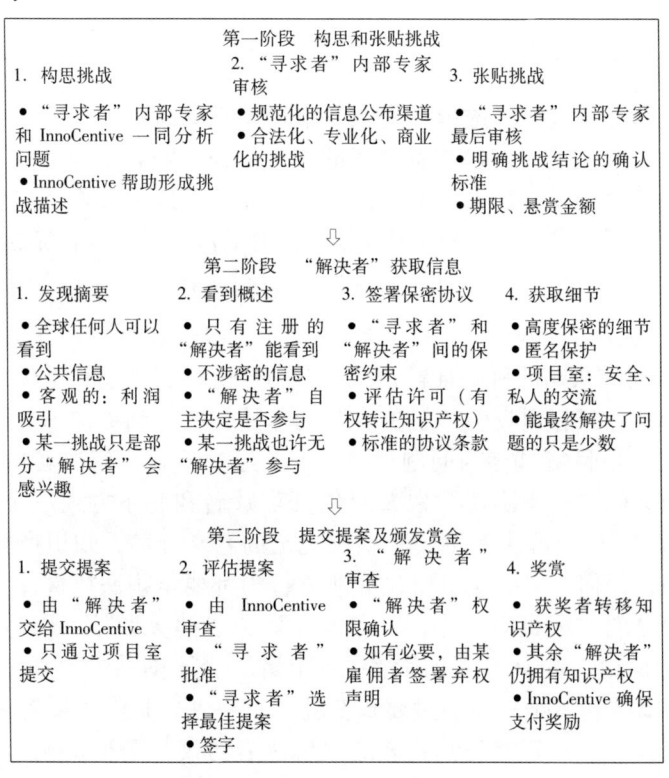

图1 InnoCentive 服务流程

利用疑客中国服务平台有普通模式和招标模式两种可供选择。其区别在于后者的悬赏金额必须在50元以上，"寻求者"可以在限定的招标期内根据"解决者"的资质择优选择人数不限的入围者进入答题期，如图2所示[9]：

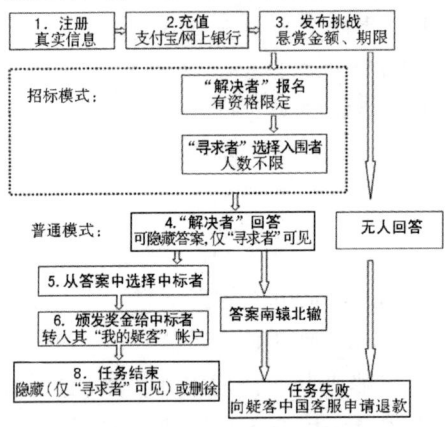

图2 疑客中国服务流程

2.3 信任机制

信任是合作的基础。虚拟咨询企业市场需求的满足、虚拟咨询正常运行在很大程度上取决于所有参与者之间的相互信任。随着市场环境的变化，所有虚拟咨询的合作关系都可能随时消失。若要维系这种合作就需要建立起信任机制，以使每一参与方都能尽其所能，同舟共济，通力合作完成任务。

2.3.1 "寻求者"和"解决者"之间的信任

登陆InnoCentive网站，全球所有的人都可以看到经"寻求者"和InnoCentive共同研究张贴的科研难题，但公布的这份科研难题只是经过过滤的摘要，在客观上它只起到吸引"解决者"的作用。要看到更详细的、高度机密信息和进入"项目室"参与问题讨论，需要经过签署"解决者协议"、签署具有法律效力的"保密协议"以及提供真实姓名和联系方式三个必要环节。"寻求者协议"和"解决者协议"明确规定的悬赏金额、知识产权转移等具有法律效力，任何一方的违反协议或泄密行为都要承担法律责任。在每一个挑战属于自己的"项目室"中，"寻求者"和"解决者"可以是绝对安全、保密地进行探讨。InnoCentive确保"寻求者"公平对待每一位"解决者"，并责成监督其支付赏金；还通过要求获胜"解决者"提交护照等有照片的证件进行身份确认，重新提交其签署的"解决者协议"公证审核，"解决者"的雇主或学术机构签署"弃权声明"等措施保护"寻求者"利益。并且Inno-

Centive 有权对挑战中的任何环节进行审计。InnoCentive 努力减少客户的参与障碍,增加透明度,增强彼此之间的信任,使之更好地投入到难题解决中去。

疑客中国通过注册"解决者"的实名认证、"寻求者"预先将悬赏金额通过支付宝或网上银行存入自己的"我的疑客"账户(除任务失败外,悬赏金不予返还)、中标者经过身份认证等手续方可提现等一系列手段增加安全性,增强合作双方的信任。"寻求者"可以选择有效的"解决者","解决者"也不会担心"寻求者"在获得答案后不付赏金。当然疑客中国作为服务提供商,只能保证认真比对"解决者"上传的资料和证书是否属实,进行实名认证,尽量将错误降到最低,但无法保证其上传文件的真实性,毕竟他们不是司法机构。

2.3.2 客户与提供服务平台的虚拟咨询企业之间的信任

虚拟咨询企业的客户包括"寻求者"和"解决者",虚拟咨询企业则充当了两者沟通合作的桥梁。如何使他们愿意到这个平台发布挑战或参与解决事业,如何为所有客户都服务好进而使之信任企业,虚拟咨询企业需要认真思考。

客户在加入 InnoCentive 时,签署的具有法律效力的注册协议明确了客户和 InnoCentive 的权利义务,并预先对相关利益作了具有法律效力的说明,双方都可以没有后顾之忧地、放心地参与到项目中去。InnoCentive 作为服务提供者,本身既不提供也不担保提案,其与客户的合作关系仅限于服务提供商与平台利用者。InnoCentive 通过有效管理、精心组织设计服务平台使得所有客户都能方便自如地操作界面参与到活动中去并在此获得提升,即使没有解决难题或者提案未被采纳,愉悦的服务体验以及一些创新的思路都能使客户感受到预期结果以外的收获,与 InnoCentive 进一步合作就是顺理成章的事了。

客户在疑客中国注册时,即被要求必须查看并同意疑客中国的协议,才能享受其服务。即希望在最初以法律的形式明确双方的权利义务,约束双方行为。但其协议中缺乏关于如何颁发奖赏和保密方面的内容,同时由于成立不久、宣传不够等原因,目前在疑客中国上发布的挑战金额都较小,招标任务和 300 元以上的悬赏任务长时间处于空白。人们对这种威客式咨询问答还处于观望状态。因此,也就没有高难度问题和高的悬赏金,没有高的悬赏自然也很难吸引高水平专家的参与。而一些生活化问题寥寥的解决者中大多是抱着试试看的态度,更有一些回答是没有任何依据、让"寻求者"更是哭笑不得。客户与作为客服的疑客中国之间还没有建立信任,也就没有长期的合作关系,如此这样形成恶性循环,并不利于疑客中国自身的发展。

2.3.3 "解决者"团队之间的信任

来自不同地域、不同背景的个人、组织和企业的"解决者"构成的临时性团队内部的信任只存在于 InnoCentive。InnoCentive 让来自不同领域的"解决者"聚集,共同面对广泛的富有挑战性的难题。目前,疑客中国并没有共同解决难题,"解决者"是彼此独立的,不存在"解决者"团队之间的信任。InnoCentive 在实践中发现 10% 的"解决者"实际上是依赖更广泛的学术实验室或研究小组才解决了挑战的[10]。因此,InnoCentive 以服务于有效解决挑战为中心,逐步通过设立共享工作空间、为单独的"解决者"提供合作机会及为具有不同经验和技能的潜在团队成员提供建议等措施以帮助"解决者"在相互合作、相互信任的氛围中工作,促进"解决者"们交流争论。这不仅有利于"解决者"提高工作效率,而最终 InnoCentive 也将会是受益者。

2.4 风险防范机制

虚拟就是假设的、不一定真实的东西,注定其存在风险。虚拟咨询企业这样一个没有实体的联盟本身就意味着风险。若每一位客户都能毫无保留地积极投入,做到相互合作、同甘共苦,仅靠信任维系是不够的。还必须有一套行之有效的激励与监控反馈机制,以调动其积极性,随时纠正错误,规避不必要的风险。

InnoCentive 为鼓励人们用创造性的办法解决挑战而生,通过富有挑战性的难题和高悬赏来激发"解决者"挑战自我的激情进而产生意料之外的创意收获。就像哈佛商学院 Karim Lakhani 的研究报告所说,"距'解决者'的专业领域越远,他们越有可能解决问题。"这个虚拟平台为有创造力的人们提供了参与他们专业领域以外的项目的机会,他们可以挑战自我,并从中获得高昂的奖金,也可以获得有益于未来发展的知识和机会。InnoCentive 通过注册协议的细节性规定和审计监控以规避可能产生的风险,但如何进行监控反馈和及时的补救仍需进一步的强化。

疑客中国通过悬赏的方式吸引人们参与到挑战解决中来。同时还设立了 6 个星级的评价体系,合作双方可以在任务结束后为对方评价。人们可以通过信用度(星级)来了解有意向合作者的情况,而且也受其约束慎重行事。疑客中国协调合作过程中的纠纷,并接受客户举报,但任何违反法律法规的行为所产生的法律后果由客户自己承担。即使客户申请注销帐户后,疑客中国仍有权保存客户资料,并在发现违法行为后行使协议规定的权利。

2.5 利益分配机制

虚拟咨询企业的利益分配方式是决定其生存的重要问题。"解决者"在注重难题的挑战性时，更关心自己的收益；而"寻求者"则关心自己的付出能否获得与之匹配的预期效果。如果他们感觉无法安全获得收益或其付出与承担的风险不成比例，就会觉得不公平而最终丧失对服务平台的信任。因此，合理分配客户合作创造的收益在一定程度上决定了虚拟咨询企业的发展潜力。

InnoCentive 超过 17 万的注册"解决者"无需向其支付任何费用。"寻求者"除在注册时向 InnoCentive 交纳一定的会费外，还需根据挑战类型和悬赏金额的不同向其支付张贴费及成交服务费。而付给最后提供满意结果的"解决者"的悬赏金是按照发布挑战时公布金额支付的，其余"解决者"没有解决挑战则无需向其支付赏金。若"寻求者"未获得预期结果，只需支付张贴费。"寻求者"也可以购买捆绑的挑战，支付较少的费用。在"寻求者协议"中对如何付款、付款期限（30 天以内）、知识产权转移中产生的税款由"寻求者"支付、InnoCentive 和"解决者"收益的税款自行缴纳等也有详细规定，如图 3 所示[11]：

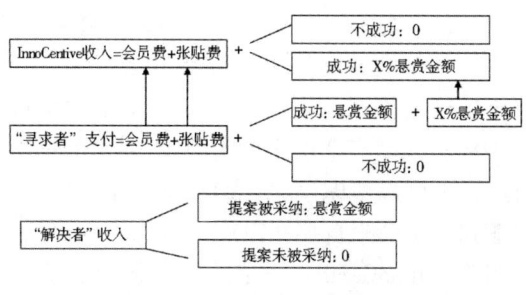

图 3 innoCentive 收益分配

疑客中国的"寻求者"需要在发布挑战前将悬赏金打入"我的疑客"帐户。任务结束后，则依据约定支付悬赏金（见图 4）。作为一个新成立的虚拟咨询企业，疑客中国的客户和悬赏挑战都比较少（至 2009 年 8 月 28 日，共有疑客 4 497 人，挑战 334 个，向 1 753 人发放了酬金），吸纳会员是它最迫切的任务。因此，它将分享悬赏金作为了一项吸纳更多客户的营销策略。

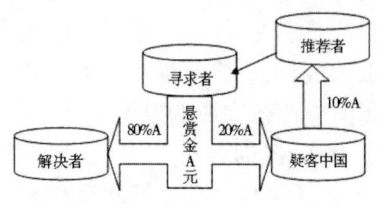

图 4 疑客中国收益分配

3 结论及建议

自 2001 年以来，InnoCentive 已经张贴了 800 多个挑战，其中 400 多个被解决；悬赏金额已有 2 000 多万美元，近 400 万美元的奖金已经支付给了成功的"解决者"。这意味着那些难倒企业内部研发专家的难题有近 50% 已经在规定时间内成功解决。由上分析，我们知道 InnoCentive 的成功并非偶然。现在，其已经开始关注并开发包括中国在内的海外市场，不可否认包括疑客中国在内的中国虚拟咨询企业在吸引闲散知识资源、增加就业机会等方面发挥了重要作用，但其运作机制等方面的欠缺，都使其难以获得长足发展。作为一种新生企业模式，所有国家的虚拟咨询企业的起步相差并不大，目前我国 4 200 万科技人力资源的巨大市场[12]，使我们有能力也有必要在该新兴领域定型定性的关键时刻争得一席之地。多了解 InnoCentive 等企业的先进之处，发现我国虚拟咨询企业的不足，努力寻找适合我国虚拟咨询企业的长足发展之道，有效参与国际竞争，争当行业规范、模式的制定者是我们的迫切需要。

首先，分层定位。可以像 InnoCentive 那样将挑战分为不同类型，使每一个客户都能找到适合自己的挑战。也可以根据我国虚拟咨询的特点，将"解决者"分为高端、中层和基础三个层次，吸引不同类型的"寻求者"，解决不同层次的挑战。当然，也可以考虑设立"自由区"供"解决者"有跨层答题的渠道，有时意想不到的突破来自那些没有特定思维约束的人们。

其次，增加透明度。InnoCentive 详尽的注册协议、清晰的客户界面、安全的"项目室"等使到此寻求知识服务的客户能清楚、明白、安全、放心地参与到知识交易中来，这是值得我们学习的。"寻求者"在这里可以利用全球资源，以低成本解决自己内部专家也无法解决的难题；"解决者"在这里可以挑战自我，获得奖赏。而这种长期合作的前提是他们都能预见自己的收益，明确每一流程，并且所有行为受法律约束，可以没有后顾之忧地参与事业。InnoCentive 所提供的良好服务为自己赢得了收入，更赢得了长期的客源。

再次，实体咨询企业可以引入虚拟咨询。我国咨询企业已经有一定的发展，但实力普遍不强，引入虚拟咨询，一方面可以拓展自己的市场，扩大客户范围；另一方面也可以为我国虚拟咨询市场引入咨询市场原有的顾客，增加知识人才资源，促进我国虚拟咨询业的发展。

最后，宣传很重要。虚拟咨询在我国是一个新兴产物，人们在以"威客"、"疑客"这样的名字了解它时，几乎就将其定位为低端知识服务，甚至免费服务。应当合理利用广告、讲座、访谈等渠道让更多的人了解虚拟咨询企业，参与到这一新型知识服务中来。全球人力资源利用是虚拟咨询企业最大的优势。

参考文献:

[1] 百度百科. [2009-07-10]. http://baike.baidu.com.
[2] 威客中国. [2009-07-12]. http://www.witkey.com.
[3] 威客管家. [2009-12-12]. http://www.wkabc.com/weikesite.html.
[4] 刘凤义. 现代企业运行机制系统论. 福建论坛(经济社会版),2001(7):19-22.
[5] 徐道芳. 请全球顶尖专家参与研发——访 InnoCentive 首席营销官阿里·侯赛因. 上海商业,2006(3):38-39.
[6] 杨孝文,任秋凌. 世界性难题到底有多远? 北京青年报,2003-11-06(B5).
[7] InnoCentive 网站. [2009-06-28]. http://www.innocentive.com.
[8] Orlando A M. A quick look at InnoCentive. [2009-08-25]. http://www.flcmidatlantic.org/pdf/2008/nepa/InnoCentiveQuick.pdf.
[9] 疑客中国网站. [2009-08-28]. http://www.ekecn.com.
[10] Hagel J, Brown J S. The next wave of open innovation. [2009-04-08]. http://www.businessweek.com/innovate/content/apr2009/id2009048_360417.htm.
[11] Voris P V. Thinking out-of-the-box. [2009-08-27]. http://www.flcmidatlantic.org-power_point20072007_MeetingVan%20Voris%20Presentation2.ppt.
[12] 中国科协调研宣传部,中国科协研究发展中心. 中国科技人力资源发展研究报告. [2009-07-01]. http://www.cdr.org.cn/n435777/n100085/n1000892/n1000894/1139709.html.

作者简介

尚　珊,女,1962年生,教授,系主任,发表论文20余篇,出版著作5部。

苗　菁,女,1983年生,硕士研究生,发表论文2篇。